新版 授業力UP
home economics
家庭科の授業

伊藤葉子 編著

日本標準

はじめに

　本書は，家庭科教育を学んでいる学生や担当している先生，そして，家庭科教育に興味・関心を寄せるすべての人を対象にして，家庭科教育の内容や指導方法について著したものである。小学校・中学校・高等学校の家庭科を網羅して構成されていることが特徴である。

　本書の構成について簡単に述べる。

●１・２章は家庭科教育の本質を踏まえて，全般について書かれている。
●３・４章は小学校の家庭科について書かれている。
●５・６章は中学校・高等学校の家庭科について書かれている。

　資料編にあるワークプリントは第３章，第６章で述べられた実践のなかで使うために書かれたものであるが，授業で使えるようにしてある。また，学習指導案では，注意点やモデルを示した。

　2017年３月と2018年３月に告示された学習指導要領では小学校・中学校・高等学校と内容が３つになり，そろえられたことは，学校教育全体を見通して，各発達段階によりいっそう合った内容と方法を選ぶことの大切さを示しており，本書の意図とも合致している。この学習指導要領では「生活の営みに係る見方・考え方を働かす」「資質・能力を育成する」という文言も見られる。実際には，どんな「生活の営みに係る見方・考え方」「資質・能力」なのか，児童・生徒自身が実践的・体験的に考えていくよう，本書では教材選択や授業方法を提案している。また，課題解決学習の重要性が唱えられており，自分の生活から「課題を設定し，解決方法を考え，実践し，表現する」ことが明記されている。ぜひ，本書を新しい授業展開に役立ててほしいと願っている。

　家庭科教育は，衣・食・住生活，家族・保育・介護だけではなく，消費や環境まで広くカバーしており，小学校・中学校の義務教育を通じて，全児童・生徒が学ぶ貴重な科目である。時間数が少なく限られているなど，問題は山積しているが，ぜひ，この科目を通じて，生きていく基盤である生活そのものへの自信をもたせるようにしてほしい。

　2018年９月

　　　　　　　　　　　　　　　　　　　　　　　　　　　　執筆者一同

目　次

はじめに……………………………………………………………………………………3

第1章　家庭科教育はなぜおもしろいのか………………………………………7
1 家庭科教育のめざすもの………………………………………………8
2 身近で奥が深い…………………………………………………………10
3 正しい答えは1つではない……………………………………………12
4 自分の生活に役に立つ…………………………………………………14
5 いま・ここで何が大事なのかを問う…………………………………16

重要ポイント① ジェンダー，性の多様性………………………………………17
Q&A1 家庭科と防災をどのようにつなげていけばよいのか？………………18

第2章　家庭科教育は教師を育てる………………………………………………19
1 教師に求められること…………………………………………………20
2 さまざまな子どもに対応できる………………………………………22
3 教材をつくる目が広がる………………………………………………25
4 事故を防ぎ安全を保つ…………………………………………………26
5 親や家庭，地域とつながる力がつく…………………………………28
6 家庭科の学びの本質……………………………………………………30

重要ポイント② 家庭科とインクルーシブ教育…………………………………24
重要ポイント③ 家庭科のアクティブ・ラーニング……………………………32
重要ポイント④ 家庭科とESD……………………………………………………33
Q&A2 家庭科で課題解決学習をする際に気をつけることは何か？…………34

第3章　小学校の家庭科の授業を知る……………………………………………35
1 小学校家庭科の授業とは………………………………………………36
2 さまざまな授業の進め方を知る………………………………………40
3 指導計画はどうやってつくるのか……………………………………44
4 学習指導要領の読み方…………………………………………………50
5 「家族・家庭生活」の授業をつくる…………………………………52
6 「衣食住の生活」の授業をつくる……………………………………56
7 「消費生活・環境」の授業をつくる…………………………………60

重要ポイント⑤ グローバル化と家庭科…………………………………………64
Q&A3 家庭科で外国につながる子どもと多文化共生教育をどう扱えばよいのか？…65
Q&A4 少ない時間数のなかで，どう技能指導をするか？……………………66

第4章　小学校の家庭科の授業をつくる················67

1　学習指導案を比べてみる················68
2　学習指導案を書く················76
3　実際に授業をやってみよう················82
4　評価を学ぶ················86

重要ポイント⑥ ロール・プレイングと家庭科の授業················85
Q&A5 授業の時間配分や子どもたちへの発問・応答の際に気をつけることは？······92

第5章　中学校・高等学校の家庭科の授業を知る················93

1　中学校・高等学校の家庭科の特徴とは················94
2　学習指導要領の読み方················97
3　評価を考える················100
4　教材研究から指導案へ················103

重要ポイント⑦ 学習指導要領の捉え方················99
Q&A6 公共（社会科）と家庭科の関連は？················108

第6章　中学校・高等学校の家庭科の授業をつくる················109

1　家族の授業をつくる················110
2　保育の授業をつくる················116
3　食の授業をつくる················121
4　衣生活の授業をつくる················125
5　住生活の授業をつくる················129
6　消費生活・環境の授業をつくる················133
7　環境の授業をつくる················138

重要ポイント⑧ 家庭科における福祉教育················114
重要ポイント⑨ 高齢者施設を訪問する················115
Q&A7 保育体験学習を実施するための手続きや事前事後指導はどのようにすればいいのか？···120
Q&A8 フェアトレードとは何か？················137

資料編················145

ワークプリント················146
学習指導案················156
小学校学習指導要領················164
中学校学習指導要領················169
高等学校学習指導要領················175
索引················185

5

第1章 家庭科教育はなぜおもしろいのか

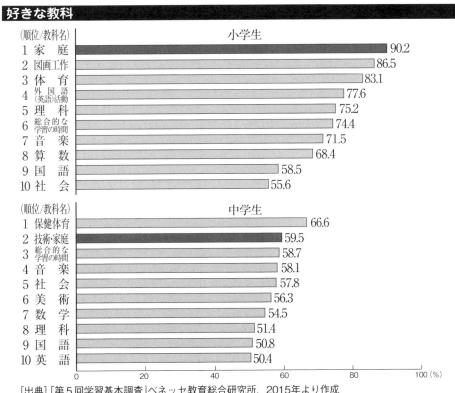

[出典]「第5回学習基本調査」ベネッセ教育総合研究所，2015年より作成
（「とても好き」＋「まあ好き」の％）

あなたは，小・中学生のころ，家庭科が好きでしたか？
現在の子どもたちは，上記のグラフが示すように，家庭科が大好き（小学生1位，中学生2位）である。
どうしてだろうか？
食べられるから？　作ることが楽しいから？　難しい勉強ではないから？
いろいろな理由があるかもしれない。
たぶんそこには，「人間の学び」の本質があるからではないか。
第1章では，家庭科はなぜおもしろいのか，読み解いてみよう。

家庭科教育のめざすもの

1. 日本の家庭科は優れている

あなたは、グローバルに見たときに、日本の家庭科が、優れていることを知っているだろうか。代表的なものをあげる。
a　小・中学校、高等学校の必修科目である。
b　男女ともに学んでいる。
c　食生活・衣生活だけでなく、住生活や家族・保育、消費生活や環境など、広い分野をカバーしている。
d　cと関連しているが、調理実習だけでなく、被服製作などの実習や、実験などを実践的・体験的に学ぶ。
e　小・中学校では家庭科室、高等学校では調理室と被服室があり、設備などが備わっている。

他教科と比べる視点も大切だが、他国と比べる視点からも、家庭科を捉えてほしい。
家庭科が果たしてきた役割を考えると、
①生活の基本的知識・技能を身につける
　たとえば、小学校で裁縫用具を買い、針の穴に糸を通す実習をした。調理実習で包丁で野菜を切った。これらが生活者を育てる基礎になっている。
②関連分野への興味・関心をもたせた
　たとえ、時間数は少なくても、食・衣生活に関わる分野だけでなく、将来、建築家になりたい、家族・保育分野を専攻したい、生活を考えた経済(消費)を学びたい、環境を考えた工学を学びたいなどの将来の希望の門戸を開くことになる。
③男女共同社会の実現に関して学校教育として支えた
④生活(伝統)文化を受け継ぎ、つないでいる
⑤自立を進めている
などが挙げられる。なお、③〜⑤の3つについては、くわしく述べる。

2. 男女共同社会の実現を支えた

1989年の学習指導要領の告示から、中学校・高等学校の家庭科は、男女ともに学ぶ教科として生まれ変わった。そして、中学校では1993年から、高等学校では1994年から男女ともに家庭科を学ぶようになったのである。

その背景には、1979年、国連で採択された「女子に対するあらゆる形態の差別の撤廃に関する条約」では、男女同一の教育課程を取り決めていた。また、1980年代半ば、臨時教育審議会は、家庭教育の強化のために、家庭科教育を見直すことを提言した。

2012〜14年で男女共学家庭科が始まって20年経ち、30代の男性は大半が家庭科を学んでいる。国立教育政策研究所の調査によると、高校3年生の男子生徒の7割が「家庭科は将来生きていく上で重要」と答えている[1]。これは、男女共学の家庭科が浸透してきたことも関連している。性別役割が固定化して捉えられなくなり、家事や育児に抵抗のない世代の男性が今、父親となり、カジメンやイクメンになっていると思われる。たとえば、共働き家族・専業主婦家族の1989年と2012年を比較調査の結果、25年前に比べ、全体的に夫で家事をする人が増えたが、なかでもフルタイム共働き家族の夫は、調理・洗濯・掃除のどの分野でも、平日も家事をしていることが示された[2]。夫らは、受け身の「家事参加」ではなく、自ら積極的に臨む「家事関与」であり、夫自身が家事を前向きに捉えているからだと考えられる。

3. 生活文化を取り入れる

家庭科の重要な役割の1つとして、生活文化をつなぎ、受け継ぐことがある。
日本には、正月・花見・月見・七五三など、

いろいろな行事があり，食べるもの・着るものだけではなく，地域によって決まっているものもある。日本には四季があることも生活文化を豊かにしている。

家庭科では，その基礎となる調理や着装などに関する知識・技能を学ぶだけではなく，日本文化の素晴らしさを知り，次世代へ伝えていくこともできる。

もちろん，生活は便利になり変わっていくものである。人工知能の発達が進むにつれ，なくなっていくものもあるだろう。家庭科の内容の変遷をみると，大きく変わったものもある。たとえば，消費生活や環境に関わる内容が占める割合は大きくなっている。ただし，その変化を含め，変わらないものを選びとるのも子どもたちであり，家庭科のなかで生活文化を知ることが必要なのである。

4. 自立を進める

自立とは，社会的に一人前の大人・社会人になることであろう。そのなかには経済的自立も含まれるだろうし，何よりも精神的自立が求められる。そのためには，自分の考えをもち，自分の言動に責任をもち，時には他人の助けを借りることが必要である。

自立するためには，育った家庭から出て社会のなかで働き，自分の居場所（家庭）を見つけなくてはならない。

近年，グローバル人材の育成が唱えられているが，イコール国際言語である英語力を高めることではない。多様性への尊重と自分で意思決定できる自立性が備わっており，語学力を含むコミュニケーション能力が必要である。

安彦忠彦は，家庭科教育には次の視点が必要だと言っている[3]。

・「家庭科」教育は，周辺に社会の求める人材養成（客体形成）のための「技能・技術教育」を一部として含みつつ，中軸に子どもを「未来の主権者」として，「（精神的・思想的に）自立した人間（生き方・人格）教育＝主体形成」を行うこと。

・「家庭科」教育は，「家庭」の形態がどのように変わっても（流行），その機能としては不変のものがある（不易＝休息・余暇・趣味・学習など）ということを明示すること。ただし，機能にも変わるものがある（流行）ことは留意する必要がある。

・「家庭科」教育は，学校外の「私教育（家庭教育等）」や社会教育を尊重し，それらの強化と連携を不可欠とすること。

5. 持続可能な社会の創り手を育てる

持続可能な社会の実現のための授業は，理科・社会・総合的な学習の時間に任せておけばいいと思っているかもしれない。しかし，家庭科は生活のなかから，持続可能な社会をめざす貴重な教科であるという自負をもってほしい。一人の人，1つの国だけでは地球の持続可能性は守れない時代になってきている。次世代を育てるということは，持続可能な社会の創り手を育てるということである。

学習指導要領などに環境の内容が多くなってきたことも，上記のような状況からだと考える。

家庭科の授業をつくる際には次のことに気をつけたい。

・発達段階を考慮して，小・中・高等学校それぞれの視線の高さから授業を出発させる。

・「エコライフ」として，ある行動を出発点とすることはよいが，その行動に終始してしまうのではなく，生活と地域や社会がつながっていることに気がつくように発展してほしい。

・持続可能な社会の創り手を育てることは，1教科だけでできることではないので，学校行事やほかの教科で学んだことを活用してほしい。

日本の伝統的な生活の特徴を知り，グローバルな視点で他の国の生活も受け入れることが持続可能な社会へとつながっていく。

1　家庭科教育のめざすもの　　9

身近で奥が深い

1. 子どもの好きな教科

　家庭科は，子どもの大好きな教科である。2015年には好きな教科第1位に輝いた[(4)]。その理由はどこにあるのだろう。国立教育政策研究所の調査[(5)]によれば，「家庭科の学習は，調理や製作など生活に必要な力をつけるために役立つ」と答えた子どもは89.4％に上る。また，84.0％もの子どもが「家庭科の学習で観察をしたり，実習をしたりすることが好き」と答えた。教師側も93.5％が「実習や実験，観察などを取り入れた授業」を行っており，78.7％が「児童が考えたり，工夫したりしたことをグループで発表し合うなど，アイデアを出し合う活動」を行っている。今日求められている「主体的・対話的で深い学び」のうち2つについてはよい傾向にあるといえる。

　一方，「深い学び」についてはどうだろうか。「生活をよりよくするために自分で考えたり工夫したりすることが好き」と答えた子どもは75.4％であるのに対して，「問題解決的な学習を取り入れた授業を行っている」教師は53.1％に過ぎなかった。ここに現状の家庭科教育の課題があるといえよう。

　では，主体的とは具体的にどうなることを指すのだろう？　対話的とは？　深い学びをしたとは？　具体的な子どもの姿を近くの人と話し合ってみてほしい。教師になるには，「主体的……」や「資質・能力……」という言葉を，小学校教師としての言葉，つまり子どもの具体的な姿を表す言葉で語れなくてはならない。たとえばワクワクすること，なるほどと思うこと，だったらこうもできる，考えられると試すこと。みなさんはどう考えますか。

2. 学習は身近なことから始まる

　さて，次の「お茶名人からの挑戦状」は，筆者が5年の家庭科初発にしていた実践である。

初めての家庭科授業での課題

お茶名人からの挑戦状

1. 湯は余っても足りなくてもならぬ。ちょうどよい量をわかすべし。
2. どの茶碗にも同じこさに茶をいれるべし。
3. おもてなしの心でちょうどよい温度でお茶をいれるべし。

　課題が提示されるとすぐに，子どもたちは教科書を手にグループでわいわい相談を始めた。

　「量る」だけでも，計量カップで量る，湯のみで量る，沸騰後の蒸発分も加えて量る，何倍飲むかたずねて量る。さまざまだ。

　「ちょうどよい温度」とは何か。どうすれば調べられるのか。図書館に走る子が出る。「先生，これって何茶ですか」。そして，こう言う。「学校だから，きっと安い番茶だよ」。では，値段の高いお茶もあるの？　何が違うの？　どうやって決めるの？　同じお茶の木なの？　そもそもお茶ってどんな木？　音楽で習った「茶摘み」歌の「八十八夜」とは何のこと？

　そこへ図書館からの戻り組が叫ぶ。「ボストン・ティーパーティー事件って，お茶とアメリカの独立とは関係があるらしい」。一同騒然。お茶は世界の歴史とも深く結びついている？　待て待て。そもそもお茶を「いれる」の漢字は？　「入れる」ではないのだ。なぜ？　わからないこと，知りたいことがざくざく出てくる。だから勉強は楽しい。調べたいことがひとしきり出揃い，やっと湯を沸かし始める。すると，またもや叫び声。「先生！見て見て！やかんって傾き方を変えると，水の出方が変わるよ」。

　お茶から台所用品まで，学習はいつでも身近なことから始まる。「生活って奥が深いなあ」。そう言うときの子どもは実に満足そうだ。

3. 体全体を使って学ぶ

家庭科と体育には共通点がある。体を使った学びである点だ。体育では視覚や聴覚, 手, 足の筋肉などを働かせて学ぶ。家庭科ではさらに触覚や味覚, 嗅覚を働かせ, 手先をフルに使って学ぶ。それも左右の手を別々に動かし, 調整しながら布を縫ったり, 包丁で物を切ったりするのだ。子どものなかに裁縫や調理が苦手だと感じる子が多いのは, こうした左右別々の手の運動を行ったり, 手加減をして作業をする機会が, 日常生活のなかから急速に消失しているからである。

しかし, 「手は突き出した脳」だといわれる。左右の手を使って物と触れ合い, 視覚や聴覚, 触覚, 時には味覚など体全体を使って学ぶ家庭科は, 体育とは異なる側面から子どもの体や脳の発達に寄与している。体で自分の成長が実感できる教科だからこそ, 子どもに好かれているのだといえる。

4. 感じて考える繰り返しが学びを深める

ところでみなさんが, 突然, 見知らぬ部屋に通されたとしたら, どうするだろう。まず, 「ここはどこだ？」と体全体で探索することだろう。「暗い」「寒い」「ほこりっぽい」……。次に, 何か特徴になるものを探し始めるだろう。ジェームス・ギブソン（James.J.Gibson）が提唱した生態学的認識論によれば, 「私たちが認識のためにしていることは, 自身を包囲している環境に情報を『探索する』ことなのである」[6]。環境は, 「それ自体で意味をもつ『持続と変化』という『情報』の存在するところ」で, そこから人は環境を認識しているという。小学生の学びでは, この「認識」の道筋をうまく授業のなかにデザインするとよい。

たとえば, 野菜を炒める調理法のよさについて気づかせたいとする。ならば, はじめにすることは, 野菜という「物」を体で感じとらせることだ。たとえば, 生の玉ねぎをほんの少しかじらせてみる。刺激的な味に悲鳴が上がるかもしれないが, 子どもたちは多くの発見をするだろう。そのことを記録させた後で, 玉ねぎを炒めて, 「持続と変化」とを探索させる。

しかし, ここで教師が「玉ねぎを炒めましょう」と指示をするのは避けたい。子どもが自ら炒めて調べたくなるように仕向ける。主体的な学びを引き出すのだ。たとえば, 炒めた玉ねぎを試食させる。「おいしい！」「甘い！」子どもは大喜びすることだろう。そして, がぜんやってみたいと言い出すだろう。教師が常に考えるべきことは, どうしたら子どもの学ぶ意欲を引き出せるかということだ。

あとは, 「玉ねぎを炒めると, いつどんな変化が生まれるのか」を学習課題にして, 簡単な仮説を立て, 時間を計測しながら, 実際にやってみる。子どもたちは, 炒めるとおいしくなるという調理のよさを実感しながら, さまざまな発見や疑問を見いだす。そして, わからないことは当然, 調べたくなる。この探究活動で, 玉ねぎを繊維に沿って切るか, 断つように切るのかで迷った子どもは, 家で6種類の野菜で試しては味見をして, 切り方による味や色, 食感の違いなどをノートにまとめてきた。この例のように, 家庭科の学びは, 試しては感じ, 感じては考えることを繰り返す学びである。

感じ方は人によって異なる。だから, 奥が深くなる。自分だけでなく, まわりにいる仲間にとってはどうなのか, 共に暮らす家の人や地域の人にとってはどうなのか。気になる。そして, この一見ばらばらな感じ方に, 何か一般的な法則なるものはないのかと思いはじめる。「先生, オニオンスープの塩分って, どのくらいならいいとかいうのはないの？」子どもがそうたずねてきたら, こう答えよう。「『いい』って何にとって？」

身近で奥が深い学びを通して, 家庭科では生活の営みに係る見方・考え方を育てる。健康や安全, 快適, 協力・協働, 持続可能な社会の構築, そして生活文化の継承・創造。「奥の深さ」をそこにもっていく学びなのだ。

③ 正しい答えは1つではない

1. 他教科との違い

算数では「1＋1＝2」と解答できないと誤りになる。家庭科ではどうだろうか。家庭科では正答は必ずしも1つではない。たとえば、教科書のみそ汁の作り方には食材や調味料の分量や調理の手順が記載されている。調理をする人は、その通りに行えば間違いなくおいしいみそ汁ができあがる。これは、上記の算数の例に類似している。

その作り方どおりに作ることは悪いことではないが、「最近、野菜が不足している」や「家族のなかに塩分は控えるようにと医師から言われている人がいる」としたらどうだろうか。前者では野菜の量や種類を多くしたり、後者では作り方に書いてある、みその分量を減らしたりすることが必要であり、これらの場合は答えが1つではないことになる。

2. "must家庭科"から"may家庭科"へ

それでは、なみ縫いの場合はどうだろうか。正しい針目は、4mm±1mmのまっすぐな針目といわれている[7]。不正確な針目は、①1mm以上まがった針目、②1mm以上外側の針目、③1.5倍以上大きい針目、④半分以下の小さい針目などである。これらは、なみ縫いが2枚の布を合わせることを目的にした基本の縫い方であり、手と指を動かして縫うことを基準としているためである。

これまでは、この正しい針目を子どもたちに暗に強制していた（これを「～でなければならない家庭科」、すなわち"must家庭科"とする）のではないだろうか。なみ縫いは、ティッシュペーパー入れやランチョンマットなどの小物作りに用いるため、ほかの縫い方に比べると使用頻度がとても高い。

しかし、常に正しい針目でなければないのだろうか。たとえば、ティッシュペーパー入れの製作は、織物を用いた場合には正しい針目で縫う方がしっかり縫えてよいが、フェルトを用いた場合には、ししゅう糸のような太い糸を用いて、少し大きい針目でステッチのように縫うと模様のようになり、デザイン性の高い作品ができあがる。

子どもたちが正しい針目を知り、それができることは大切だが、これからは望ましい家庭科を意識しながら、適時に対応できる"may家庭科"（～の方が望ましい家庭科）の指導を実践したい（図1-1参照）。

図1-1 "must家庭科"から"may家庭科"へ

"must家庭科"
例）針目の大きさは

↓

"may家庭科"
例）よいデザインは

第1章 家庭科教育はなぜおもしろいのか

3. 生活で重要な"意思決定"

私たちは無意識のうちに"意思決定"，つまり，ある目標を達成するために，置かれている状況を考慮し選択，決定している。

たとえば，レストランで昼食をとるときには，朝食では何を食べたか，食事に必要な時間はどの程度あるか，一緒に食べる人数は何人か，予算はいくらかなどを考えて献立を決める。このように，個人が個人の生活に対して意思決定する場合を，「自己の生活管理」の意思決定という。現状のなかでの選択であり，現状に問題がある場合はそれを容認していることになる。

たとえば消費の購入場面で，自分自身や家族の健康を考え，安全・安心を意識して商品を選んだり，地域の経済や環境のことを考えて商品を選ぶ場合もある。このような場合を，「社会参加」の意思決定という。

家庭生活の事象を中心に学ぶ家庭科では，一人ひとりがその根拠を明確にしたうえで意思決定することが望まれる。

4. 家庭科の目標の特徴

家庭科の目標の一つは「家族の一員として，生活をよりよくしようと工夫する実践的な態度を養う」である。家庭科では，この目標を達成するために，家族や家庭生活の大切さに気づかせたり，理解させたりする機会を設けている。

たとえば，家の仕事を客観視し，仕事の種類が多いこと，それは誰が行っているか（役割分担）を知る。その結果，仕事の多くが特定の人に集中していることに気づき，それを解決するために子どもたちは自発的に仕事の役割分担を見直したり，負担を軽減する方法などを考える。そして，子どもたちの考えた改善案を家庭で実践する授業を行っている。このようなアプローチを課題解決学習という。

この過程で，子どもは次のことに気づく。
・家庭により仕事の種類に違いがあること
・家庭により役割分担に違いがあること
・家庭により課題が異なること
・同じ課題であっても，その解決方法は家庭によって異なること
・課題や解決方法が異なるのは，家族構成や就業の有無などが背景にあること

この授業を通して，子どもたちはさまざまな家庭の状況を理解するとともに，自分の家庭の課題解決のために多くのサンプルがあることに気づく。

1つの解決方法しか考えられなかった子どもでも，それ以外の解決方法を知り，自分で考えた最初の案を修正し，もっとよい解決方法を提示することもできる。

このような授業は，今後，子どもが直面するであろう将来の課題解決（直面する課題ではないが，解決した方が望ましい課題の学習も課題解決学習という）に有効になる。まさに"正しい答えは1つではない"例といえる。

このように家庭科では，「生活をよりよくしようと工夫する」ために，「生活で意思決定をする」こと，他の友だちとの意見交換を通して「解決方法」を決めていく過程が，"may家庭科"をつくっていく。実践的・体験的に学ぶとは，「さまざまな家庭の状況」「家庭と社会とはつながっていること」を理解することである。

そのなかで，「そのようにしたくてもできないこと」のなかから解決方法を選びとっていくことが，"may家庭科"なのである。

4 自分の生活に役に立つ

1. 家庭科は"役に立つ"

多くの子どもたちは，家庭科学習を肯定的に捉えている。たとえば，小・中学生約2,600名を対象とした調査[8]では，「家庭科が好き」な子どもはいずれの学年でも70～80％と高率となった。

また，高等学校で家庭科を学んだ成人男女を対象とした調査[9]では，「学んでよかった」人は約95％と高くなった。家庭科を学んだことで「生活に関する基礎的な知識・技能が身についた」「家庭生活は男女が協力して営むものと考えるようになった」などの実践や意識に変化がみられたり，「多角的に物事を捉えることの大切さに気づいた」「自分の生活を見つめ直す機会になった」のような考え方の変化がみられたと報告されている。家庭科を学んだ成人は，生活のなかで役に立っていると実感している。

それでは，高校生は調理実習について，どのように捉えているのだろうか。ある高等学校で行った「郷土料理（けの汁）」「親子丼」「中華料理」「洋風料理」「魚料理」「デコレーションケーキ」「自由献立（学級全体でパーティ料理を作成）」の7つの調理実習のうち，生徒にとって最も役に立ったのは「親子丼」という調査結果だった[10]。

「親子丼」が役に立った理由をみると，①用いる食品の数が少ない，②調理のプロセスが簡単，③調理時間が短い，④空腹を満たせる，⑤大学進学後のひとり暮らしで役に立つ（図1-2参照）だった。つまり，生活に役に立つことに生徒は価値を見いだしている。

2. "役に立つ"技能

高校生を対象とした調理実習で「身についたこと」を調査した報告[11]では以下の3点を推察している。

実習記録と1カ月後の振り返りでは6割強が，1年後でも4割の生徒が「応用可能な知識・技能について」身についたと記述していることから，生徒は料理そのものの作り方よりも，「調理実習で体験した調理方法やそれに関する知識を，その後の調理で活用できるように普遍化して身につけようとしている」。

「覚えている」ことの多くが調理実習の特定の題材で示されていることから，生徒は作った物の出来栄えや作るプロセスにおけるさまざまなできごととともに，体を使って体験したことを記憶する。

なかでも，包丁に関する記述が多かった。包丁を使う技能は習得が実感しやすい技能であるとともに，たとえ習得した技能が未熟であっても，料理の可能性が広がる。生徒は包丁を使う技能をその後に有用な技能であると捉えている。

この報告から，技能の学習は生活のなかで実践力をつけ，生徒にとって生活に役立つ可

図1-2 「親子丼は役に立つ」理由
①用いる食品の数が少ない。
②調理のプロセスが簡単。
③調理時間が短い。
④空腹を満たせる。
⑤大学進学後のひとり暮らしで役に立つ。

能性をもっていると考えることができる。成人男女の調査でも同様な結果が得られており，技能の習得は生活に役に立つという実感を与えるといえる。

3. "役に立つ"授業づくり

しかし，子どもたちは単に技術的に「できる」ことだけを求めているのではない。新しいことが「わかる」，さまざまな事柄の背景に「気づく」，クラスメートとの議論を通して深く「考える」ことを同時に求めている。

(1)「気づく」「考える」授業

日本家庭科教育学会の調査[12]によれば，7割の子どもたちが家庭科の学習後「できる」「わかる」ようになったが，約4割の子どもたちは「気づく」「考える」ことがなかった。また，「気づいた」「考えた」と感じた授業をすることで，子どもたちが意欲をもったり，実際の生活のなかでより多くの実践をしたり，人とのよい関わりができることが確認された。

これらのことは，「生活に関わる技術・技能は『今ここで』必要なものだけでなく，『将来に向けて』長く応用性をもって使っていくものがある」と深く関連する。つまり，「できる」「わかる」は「今ここで」役に立ったと子どもたちが実感できたことであるが，「気づく」「考える」ことにより，「今ここで」だけでなく「将来に向けた」生活にも役に立つ学習になるだろう。

考える学習の代表的なものに，課題解決学習がある。子どもたちが自分たちの生活のなかから課題をみつけ，自分の関心にそって資料や実地調査，実験などいろいろな方法を用いて調べ，その課題を解決する学習は，学級全体に対し講義形式で行う学習に比べて長い時間を必要とする。子どもたちには「気づく」「考える」場面が与えられることで，「今ここで」と「将来に向けた」役に立つ授業が期待できる（34ページ参照）。

(2) 生活をみつめ，自己をみつめる授業

もう1つの役に立つ授業とは，学習を通して子どもたちが生活をみつめる目がもてる授業と考える。生活をみつめる目がもてることは，なぜ役に立つのだろうか。それは，生活のなかのさまざまな現象をエビデンス（科学的根拠）に基づき説明でき，それを踏まえてさらに自身の生活に応用できるためである。具体的な現象だけに終始する学習は家庭でもできるが，学校では科学的根拠に基づき，系統的・体系的に学習することになる。

また，役に立つ授業とは，子どもたちが自分自身を認識できた授業と考える。今できることが増える自分自身を認識できることも大切である。生活をよりよく工夫できると「役に立つ授業」だったと実感できるだろう。学習したことを自分自身で総合的に捉え直し，自己の生活観や価値観が確立できるならば，「将来に向けて」役に立つ家庭科の授業になると考える（図1-3参照）。

図1-3 役に立つ授業

役に立った授業ってどんな授業？

学習により自信をもち，そこから自立が促されたことが実感できた授業。

生活をみつめる目がもてた（「将来に向けて」応用できる）授業。

4 自分の生活に役に立つ 15

いま・ここで何が大事なのかを問う

1. 生活の営みに係る見方・考え方

　家庭科は，「生活の営みに係る見方・考え方を働かせ，衣食住などに関する実践的・体験的な活動を通して，生活をよりよくしようと工夫する」教科である。何を着るか，何を食べるかなど，いろいろな場面を想定しながら実践的・体験的に学ぶ。このとき必要なモノの見方・考え方とは，いま，ここで何が大事なのかを見極め，判断する力である。

　たとえば，高齢者に衣服を選ぶという場面を思い浮かべてみよう。この服は高齢者にとって素材や縫製は肌にやさしいか，着脱が楽か，着心地がよいか，洗たくに耐えられるか，その服をどのようなときにどのように着ると高齢者自身が楽しくなり，その人らしく装えるかと考え判断する。ここでは，スキルに裏打ちされた知識と，高齢者が購入できる費用と環境への負荷などを総合することが求められる（図1-4参照）。

　つまり，衣服に関する素材や形態などの知識と高齢者に関する理解などの多様な視点を交差させ，いま・ここで大事なコトを優先し，その人らしく幸せに生きるためのモノの見方・考え方なのである。

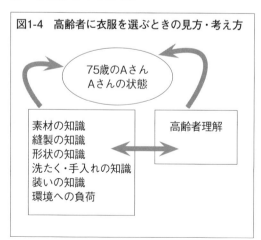

図1-4　高齢者に衣服を選ぶときの見方・考え方

2. 知識と自分の生活をつなげて問い直す

　いま・ここで何が大事なのかという問いは，家庭科で扱う衣・食・住・家族・消費・環境の知識と自分の生活を結びつけ，問い直すことでもある。先人たちが暮らしのなかで紡いできた地域の伝統や文化を知り，いま・ここで自分の暮らしに生かすためにどうしたらよいかを教室のみんなと考える。教室では，それぞれの生活に対する見方，感じ方，考え方が交流され，自分の見方・考え方が広がり深まる。調理実習の感想から考えてみよう。

> 　私はみそ汁を作った。家ではだし入りみそを使っているが，今回の調理実習では，煮干しを使ってだしをとった。友だちと「だしの味ってこんなか」と，そのおいしさに驚いた。そして，だしを取ろうと思った最初の人は，すさまじい発明をしたなと思った。

　実習で友だちと協力して作ったので，みそ汁が味わい深いものとなった。煮干しや昆布などで簡単に（他国のスープなどは時間をかけて取ることが多い）だしを取るという先人の知恵（伝統文化）を改めて感じとっている様子が伝わってくる。このように家庭科では，生活文化の継承・創造につながる五感を通した学びが深まる。

　子どもも大人も忙しい日常だから，すぐにだしをとったみそ汁の実践にならないこともある。しかし，家庭科で作り方を知り，友だちとおいしさを味わったことが生活を問い直す一歩になる。

ジェンダー，性の多様性

1. ジェンダー

ジェンダーとは，社会的・文化的につくられた性別・性差についての知識をいう。ここでの知識とは，社会通念や社会意識なども含む広い概念である。これまで生物学的性別とは区別されてきたが，近年では生物学的性別も含むものとされている。というのも，生物学的性別も決して普遍的なものではなく，社会的・文化的に形成された学問や研究活動によって認識されるからだ。固定的なジェンダーに基づく社会は，個人の人間としての生き方を性別によって規定してしまうこと，性別による上下や優劣の関係性を含んでいることなどが問題とされている。

2. 性別は多様で複雑

実は私たちが考える以上に，性別は多様で複雑である。ここでは性別を「身体の性別（生物学的な性別）」「性自認（自分の性別をどのように感じているか）」「性的指向（どの性別を恋愛の対象とするか）」「性表現（自分の性別を社会に対してどのように表現するか）」の4つの次元で捉える。ただし，それぞれの次元で性別が明確に「男」「女」に分けられないパターンは多く存在するし，さらに多くの次元で性別を捉える場合もある。また，これら4つの次元を含む広い意味での性のあり方を，セクシュアリティという。

現在の日本社会では，「身体の性別」「性自認」「性表現」が「男（女）」，性的指向が「女（男）」である人々を前提とした社会のしくみが成り立っている。こうした特徴とは異なる人々をセクシュアル・マイノリティという。セクシュアル・マイノリティの中には「LGBT（Lesbian：性自認が女性で性的指向が女性の人，Gay：性自認が男性で性的指向が男性の人，Bisexual：性的指向が両性の人，Transgender：身体の性別や性自認に違和感がある人）」「Questioning（自分の性自認や性的指向に確証がない人）」「Asexual（恋愛に関心をもたない人）」などがある。近年では，これらのカテゴリーだけでは多様な性のあり方を表現できないことなどから，人々を性のあり方でカテゴライズするのではなく，すべての人がもつ性的指向・性自認を表す言葉として，「SOGI（ソジ）：Sexual Orientation（性的指向）and Gender Identity（性自認）」が使われている。

3. セクシュアリティのバリエーション

表1-1はセクシュアリティのバリエーションをわかりやすく記したものである。これをみてもセクシュアリティは多様であることがわかる。

表1-1 セクシュアリティのバリエーション

	こころ	からだ	性的指向	セクシュアリティ
♂♡☺♂	男	男	男 男・女 女	ゲイ バイセクシュアル* ヘテロセクシュアル**
♀♡☺♀	女	女	男 男・女 女	ヘテロセクシュアル バイセクシュアル レズビアン
♂♡☺♀ トランスジェンダー	男	女	男 男・女 女	ゲイ バイセクシュアル ヘテロセクシュアル
♀♡☺♂ トランスジェンダー	女	男	男 男・女 女	ヘテロセクシュアル バイセクシュアル レズビアン

＊バイセクシュアル：異性・同性の両方を恋愛対象にしている。
＊＊ヘテロセクシュアル：異性を恋愛対象にしている。

Q.1 家庭科と防災をどのようにつなげていけばよいのか？

最近では東日本大震災，熊本地震，台風などの被害が相次いでいる。いつでも起こり得る災害に対応する力を家庭科でも育成すべきであるが，どのように防災に取り組めばよいかわからない。

A. 地域に密着した実践的な指導と全体的な災害に関するものとをうまく組み合わせる。震災から学んだことを生かし，さまざまな領域から防災教育を行う。

　防災教育については，中学校の住生活領域に「家庭内の事故の防ぎ方」「安全を考えた住空間の整え方」等の内容が設定されている。防災の視点から下記のような実践例が，これまで数多く示されてきた。今後は，避難所の生活から起こり得る課題など，現実に求められている災害後の暮らしについても取り上げる必要があり，より課題解決的な学習が求められる（※は災害後の取り組み）。

住生活領域の実践
○強い揺れによる家具転倒の危険を示す実験映像を見て，ベッドや家具などの配置の工夫，家具の固定の仕方，転倒しない物の配置などを考える。
○自分の家や例示の簡単な室内見取り図から，危険な場所を見つけだし，解決策を考える。
※避難所の生活から生活音について気づき，簡単な防音対策を考える。

食生活・衣生活領域の実践
○災害に備えた非常備蓄食や防災グッズを家族構成から考える。
○繊維の燃焼実験データから，燃えにくい寝具やインテリア製品の必要性に気づかせる。
○防災ずきんを製作する。
※震災後，発生しやすい食中毒など，衛生面に関する対応の仕方を考える。
※温かい防災食をポリ袋を使って作る。

災害を理解し，自らのあり方を考える実践
※避難生活の映像から，プライバシーを守る取り組みの大切さに気づく。
※被災した人の悲しみや，避難生活のストレスを理解する。
※避難所でボランティア活動を進んで行う小学生や中学生に共感する。
※自分の学校が避難所となったら，どうすべきか考える。

防災教育の5つの視点
①現在の備えの状況を調査し，意識を高める。
②災害に関する新聞記事を示し，備えの必要性を理解させる。
③家族構成や季節の条件を示し，備えとして必要なものは何かを考えさせる。
④自分の家庭では，さらに何が必要になるかを見直し，備えについて考えさせる。
⑤震災後の生活について考えさせる。

第2章 家庭科教育は教師を育てる

家庭科は子どもの「今」と向き合う教科である。
子どもの生活を対象に学ぶので，個々の子どもの実態や子どもたちの関係が浮かび上がってくる。
そのため，教師は子どもの実態を微細に捉える姿勢や視点に気づくことが可能になる。
それは教師にとって，どのような利点があるのだろうか。

教師に求められること

1. 教師に求められる専門的力量

　家庭科の授業をすることで、教師に求められる専門的力量がついてくる。なかでも、授業力量としての「授業を構成する力」「教材を開発する力」、授業のなかで子どもの反応に応じて「授業を即興的に変えていく力」がついてくる。

　それは、教師に子どもの生活がみえてくるからである。家庭科は、家庭生活を対象とした教科なので、教師が意図しない場合でも、子どもの生活経験がストレートに授業に出てくる場合がある。また、子どもは自分の生活経験をもとに授業に参加できるので、参加しやすく、友だちの生活を知る機会が多いため、自分の生活をみつめることができ、子どもが自分の生活を語り出すことも少なくない。

　もし、教師が子どもの声を聞き取らないで授業を進めるならば、教師の教えたい内容と結論だけがひとり歩きし、子どもは「知っているけれど実行していない」など、学んだことを実際の生活に生かす力が獲得できない。つまり、家庭科が目標とする知識とスキル（技術・技能）を実生活に活用できないことになる。だから、子どもの声を聞き取り、授業を教師と子どもの共同的な営みにすることが不可欠となる。

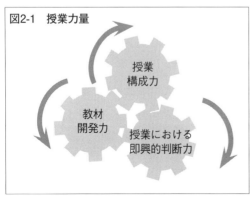

図2-1　授業力量

2. 授業を構成する力

　子どもの声を聞くと、教師にはそれまでみえなかったものがみえてくる。
　元秋田大学教育文化学部附属小学校山石祥子教諭の小学校5年生の実践をもとに考えていこう。山石は、「わたしの食をくふうしよう」という授業を「人はなぜ食べるか」という話し合い（1/12時間）から始めた。これは、山石の家庭科授業日誌である。

> **「あなたが食べているのはエサですか」**
> 　この質問に、38人中、「はい」と答えた子どもが4人、「いいえ」が34人だった。「人間も動物なのだから、エサといわれてもかまわない」「エサは、動物に与えるものという気がする」「自分も動物だけれど、エサを食べていると考えるのはいやだ」
> 　では、エサと食べ物の違いは何だろうか。加工・調理されている、気持ちがこもっている、文化がある、エサは動物に与えるという感じがするなど、その特徴を自分の言葉で表現しようとする子どもたち。「それではなぜ人は食べるのですか」と聞くと、生命を維持するため、成長するため、おなかがすくとがまんできないから、食べることが楽しみであるなど、いろいろな理由があがったが、動物に与えるエサも、食べる理由に大差はない。「それなら、わたしたちの食べ物もエサと呼んでいいのかな」と問うと「意味としては、変わらないかもしれないけれど、自分が食べているのは、ごはんとか食べ物と呼びたい」という声が多くあがった。自分たちの食事に対する思いやこだわりが、今回の「食」を見つめる学習の根底を支えると考えている。

山石は子どもたちが, 給食の時間などで好き勝手にあまり考えずに食べているようにみえたので, 「人はなぜ食べるか」という授業を「あなたが食べているのはエサですか」という問いかけから展開した。

| 発問 「あなたが食べているのはエサですか」 |
子どもたちからはエサではないという意見が出る。
| 発問 「エサと食べ物の違いは何ですか」 |
子どもたちは必死でエサと食べ物の違いを探す。そこではじめて発問する。
| 発問 「それではなぜ人は食べるのですか」 |

子どもたちはここで初めて, エサも食べ物も生命を維持する点では共通であることに気づく。人間の食べ物はエサという呼び方をしたくないという子どもたちの声を引き出し, 「人はなぜ食べるか」「わたしの食を工夫しよう」につなげている。

こうして, 教師は子どもと対話しながら, 子どもの生活と学びに沿った授業を構成する力がついてくる。

3. 教材を開発する力

子どもと子どもの生活がみえてくると, 教師は学ぶ側の学びのプロセスを想像することができるようになる。教師の行動が子どもの教材理解にどう関わっているか, 授業が子どもの理解に沿って進められているかなど, 子どもの側に立って授業を眺めることができるようになる。子どもの個別の理解の仕方や課題に対して子どもがもつイメージを推察することができるようになる。

前述の実践を引いて考えてみよう。山石は, 先の授業の後, 子どもが食べたいメニューをトレイにとるというゲームを考案して, 自分の食嗜好について考えさせた。

子どもに食を選ぶ幅を広げさせたいと考えたのである。こうして, 教えたいことと子どもが学ぶプロセスを吟味することが教材開発につながっていく。

もし, 実際に食べてきたものを書かせる授業にすると, 子どもの嗜好ではなく, 家庭の事情が出てきてしまい, 恥ずかしい思いをする子どもがいるかもしれない。あるいは, 親がバランスのよい食事を用意していても, 子どもが口にしない場合もあるかもしれない。

子どもたちが, 写真の料理をトレイにとって, 食べたい朝食の献立を作るゲームにすると, 子どもは自分の食嗜好に気づくことができる。ある子どもは「ゲームで食事が選べるときは, どうしても自分の好きなものに偏ってしまいました。だから野菜は入っていませんでした。バランスのよい食事にしたいです」と書いていた。

4. 授業を即興的に変える力

子どもの生活がみえてくるにつれ, それまでみえていなかった子どもの願いもみえてくるので, 授業のねらいも子どもの実情に合ったものとなっていく。さまざまな学習経験や生活経験を背負って授業に参加する子どもの多様な願いによって, 教師の子どもの声を聞きとる力は, さらに敏感になってくる。

教師は聞きとる力が敏感になるからこそ, 授業での即興的な判断を生かす授業ができるのである。

野菜嫌いの子どもは, 食品の仲間分け, グループ調査, 自分の課題をもった調理などの学びを通して, 自分にも食べられる細かく切った野菜ゼリー作りに挑戦し, 自分の食を工夫することができるようになった。

授業が子どもの生活を基盤にして進んでいくと, 子どもたちの思いやこだわりがみえ, それが教師を支え, 教師の授業構成力と教材開発力, 授業における即興的判断力を向上させていく(図2-1参照)。子どもの生活を基盤にした家庭科の授業は教師を育てるといえよう。

1 教師に求められること　21

さまざまな子どもに対応できる

1. 私たちの生活はみんな違う

私たちの生活は, 似ているところもあるが, よくみるとそれぞれ違う。

図2-2は, 起床から就寝までのAさんとBさんの家庭を描いている。2つの家庭を比べると, 多くの違いに気づく。たとえば, Aさんの家では父親が早朝に出勤するため, 朝食は「母親とAさん」の2人でとっているが, Bさんの家では「両親とBさんと弟」で食事をしている。また, Aさんの家では父親だけが仕事に行くが, Bさんの家では両親が仕事に行く。夕食もAさんの家では母親が作るが, Bさんの家では家族みんなで作る, などである。

家庭科では, 子ども自身の家庭生活と自分以外の家庭生活を学習の対象としている。

(1) 一人ひとりの子どもの家庭を学習対象とすることの重要性

なぜ, 家庭科では一人ひとりの子どもの家庭を扱うことが重要なのだろうか。それは, 平均的な家庭を扱っても, 自分の家の出来事やその背景などに気づくのが難しく, そのため家庭生活をもっとよくしようという意欲が喚起されにくいからである。自分の家庭に「気づく」ためには, 子ども自身の家庭生活を学習対象とすると効果的である。

(2) 自分以外の家庭生活を知ることの重要性

子ども自身の家庭生活を学ぶことはとても重要だが, それだけでは自分の生活を改善し, 豊かにすることは難しい。そこで, 友だちの家庭生活など, ほかのケースを提示する。

たとえば, 「母はいつもあわただしく朝食をとっている」ことに気づいたBさんは, 「母がもう少しゆっくり食べられるようにする」ための改善方法を考えることにした。Bさんは, 「母が家庭の仕事を朝以外のほかの時間帯に行う」ことで, 朝のあわただしさは解決すると考えた。しかし, ほかの子どもが考えた「母の仕事のいくつかを自分を含む家族で分担する」「朝食は時間のかからない簡単な献立にし, 後片付けも食器洗い乾燥機を使う」方法を知ると, 自分が考えつかなかったほかの解決方法もあることに気づく。このように, 自分の家庭と対照したり, 友だちの考えを知る場を設定したりすることは, 新たな視点を育成するために重要である。

図2-2 子どもの1日
Aさん
Bさん

2.「Cさんの1週間の食事」から問題とその解決を学ぶ

ここでは，図2-3「Cさんの1週間の食事」を例に考える。

Cさんは「（朝と昼に）何も食べていない日がある」「（朝食が）飲み物だけの日がある」「朝食と給食以外の昼食は，簡単なものが多い」ことがあり，そのため「Cさんには給食は大切な食事」であることがわかる。

このような場合，家庭科ではどのような学習をしたらよいのだろうか。Cさんが「朝食を食べていない」ことについて考えてみると，次の3つの背景が予想される。

Cさんが朝寝坊したため朝食は準備されていたが食べる時間がなかったというような子ども自身の問題（①），余裕をもって起床したが両親が祖母の看護のために不在で，朝食が用意できず，食事ができなかったというような家族の問題（②），両親の長時間勤務や夜間勤務のために，両親は朝，起きることができず，朝食が準備されていなかったので食事ができなかったというような社会システムが関連する問題（③）が考えられる。

①のケースでは，子どもが朝食がとれるように起床時間を自己管理させるような解決方法を考えるであろう。②のケースでは，朝食を自分で作ることができれば解決することに気づかせ，そのためには生活スキルの習得が必要であることを理解し，実践させるようにする。③のケースでは，朝食をとることだけを目的にするならば，②のケースと同様に解決できる。しかし，このケースでは，両親が長時間勤務や夜間勤務を行っている状況のなかで，家族はどのように生活したらよいか，また，そのような社会システムをどのように考えるかなど，社会のさまざまな問題に切り込む授業も展開できる。

家庭科は，子どもの生活のなかから問題をみつけ，現状を解決するだけではなく，その背景にも気づかせ，解決を図ろうとする実践力を育てることができる教科である。Cさんの「朝食をとっていない」例のように，現象は同じでも背景は異なることがあり，背景を知ることは課題解決につながる。このように家庭科は，一人ひとりの子どもが抱えている問題に対応できる教科なのである。

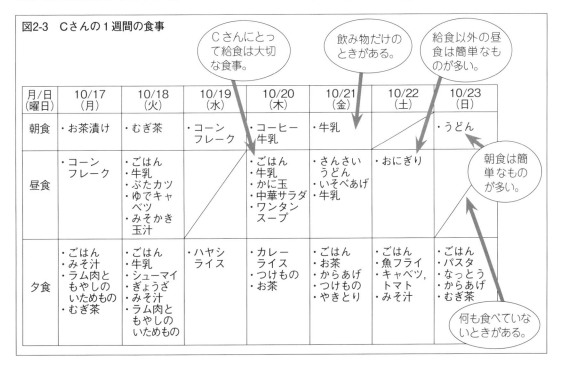

図2-3 Cさんの1週間の食事

家庭科とインクルーシブ教育

1. インクルーシブ教育

　インクルーシブ教育とは，子どもたち一人ひとりが多様であることを条件に，障害のある子どもと障害のない子どもが，できるだけ同じ場でともに学ぶことをめざす教育である。家庭科においても，すべての子どもがともに学ぶインクルーシブ教育の機会がさらに多くなると思われる。そして，その場合，それぞれの子どもが授業内容を理解し，学習活動に参加している実感・達成感をもちながら充実した時間を過ごすことが大切である。

　家庭科において，インクルーシブ教育を実践するうえでの注意点を述べる。
①調理実習では調理の手順を示した表を作成し，指導をする。
②裁縫などの細かい作業が続くときは集中して活動できるように，お手本の手元の動きを実物投影機でテレビに映したり，ペア学習を多く設定して友だちの声かけを大切にしたりする。
③栄養教育にはお弁当教材（フェルトの食材を弁当箱に詰める）を用いる。

2. 特別な配慮を必要とする子どもの理解

　家庭科はできるだけ実践的・体験的活動を通して学ぶことが求められているので，実習・実験を多く含む。しかし，生活経験の乏しさから，普通学級の子どもであっても実習を時間内に終わらせることが難しいといわれている。とりわけ，特別な配慮を必要とする子どもには，下記のような困難さをもっていることを理解する。
①用具や器具の名前と使い方を知らない。
②手先が不器用で用具や器具をうまく使えない。
③作業手順を理解するのに時間がかかる。
④自分のやることがわからず，授業に集中できない。
⑤忘れ物が多い，など。

3. 特別支援学級の教員や家庭との連携

　すべての子どもたちに家庭科の学びを保障するためには，次のような支援体制を学校内で築くことが重要である。
①安全衛生面を徹底するための人的配置（補助教員やPTA，地域の人材，学生ボランティアなど）
②特別支援学級の教員との連携
　特別支援学級の教員と授業内容についてよく話し合い，効果的な教材づくりや授業中の支援を考える。また，特別支援学級の自立活動の時間に，実習に使う用具や器具，実習の手順などを学習前に予習してもらったり，学習後に復習してもらうなどして，さまざまな場面で主体的に活用できる知識や技能の定着を図る。
③家庭との連携
　連絡帳や学習だよりなどを通して，学習内容を理解してもらったり，持ち物を確認してもらったりする。また，家庭での実践を促していくことも大切である。

教材をつくる目が広がる

1. 家庭科で培う教材研究の力

 教材には，教師が指導のために用いる提示用教材と子どもが触って学ぶ学習用教材とがある。ICTなども含めて「教材」というと，前者を思い浮かべることが多い。しかし，聞いただけのものは忘れるのもまた速い。葭内ありさによれば，和食の正しい配膳について教師が座学で指導した場合と絵本を作った場合とでは，後者の方が内容の理解度が高い結果になったという[13]。

 家庭科は実践的・体験的な活動を柱としているため，必然的に子どもが使う教材の開発に力点が置かれる。家庭科で「教材をつくる目が広がる」のは教材が「子どもにとってよいものであるか」など，常に子どもの視点を踏まえた研究がなされるからである。

2. 「教える」から「気づく，学ぶ」へ

 教材作成には，以下の条件がある。
① 子どもの関心をそそる。
② 学習目的に合っている。
③ 操作を通して学ぶことができる。
④ 誰にでも学習目的への気づきが得られる。
⑤ 教師が子どもの個に応じた工夫を仕組める。
⑥ 子どもが工夫を楽しめる。
⑦ 製作が安価で短時間にできる。
⑧ 簡単に扱うことができる。
⑨ 学習者が変わっても使える。

 なかでも最も大切なことは，教材とは「教える」道具ではなく，あくまで子どもが「気づく，学ぶ」ためのものであるということである。

3. 教材作りの手順

 教材作りは学習目標の分析から始まる。
 たとえば，ミシンや手縫いを使った袋作りのための教材を作る場合を考えてみよう。学習内容にはどのようなものがあげられるだろう。以下にあげてみる。
① 布の表と裏が区別できる。
② 布の縦横の区別，布の耳がどこかがわかる。
③ 布端の始末の必要性がわかる。
④ 作業の手順がわかり，計画が立案できる。
⑤ 印は布の裏側につけることがわかる。……
以下19個もある。これを1つずつ教えていたら，子どもはうんざりすることだろう。

 そこで，これらに自分で気がつくような教材を作る。つまり，「持ち手が取れそうで，縫いしろの幅が狭く，縫い目が粗くて物が落ちそうで，布の表裏がちぐはぐで，裁ち目の始末がされておらず，教科書を入れたらきつくて入らない……袋である。これを子どもに渡して，「どこがだめなんだろう」と問う。すると，①〜⑲について，子どもが発言してくれる。「どう教えるか」ではなく，「どうしたら気づかせられるか」。学習支援者としての視点をもって，教材をつくるようにする。

4. 個性が発揮できる教材をつくる

 また，技能の練習用教材を考える場合は，繰り返し練習したくなるものを考えよう。たとえば「玉結び」。玉結び1つで，「おたまじゃくし」ができ，複数並べると「渡り鳥」にも，「メダカ」にもなる。玉結びを子どもに自由に見立てさせて楽しみながら，たくさん練習できるようにしたいものである。

 また，さまざまなフルーツの形に切ったフェルトに玉どめをさせ，クラスで集めれば楽しい果物の木ができる。玉どめを黙々と練習させるよりも，学習用教材を作らせた方が，断然楽しい。また，それぞれの技能や個性に応じた練習を促すこともできる。この発想は，他教科での教材開発にも応用してほしい。

4 事故を防ぎ安全を保つ

1. 安全管理と事故防止

家庭科の授業では，調理や裁縫などの実習が多い。けがや事故に十分に注意し，安全かつ効果的に実習を行う必要がある。教師は，危機管理意識をもち，けがや事故をどのように防ぐのか（実習室の適切な管理，安全規則を含む），また，もし起きてしまったらどのように対応するのか（応急措置，連絡方法など）について，十分に備え，子どもの安全指導を行うことが必要である。

けがや事故がどのようなときに起こりやすいのかを把握し，施設・設備の安全管理に配慮し，学習環境を整備する。また，事故防止のため，子どもたち一人ひとりが熱源や用具，機械などの取扱いを理解し，自信をもって基本的な操作を身につけることができるように指導したい。実習時は比較的子どもたちはうきうきしやすく，けがや事故が起きやすい状況であるため，事前の指導が重要となる。

2. 家庭科室での一般的なルール

(1) 走らないこと

教室や廊下で走らないことは，安全上，一般的なルールであるが，家庭科室では，実習内容によっては，包丁，針，はさみ，火，熱い湯など，危険なものを使って作業していることが多いため，とくに注意が必要である。また，調理や洗濯などで，水を使用することも多い。床がぬれていると足がすべり，思わぬ事故につながる。床に水がこぼれたときには，すぐにふきとるようにすることが大切である。

(2) 換気に気をつけること

ガスこんろなどの使用時は，換気に十分注意する。不完全燃焼により，無色透明，無臭の一酸化炭素が発生すると生命に関わる事故につながる。また，ガス漏れに気づいたら，すみやかにすべての窓を開け，ガスこんろの器具栓やガス栓，元栓を閉める。ただし，火事・爆発を招く可能性があるため，換気扇などのスイッチはガス漏れ時には押さない。気分の悪くなった子どもがいないかを確かめ，迅速に対応する。

(3) 火のもとや熱いものに注意すること

ガスこんろなどの熱源のまわりに，布巾やプリント，ノートなどの燃えやすいものがあると，引火する恐れがある。とくに，プリントやビニール袋などは軽く，人の動きや風などで飛ばされて，火災の原因となるので，十

走らない。床がぬれるとすべりやすいので，すぐにふく。

火の近くに燃えやすい物を置かない。

分に注意が必要である。また，加熱した鍋やガスこんろなどが，余熱で非常に熱くなっていることがあるため，やけどに注意する。

(4) 電源コードは乾いた手で扱うこと
電源コードをぬれた手で取り扱うと，感電する危険があるため，必ず乾いた手で抜き差しをする。また，コード部分を持って引っぱると，中で断線し，漏電の原因となるので，プラグ部分を持って取り扱う。

(5) 服装を整えること
実習時の服装を，活動しやすく安全性に配慮して整えることも重要である。とくに調理実習では清潔さを保つ必要がある。髪の毛などが食品などにつかないように三角巾を身につける。衣服に引火し，やけどの原因となる場合もあるため，調理にふさわしい服装を指導する。なお，体育用ジャージなどは，化学繊維でできていることが多く，引火した場合に溶けながら燃えて皮膚につきやすいため注意が必要である。

三角巾，エプロン着用。
爪を短く切る。

(6) 実習授業で気をつけること
調理実習でとくに気をつけることとしては，手指洗浄を十分に行うこと，食中毒や食物アレルギーに関する配慮と緊急時の対応，包丁の取り扱い，洗剤類の誤用の回避，調理台の整理・整頓などが挙げられる。

裁縫実習でとくに気をつけることとしては，アイロンの使用場所や置き方，ミシンなどの重量のある物の取り扱い，針の本数の管理や折れた針の始末を徹底することなどが挙げられる。

3. 迅速な対応
(1) 地震や火災が起こったら
地震や火災などの非常時に備え，普段から危機意識をもち，備えをしておくことが重要である。

地震の場合，机の下に潜って落下物などから身(とくに頭)を守る。火気に注意し，教師の指示に従い，避難を行う。地震の際，無理をしてガスこんろの火を消しに行くと調理器具が落ちてやけどをしたりすることがあるので，揺れが収まるまで待つ。普段から，包丁や裁ちばさみなどを，机の中央に置くように指導しておく。調理室の椅子を積み重ねておく場合もあると思うが，それらが避難経路をふさいでいないかなど，子どもたちにも考えさせる。

火災の場合は，
① 火災発見を知らせる(大きな声で周囲に知らせる。非常ベル，119番など)
② 初期消火(火災が起こっている部屋の窓を閉めて空気を遮断する。無理な場合はあきらめ，避難するなど)
③ 避難(子どもたちを落ち着かせ迅速に避難する。煙の中を避難するときは姿勢を低くするなど)
を行うが，状況に応じて人命を第一に行動する。

(2) けがをしたとき
教師は，けがをした子どもの手当てなどの対応(止血や，やけどを水で冷やす，保健室へ連れていくなど)，冷静に行うとともに，ほかの子どもたちに動揺を与えないようにする。病院に行く場合は，管理職への連絡・相談を行う。

4 事故を防ぎ安全を保つ

5 親や家庭，地域とつながる力がつく

1. 子どもの生活課題と親や地域

　家庭科は，子どもの生活のなかから課題をみつけ，現状を解決することにとどまらず，その背景に気づかせ，解決を図ろうとする教科であることはすでに述べた。

　子どもの生活課題は，親や家庭と密接に関連しているものが多く，とくに小学生ではその傾向が強い。そのため，課題解決に向けて具体的な計画を立て，家庭における実践を有効にするためには，教師と親や家庭との関係が重要になる。なぜなら，両者の関係性が高い場合は，お互いを理解しているため，課題解決的な学習が順調に進むからである。また，逆説的に言えば，両者の関係性を高めるためにも課題解決的な方法は効果的と考える。

2. 親と子のふれあい時間の減少

　図2-4に示すように，日本における平日と休日の親と子が一緒に過ごす時間は，若干ではあるが，減少している。

　一方，図2-5に示すように，平日の母親の会話時間が約2時間に対し，父親は約1時間であり，父親の方が短い。アメリカにおける同様の調査では，母親との会話時間は6～10時間，父親とは約3時間が高率となっている[14]。会話時間は，父親の方が短いことは日本と同じだが，その長さは日本と大きく異なる。

　このような状況で，家庭における実践を充実させるにはどうしたらよいのだろうか。

3. 家庭科における地域の扱われ方

　地域を扱った授業は，次の5つに分類[2]される。①地域の物産品を扱った授業，②学校の周辺地域での活動を取り入れた授業，③地域の人材活用1（指導者として地域の人を活用する授業），④地域の人材活用2（地域の人々との交流をめざした授業），⑤子どもたちの地域社会での生活実践に視野をおいた授業である。

　そのうち①が最も多く，④や⑤は少ない傾向がある。①は子どもたちも見聞きする機会が多いため身近であるが，家庭科では地域の特産品を扱うだけではなく，その特産品を地域の生活や文化と結びつけ，多面的，複眼的に広がりをもった豊かな教材として生かす学びを展開したい。

4. 地域の活性化を考えた授業実践

　そこで，他教科などとの連携を図りながら，1つの単元のなかに①～⑤のすべてを扱った実践[15]を紹介したい。

　この実践の発端は，生徒の「最寄り駅に駅弁がないので作って売りたい」という提案だった。そこで，地域の特産物を用いた献立や郷土料理をアレンジした献立を考え，作り

[出典]「『親子のふれあい時間』調査」シチズンホールディングス，2012年より作成

方は地域のお年寄りに指導をお願いした。

しかし，これでは"買いたい駅弁""売れる駅弁"にはならないことから，商店街の方々に協力を依頼し，プロの考えや技を教わり，見事"地域の特産物や伝統料理を取り入れた売れる駅弁"を作り，販売することに成功した。

この実践は，家庭科を中心に総合的な学習の時間および社会科と連携して展開した。つまり，総合的な学習の時間で「郷土の食文化を知る」を学習し，そこから「駅弁作り」につなげ，さらに社会科で「食のグローバル化を考える」に発展させた。

生徒や教師から，次のようなことをうかがった。駅弁に使われた特産物や伝統料理は親や祖父母も自身が作って食べているものなので，家庭のなかでも話題になり，地域の食文化の理解につながった。

また，生徒自身の技能の習得にも役に立った。さらに，生徒は地域を身近な存在と捉え，地域の食文化を受け継いでいこうという気持ちになった。加えて，授業の一環として，地域のお年寄りたちの交流の場である公民館を訪問し，多くのお年寄りと交流でき，高齢者理解にもつながった。

駅弁の販売やラジオ出演などを通して，生徒に自信が生まれ，ほかの言動にも波及効果があった。そして，学校と地域との関係がより良好になった。家庭科を通して，親子の関係を深め，親や地域とつながったといえる。

5. より重要性を増す親や地域とのかかわり

PDCA (Plan-Do-Check-Act) サイクル，つまり課題の把握と解決方法の計画，その実践と評価を踏まえ，それらを次の課題に生かすような課題解決的な方法で，地域を扱う授業について考えてみよう。図2-6のように，授業前には子ども自身・その家庭生活や地域の実態を把握するために，家庭との連携が必要である。それを踏まえ，教材をつくり，指導計画を立て，実践を行う。実践では，上記したように地域の特産品や人材などが活用される。授業後には，子どもたちの評価とともに教師自身や授業そのものへの評価を行い，目標が達成できなかった子どもへの支援や授業の成果が次の単元に結びつくように検討するとともに，省察を踏まえ，このような内容の授業を再び行うための改善点などを考える。

たとえば，学習が家庭に還元されにくかったならば，子どもの家庭生活の実態把握が不十分だったことが考えられ，次回は事前把握を十分に行ったり，授業参観日を活用した保護者への聞きとりにより実態を把握し，具体案を考え，その記録を残しておくことである。

このような一連の流れは，教師が自分自身の授業を客観視することができるという利点がある。また，地域の人材を巻き込むことにより，それらの人々からも意見が聞けるため，それを授業改善に生かすこともできる。

指導力をつける機会を活用することと，見逃さないことが肝要である。

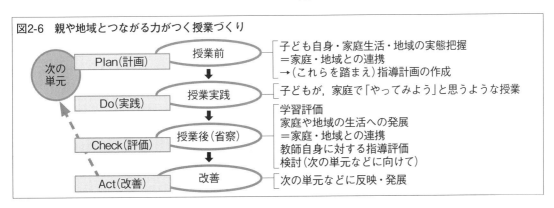

図2-6　親や地域とつながる力がつく授業づくり

家庭科の学びの本質

1. 家庭科とコンピテンシー

　2000年代に入り，インターネットの普及などに伴い，急速に世界のモノ，ヒト，情報，マネーが行き来するようになった。このようなグローバル社会に対応するために，教育も個人の生活の質を確保でき，世界で活躍できる人を育成しようとしている。1997～2003年，OECD（経済協力開発機構）の「DeSeCo（Definition and Selection of Competencies）プロジェクト」が「個人のクオリティ・オブ・ライフ」と「よく機能する社会」を目的にキー・コンピテンシーを提示した。それは，3つに要約される。①社会的に異質な集団での交流，②自律的に活動すること，③道具を相互作用的に活用することである。EUやアメリカ，ニュージーランド，オーストラリアでも独自のコンピテンシーが提示され，カリキュラムが編成された。

　日本の学習指導要領では，1996（平成8）年に「生きる力」が提示され，2017（平成29）年告示の学習指導要領では，どのような知識・技能を学ぶかという「内容」と，何ができるようになるかという「資質・能力」を提示した。すべての教科を①知識及び技能，②思考力，判断力，表現力等，③学びに向かう力，人間性等の3つの柱で再整理したのである。

　この学習指導要領の小学校家庭科の目標をこの観点で読んでみよう。

> 　小学校家庭科の目標は，「生活の営みに係る見方・考え方を働かせ，衣食住などに関する実践的・体験的な活動を通して，生活をよりよくしようと工夫する」である。

　この資質・能力を目標(1)～(3)との関連で考えると次のように整理できる。

表2-1　家庭科の目標と資質・能力

知識及び技能	(1)家族や家庭，衣食住，消費や環境などについて，日常生活に必要な基礎的な理解を図るとともに，それらに係る技能を身に付けるようにする。
思考力，判断力，表現力等	(2)日常生活の中から問題を見いだして課題を設定し，様々な解決方法を考え，実践を評価・改善し，考えたことを表現するなど，課題を解決する力を養う。
学びに向かう力，人間性等	(3)家庭生活を大切にする心情を育み，家族や地域の人々との関わりを考え，家族の一員として，生活をよりよくしようと工夫する実践的な態度を養う。

　家庭科で学んだ「知識及び技能」をベースに生活の営みに係る見方・考え方を働かせ，思考し，判断し，表現することによって，生活をよりよくできたり，よりよくする一歩を踏み出したりできる資質と能力を育む。

2. 自分の生活から学ぶ

　では，家庭科の学びの本質とは何だろうか。

> 　自分と他者の生活を他者（家族，地域の人々，世界の人々）とともに，幸せで，その人らしくすごせるように創り出す学びである。
> 　いのちと生活をどうケアし，どう見るかが問い直され，ライフ・スキルを身につけながらライフ・リテラシー（生活を読み解く力）を育み，自分の生活観や人生観，人間観を養う教科であるといえよう。

　衣食住などの生活は，地球上至るところにある。だが，家庭科では，まず，自分の衣食住の生活や自分の家族の生活，自分の住む地域の生活を対象に学ぶ。それは，小学5・6年，中学校，高等学校と学ぶ家庭科の中心に，今，学んでいる子どもの生活が位置づけられているからだ。小学5年生は，小学5年生という

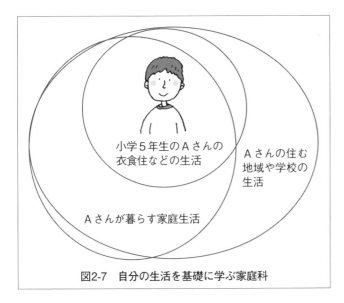

図2-7 自分の生活を基礎に学ぶ家庭科

発達段階で、衣食住の生活があり、今の生活をよりよくすることがめざされる。

今をよりよくするためには、過去、どのような生活だったかを振り返り、これからどのような生活をしたいのかという時間軸の学び（誕生から死まで）が必須である。

また、小学5年生Aさんには、Aさんの生活を支えてくれるAさんの家庭生活があり、Aさんが住む地域や通学している学校と地域の生活がある（図2-7参照）。急速に世界のモノ、ヒト、情報、マネーが行き来する影響もAさんの生活に見てとれるので、自分の身のまわりから家庭や地域、世界への空間軸の学びも必須である。なかでも家庭科で重視されるのは、自分、家庭、地域である。自分に合わせて、自分の身体を使って移動できる範囲が重視される。

3. トマトの授業例

他教科と比べて、家庭科の学びの本質を考えてみよう。実は、他教科でも日常生活を扱った授業が展開される。算数の授業を例に挙げよう。齊藤一弥は、算数・数学科の本質は、日常的な数量に関する課題に対して、合理的判断ができることだといい、どのトマトがお買い得かを授業で扱った。

トマトA（パック）　2個で248円
トマトB（パック）　4個で378円
トマトC（袋入り）　6個で430円
ミニトマトパック　多数で280円

算数では、ミニトマトを除外して、単純に計算すればトマトCの6個の袋入りが安いということになる。わり算を使うと次のようだが、子どもたちは、「たしかに安いけれども、味が落ちるのではないか」などの理由を挙げて、お買い得なトマトを決めなかったという。

トマトA（パック）は1個で　124円
トマトB（パック）は1個で　94.5円
トマトC（袋入り）は1個で71.66円

なぜなら、どのトマトがお買い得かという決断の背景には、子どもの生活があり、結論はいろいろであり、品質、形状が同じであれば比較できることを確認したという[16]。

家庭科では、自分の生活と他者の生活を考えて、どのトマトがお買い得なのかを考えることができる。1個当たりの算数の学びも生かし、さらに家族は何人で、どんなトマトが好きか、栄養は、どんな料理に使うか、産地はどこか、これを買うと誰が助かるかなどを総合してお買い得なトマトを判断、購入し、料理して（表現力）、食べ、よりよい生活をつくる。

以上のように、他教科の学びを総合する学びが、実は家庭科の学びであるといえる。そして、家庭科の学びの本質は、人間の命を養い、幸せにできる生活の学びなのだ。身近で奥の深い学びである。

家庭科のアクティブ・ラーニング

1. アクティブ・ラーニングとは

アクティブ・ラーニングとは，主体的に，他者とともに深く考えながら課題を解決する力を身につけることをめざす学習方法である。家庭科が新設された昭和22（1947）年度の「学習指導要領家庭編（試案）」ですでに，「問題をつかませるための手がかりを与える」必要性とともに，「問題の発見」「調査」「話し合い（討議）」「観察」「記録」「実習」といった主体的・実践的な学習活動が提言された。昭和23（1948）年度「学習指導要領家庭編（高等学校用）（試案）」から「生徒はその環境の中から研究すべき問題を見出し，それを追求し，解決しつつ成長するのである」とうたっており，70年にわたり家庭科教育には，アクティブ・ラーニングの理念が継承されている。

2. 主体的・対話的で深い学び

アクティブ・ラーニングの視点から，主体的・対話的で深い学びとするためには，根源的な「問い」を設定する必要がある。アメリカの家政学者マージョリー・ブラウン（Marjorie M.Brown）はこの「問い」を「永続的な実践問題」と呼び，時間を超えて連続し，世代を超えて繰り返される人類共通の本質的で普遍的な課題である[17]，としている。具体的には，「健康で持続可能な食生活のために私たちは何をすべきか」「仕事（職業生活）と家庭生活のバランスを私たちはどうとるべきか」といった，価値に関わる課題である。自己や家族にとどまらず，他者や社会に対して結果を伴う「問い」であり，解は1つではない。

教師は「問い」に向かって児童・生徒が解を探しに動く仕掛けをつくる。言うまでもなく，単に調理実習や体験学習，グループ学習にしさえすればよいわけではない。児童・生徒から考えを引き出す発問を選び，授業をつくる必要がある。

3. アクティブ・ラーニング「ホームプロジェクト学習」

「ホームプロジェクト学習」とは，自身で生活のなかから課題を見いだし（See），知識や技能を生かしてその解決に向けて計画を立て（Plan），主体的に実践していく（Do），課題解決的な学習である（図2-8参照）。ホームプロジェクトは昭和24（1949）年度「学習指導要領家庭科編高等学校用」に初出しており，当時からアクティブ・ラーニングとしての意義は大きい。「ホームプロジェクト学習」の指導を，たとえば以下のように工夫することで，主体的・対話的で深い学びを実現したい。

- 考えが空間的・時間的に広がるように，文献や家族・地域などの有形・無形の資源を活用しやすい期間に取り組めるようにする。
- 自分の理解や取り組みが不足していた点など新たな気づき・発見ができるように，ポスター発表など，他者に説明する時間を設ける。
- 自己評価・相互評価が深い学びには不可欠であり，そのためのルーブリックの設定など，学びの振り返りができるワークプリントを用意する。

図2-8
ホームプロジェクト学習プロセス

重要ポイント④ 家庭科とESD

1. ESDとは何か

1987年，国連「環境と開発に関する世界委員会」の報告書『Our Common Future（我ら共有の未来）』において，持続可能な開発は，「将来の世代のニーズを満たす能力を損なうことなく現在の世代のニーズを満たす開発」であると定義されている。持続可能性というと，環境保全やエコなどの地球環境問題が頭に浮かぶ人も多いかもしれないが，それだけでなく，多様性，人権，ジェンダー，貧困，平和，地域コミュニティーとの関わり，少子高齢社会など，非常に広い範囲が関わっている。持続可能な開発のための教育は，ESD（Education for Sustainable Development）と呼ばれており，経済，環境，社会，文化の各側面から，学際的かつ総合的に取り組まれている。

持続可能な世界を実現するための17項目の目標として，SDGs（Sustainable Development Goals）が，2030年を目標達成の期限として制定された。17項目は貧困，飢餓，保健と福祉，教育，ジェンダー，水・衛生，エネルギー，経済成長と雇用，イノベーション，平等，都市，生産・消費，気候変動，海洋資源，陸上資源，平和，パートナーシップである。

2. 家庭科教育はESDをリードする教科

家庭科教育は，持続可能性に関わる課題と密接に関わっている。家庭科教育を「持続可能な社会の構築」という視点で捉え直すと，各学習内容（「家族・家庭生活」「衣食住の生活」「消費生活・環境」）に持続可能性に関わる項目が多く含まれていることがわかる。家庭科をESDとしてより魅力的にしていくためには，教師が持続可能性と各学習内容との関わりを意識して工夫を重ね，その学習内容や授業方法の質を高めていくことが大切である。図2-9は，家庭科の特性を踏まえたESDの構成概念である。家庭科では「多様性」「相互性」「有限性」「公平性」「連携性」の項目はもちろんだが，それらを踏まえた「責任性」の項目が充実しており，実際の生活者の行動変容につなげていくことが特徴である。たとえば，衣食住の3R（リデュース，リユース，リサイクル）や消費行動と意思決定，共生，防災・防犯，環境に配慮した具体的な生活の仕方などが挙げられる。

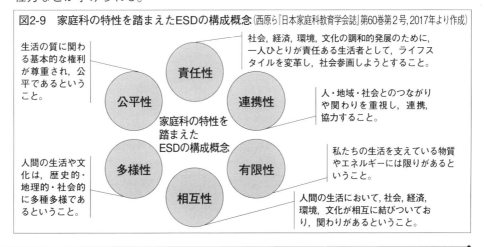

図2-9 家庭科の特性を踏まえたESDの構成概念（西原ら『日本家庭科教育学会誌』第60巻第2号，2017年より作成）

Q.2 家庭科で課題解決学習をする際に気をつけることは何か？

A. 子どもたち各自が，小さくてもいいので自分の生活のなかから課題を見つけること，無理のない解決方法（計画）を立てること，発表するところまでやって自信をつけさせ，やってよかった感をもたせるような指導を工夫する。

子どもたちが自分なりに課題を見つけるための指導

　子どもたちが課題を見つけるのは，たいへんな作業である。たとえば，「教師が例とした課題に集中した」「今の生活に満足している」など，多くの教師の悩みが聞かれた。そこで，いくつかの支援例を示す。
・教師が発達段階に合っている枠組みを決め，そのなかで子どもたちが各自の課題を決める。
・友だちの取り組みや過去の課題例を示し，そのなかから各自が選ぶ。また，自分だけでなく，家族や身近な人の悩みや困っていることを課題にするのもよい。
・大まかな課題を見つけさせ，その課題について，どんな解決方法が可能であるかを探り，課題を絞っていく。調べることで，知識を身につけ，理解が深まったり，実践的・体験的な方法を選ぶことで技能があがったりするような課題を見つけさせる。

解決方法の計画を立てるときの注意点

　実施できる計画であるか，実施できたかどうかは，課題解決のための重要なポイントである。たとえば夏休みなどの長期の休みの前に各自の課題を出させて，宿題にする学校も多いだろう。ただし，重荷になってしまって困ったり，子どもたちの主体性を育てることが目的なのに，「こうしなければならない」などの方向性が決まってしまっていてはならない。
　解決方法のチェックをしてほしい。現在もっている知識や技能とかけ離れている場合，取り組む意欲をなくしてしまうこともある。遠隔地にいく場合，実施が可能かどうかを聞くことも大切だ。
　たとえば，教師が進捗状況をチェックするための「課題の週間」を決めてもよい。調べるための図書を紹介したり，調べ方（ネットで調べるのも含む）を教えたり，実習の時間をとることが必要な場合もある。

発表するための準備のアドバイス

　「調べ学習」や「レシピ」だけでは何が問題なのか，時間をとって説明したほうがわかりやすい。たとえば，発表例を示したり，必要なことを知らせたり，統一した発表用紙を使うのも有効である。必ず発表日を決め，一人一人が取り組んだことを言葉にすることが大切である。その発表を聞いて，どう思ったのかという友だちや教師からのフィードバックも有効である。これが自信をもつことや「やってよかった感」につながる。

第3章 小学校の家庭科を知る

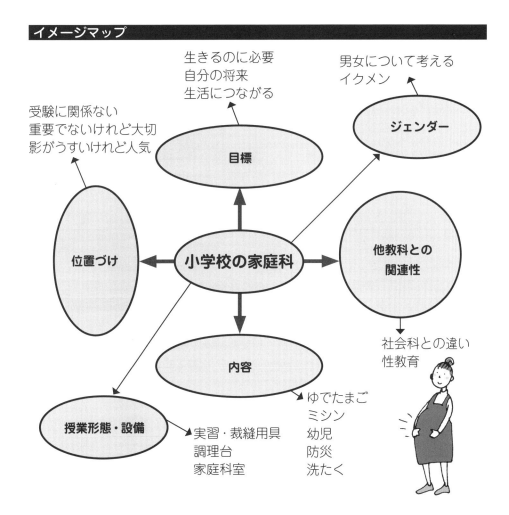

イメージマップ

小学校の家庭科について学ぶ出発点に立ち，まずは，イメージから，振り返ってみたい。

第3章では，自分が受けてきた授業からつくられた「小学校家庭科の授業のイメージ」にとらわれず，次世代を担う子どもたちを育てる「新しい小学校家庭科」の授業について学んでいく。

1 小学校家庭科の授業とは

1. 小学校家庭科がめざすこと

　小学校では，家庭科は5・6年生で学ぶ。中学校では各学年で技術・家庭科，高等学校では1・2年生（どちらかの学年だけの場合も多い）に家庭科は必修科目として置かれており，小学校の家庭科の授業は，その基盤となる。小・中・高等学校と成長していく過程において，各発達段階に合わせて，家庭科の授業をつくっていくことが大切である。

　小学校では，身のまわりのことは自分でできるが，まだ，自分と生活との関係を客観的にみることは難しい。日常生活で食べているものは，どんな材料でできているのか，どんな調理法なのか，食生活について興味をもち，知識を得て理解すること，実際に食べるものをつくれるという技能を身につけることで，自信をもって生活していけるようになる。

　何を教えるのかではなく，子どもたちが「何ができるようになるか」を考えて授業をつくろう。

　家庭科では，衣食住に関わる内容のほかに，家族・家庭生活や消費生活・環境など，多岐にわたる内容が含まれている。それらは，すべて生活のなかで複合的に絡み合っている。

　食事を作るためには，材料を買って調理し，後片付けをしなければならない。そのためには，お金のことを考えたり，食品を見たりする目も必要だし，もちろん，つくるためには技能も求められる。後片付けには，水を使って食器を洗う・ごみを出すことも含まれる。そして忘れてはならないのは，誰と，どこで食べるのかということである。

　これらの結びつきに気がつき，自分でできることを増やすこと，つまり，一つひとつの知識・技能を活用し，生活をよりよいものに工夫して暮らす人になることが大切である。

2. 小学校家庭科の授業の特徴

　小学校家庭科では，実際の生活をよりよいものに工夫するような実践的・体験的な授業が必要である。

　これは，学校で作ったものを家でも作れることだけを意味しているわけではない。学校で実習する意味は，実習のなかで身につけた知識や技能を生活に生かしていけるという実感をもたせ，生かして工夫するという資質・

36　第3章　小学校の家庭科を知る

能力そのものを育むことにある。これは，小学校段階であるから難しいと捉えるべきではなく，生活への向き合い方や実践的な知識・技能の身につけ方への子どもたちの姿勢に関わる重要な点である。

　また，小学校では自分の家庭という閉じられた生活のことに終始しがちであるが，生活は地域や社会とつながっていることへの気づきの出発点となるような学びを課題解決学習のなかでつくっていきたい。

3. 子どもの生活に生かす技能

　技能は，たとえば「整理・整とん」という技能を例にあげれば，習得そのものが目標となってしまわないように，子どもたちが，何が問題なのか，なぜ，それができることが必要なのかがわかるような授業の進め方が求められている。

```
┌─────────────────────────┐
│ 学校の道具箱の整理・整とんができる。 │
└─────────────────────────┘
使うものと使わないものとに分ける。
よく使うものは出し入れしやすいところにおく。
          ↓
┌─────────────────────────┐
│ 家にある自分の机の整理・整とんをしてみよう。 │
└─────────────────────────┘
使い方で分け，置く場所を決める。
          ↓
┌─────────────────────────┐
│ 整理・整とんができると便利。 │
└─────────────────────────┘
よく使うものが取り出しやすい。
気持ちいい。
```

　むやみに「○○ができる」ことを押しつけるのではなく，子どもたち自身が○○ができるようになろうと思わせることが大切である。汎用性技能を身につけることによって，生活への興味・関心を高めることもできる。

(1) アクティブ・ラーニングの授業

　家庭科では，実践的・体験的な学びが特徴である。ただし，調理実習や被服製作をすれば，アクティブ・ラーニングであるということではない。子どもたちそれぞれが自分の生活のなかから課題を見つけ，それを解決し，実践することが含まれているような授業は，課題解決力を高めるためにも大切である。実践したら終わりというのではなく，実践したことを発表し，ほかの人の意見を聞くなかで，改善点をみつけるようにしたい。それがアクティブ・ラーニングである。

　子どもたちに自分の生活のなかから問題を見つけ，課題設定させるまでの指導が難しいとか，解決方法を考え実践させ，それを評価する手だてがわからないという教師の声も聞かれる。とくに，時間数の関係から，内容が多くて，じっくり考えさせたり，発表するなどの時間がとれないという意見も多いだろう。しかし，ぜひ，子どもたちに小学校家庭科で実践的・体験的な学びができた，友だちの意見を聞けて自分なりに考えた授業だったという感想をもつようにしてほしい。

(2) 実践につながる教材づくり

　教材づくりにおいては，38ページの図3-1～図3-3に示すような，子どもたちの生活実態を知ることが基盤になる。たとえば，食に関わる教材づくりの際には，子どもたちの食生活を知っておくほかに，食について，どんな興味をもっているのか，問題状況は何かを知っておくことも必要である。食生活の問題状況としては，次の事柄が考えられる。

　　・テレビを見ながら食事をする。
　　・好き嫌いが多い。
　　・コンビニエンスストアでの買い食いが多い。
　　・炭酸飲料を一度に大量に飲む。
　　・朝食を食べないなど欠食が多い。
　　・食事づくりへの参加が少ない。

　家庭科の教材づくりでは，子どもの生活から，学習の目標を考えることが必要であり，学んだことが子どもたちの生活に戻っていけるような実践的・体験的な学習活動を組み込んだ教材をつくっていくことが重要になってくる。

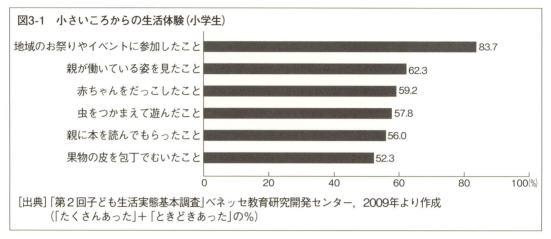

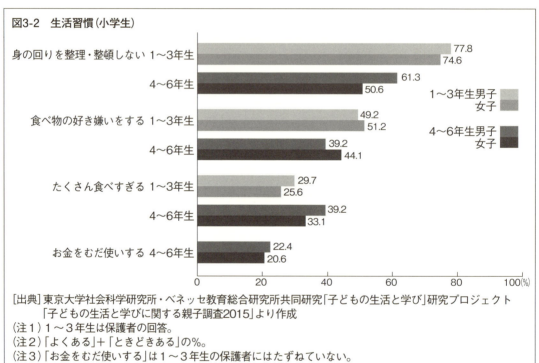

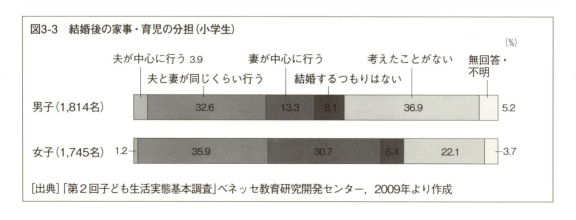

資料①

家庭科の授業を観察しよう！

　家庭科の授業について学ぶ導入として，授業を観察してみよう。観察の際には，あらかじめ，学習指導案(160～163ページ参照)をもらって，授業について予備知識をもつことが重要だ。授業の進行を妨げないよう注意し，記録をとりながら観察を進める。

　以下は，ある教育実習生の研究授業を観察したときの記録用紙の一例であるが，このほかに教師や発問を中心に観察する方法やある子どもの学習活動を細かく観察する方法もある。

2017年11月7日　　　C小学校　家庭科室　　　5年1組
　授業者　○○○○　　　単元名「食べて元気に」(11時間)
　指導計画　なぜ食べるのか考えよう(1時間)
　　　　　　5大栄養素のはたらき(1時間)
　　　　　　3つの食品グループとそのはたらき(2時間)
　　　　　　ご飯とみそしるをつくろう(7時間)
　観察対象授業　「5大栄養素のはたらき」

●授業の流れの記録
・前時の復習をし，食べる意味を確認する。
・授業者は，黒板に「食品にはどのような栄養素があり，どのようなはたらきをしているのか考えよう」と書く。
・ワークプリントが配られ，5大栄養素の種類と体内でのはたらきについて理解する。
・分類したものを黒板に張り，気づいたことを発表する。
・まとめとして，「食品には5大栄養素が含まれている。それはエネルギーになったり，体をつくったり，体の調子を整えたりするはたらきをする」と書く。

●指導について気がついたこと
・黒板にワークプリントを拡大した表を張り，色分けして区別したところがわかりやすかった。
・給食の絵を張り付けて，実際の給食を分類したところがよかった。
・教科書を有効に活用していた。

●子どもたちの学習活動について気がついたこと
・教科書に書いてない食品(大豆・しょうが)の分類が難しい子どももいた。
・あっという間に分類できる子どもと，わからなくて空欄の子どもの差があった。
・気がついた点を言うときに，わからない子どもの手が挙がらなかった。

●感想
　内容的には，難しいと感じた子どももいたようだったが，授業者は工夫して，なるべくわかりやすいようにしていた。子どもたちが作業をしているときに，授業者が子どもたちを見てまわり，できない子どもにアドバイスしたり，決して怒らないで，辛抱強く接している姿を見て，感心した。

子どもたちの発言を生かしながら授業を進めるのは難しい……。教師は，教える内容の何倍も知識が必要だと実感！

1　小学校家庭科の授業とは　　39

さまざまな授業の進め方を知る

1. さまざまな授業の進め方

　授業の進め方としては，まず，どんな授業方法を用いるのかという視点がある。教師主導の授業方法の代表として「講義法」が，子どもが主となって進める方法として「話し合い」「実習・実験」「調べ学習」などが挙げられる。

　ただし，子どもたちが「どのような活動を通して何ができるようになるのか」という視点から捉え直すことも大切である。授業を子どもたちの活動という視点から見ると，次の3つに分けられる。
・クラスで一斉に同じ活動をする。
・グループに分かれて活動する。
・子ども一人ひとりが個別に活動する。

　また，どこでどのような学習環境で授業が行われるかという視点から見ると，主に「教室」「家庭科実習室」だが，学校外へ出かけていく場合もある。

　授業の目的・内容によって，上記の視点を組み合わせ，授業の進め方を適切に選んでいくことが必要である。

2. 講義法の特徴

　クラスで一斉に同じ活動をする授業として，まず，講義法が挙げられる。講義法では，教科書やノート，印刷物（プリント類）を使いながら，クラス全体の子どもたちに，授業を行っていく。

　講義法は，教師があらかじめ準備した知識を話し言語（一部は黒板や印刷物による書き言葉）によって説明し，子どもたちが聞くことで理解していく授業方法である。「本を読めばわかる」というレベルとは異なった理解へつなげていくことが必要である。

　そのため，教師は，単元全体を見通した上で，必要な知識を選びとり，子どもたちに提示し，それらの知識を子どもたちが関連づけて習得することによって，理解を図っていくことになる。

3. 子どもの学びを引き出す課題

　講義法は，クラス全体が教師からの説明を共有できるということに利点があるが，教師から子どもたちへの一方的な知識の伝授になってしまうこともある。そこで，常に子どもたち自身が，主体的に関わっていけるような課題が大切になってくる。

　課題の提示について，「暖かい過ごし方」という単元の導入として「冬のくらしをみつめよう」の授業例から考えていきたい。

　教師が日本には四季があることを前提として，冬の暮らしを紹介し，温かい着方や暖房器具の使い方を紹介する授業をよく見る。ただし，子どもたち自身が「温かい着方や住まい方」「暖房器具の使い方とエネルギー問題」について考えていくためにはどのような課題が必要だろうか。

　ここでは，実際の授業例を示す。まず，次のような課題を提示した。

> 　最近，インドネシアのジャカルタ（気温25度が最低）からきた5年生の子どもが寒くて困っています。どんなアドバイスをしますか。　なお，光熱費が高いのは困るそうです。

　子どもたちは，上記の課題（アドバイスをする）に答えるために意見交換したり，調べたりする過程で，体の熱を逃さない着方や，室温を一定に保つための工夫，暖房器具の効果的な活用などについて学んでいく。日光やカーテンの存在にも気がつくだろう。また，

グローバルな視点から日本の四季を知ることもできる。

　光熱費など子どもたちにとってわかりやすい出発点から始まるのは仕方ないと思う。ただし，私的な生活にとどまってしまうのではなく，生活は社会とつながっていることに気づかせるのも教師の大切な役割である。ぜひ，エネルギー資源などの環境問題へと発展していってほしい。

4. ICTの用い方

　次世代を担う子どもたちにとって，学校の授業のなかで，ICTを活用することはうれしいことである。ICTには，教師側が用意するデジタルテレビや教師用パソコン，電子黒板，子どもが授業で使うパソコンやタブレット，教材や子どもの書いたものを映す実物投影機などがある。

　たとえば，玉結び・基礎縫い・玉どめの電子教材を活用した授業では，子どもたちが必要なときにICT機器を見ることによって，一人ひとりの能力に合わせることが可能で，時間も大幅に節約できる。手順がわかるなど，見ることで理解しやすい。子どもたちの情報活用の実践力と情報の科学的な理解も深まるだろう。

　課題解決学習においても，子どもたちがタブレットで書いたものをグループで意見交換したり，グループの意見を発表したりしやすくなる。評価・改善を実践する際にも，家にもって帰ることができるので効果的である。

　大切なのは，教師にとって便利で時間短縮できるだけではなく，子どもたちが，友だちの意見を聞いて自分で考えをまとめていくために，ICTを活用していくことである。その過程で，子どもたちは，いろいろな意見を聞いて（対話的な学び・多様性の理解），考え続けていく（主体的な学び・連続的な思考）ことができる。

> **ICTの効果**
> ・子どもの興味・関心が高まる。
> ・ICTスキルが身につく。
> ・子どもの理解が深まる。
>
> （「『ICTを活用した学びのあり方』に関する調査～教員が考える子どもたちに身につけてほしい力とICT活用について」2013年，ベネッセ教育総合研究所調査より）

5. 話し合いを通しての学び

　グループに分かれての活動の代表格としては調理実習が挙げられるが，教室のなかでの話し合いも，グループ内での学び合いを活用した授業方法である。

　とくに，家庭科では，子どもたち個々の生活を出し合うことで，さまざまな生活のありようを知ることができる。小学生という発達段階は，生活的自立の途上にあるため，普段の生活のなかでは，自分の生活を客観的に見ることは難しい。話し合いの場を通して，仲間のさまざまな生活との類似点を確認したり，相違点を発見したりすることは，生活者としての自覚の芽生えになる。

　また，話し合いを通して，次のような資質・能力を育てることができる。

・自分の意見を言葉に出して伝えること
・仲間の意見を聞くこと
・複数の意見をまとめること

　ここで大切なのは，いきなりグループに話し合うテーマを投げかけるのではなくて，まず，子ども一人ひとりが意見を出した後，それをもとに話し合いをさせることである。

　話し合いを深めるための手だてを紹介する。

話し合いを深める手だて

●ブレーンストーミング
　方　法：グループのメンバーが，あるテーマについて自由にアイデアを出し合う。
　　　　　バリエーションとして，同じテーマに対し，決められた時間内に個人が３つとか４つずつ書き出していくカードブレーンストーミングがある。
　注意点：批判は行わない。奔放なアイデアを歓迎する。アイデアの量を求める。他人のアイデアを修正・改善・発展・結合する。

●イメージマップ
　方　法：あるテーマについて，自分の思いつきや考えていることを放射状に広げていく。まず，用紙の真ん中にテーマを書いてキーワードを入れ，さらに広げていく。なお，配置は重要ではなく，自分の発想したことを言葉にすることが大切である。
　注意点：自分も仲間も教師も否定しないことが原則である。

●ダイヤモンドランキング
　方　法：あるテーマについて，9要素に絞り，自分たちの意見を出し合い，みんなが同意した優先順位に従って，最も重要な意見を１つ，２番めに重要な意見を２つ，３番めを３つ，４番めを２つ，最も重要でない意見を１つ選んでダイヤモンド型に並べる。結果を発表する際に，なぜ，最も重要としたのか，２番めに重要としたのかも述べてもらうといい。

●バズ・セッション
　方　法：グループに分け，グループごとにリーダー（司会）と記録係を決める。あるテーマについて10分間ほど自由に話し合った後，テーマについての意見をまとめ，リーダーがグループの意見を発表する。

●ディベート（ここでは小学生に変形している）
　方　法：あるテーマについて賛成派と反対派に分かれ（２つの主張に分かれる場合もある），次の手順をとる。なお，最初の意見を述べる前に，「テーマについて十分に調べる」段階を入れるとよい。
　　　　　賛成派・反対派が意見を述べる。
　　　　　作戦タイムをとる。
　　　　　賛成派・反対派が相手の意見に対し質問をする。
　　　　　作戦タイムをとる。
　　　　　賛成派・反対派が質問に対し，反論をする。
　　　　　判定。
　注意点：あくまでも，賛成派・反対派に分かれ，自分の意見や立場は反映しない。

6. 実習・実験の授業で何を学ぶのか

　家庭科の特徴は「実践的・体験的」という言葉に表されている。その具体的な授業方法が実習・実験法であり，調理実習や被服製作に代表される。また，何かをつくるという目的だけではなく，洗たくの実習のように生活を整えていくための作業も対象となる。

　子どもたちは実習が大好きである。それは，人間にとって，本来，モノをつくることは楽しいことであり，手や体を使った活動はわかりやすいからである。また，できあがったことに達成感を感じ，有能（自己効力）感を得ることもできる。それは，洗たく実習によって，着るものをきれい（清潔）にするという作業であっても同じであろう。

　もう一つ，忘れてはならないことは，教室で仲間とともに実習する体験の楽しさであ

る。言い換えれば，モノをつくること，それをヒト（家庭においては家族）と共有する楽しさを生活のなかで生かすことによって，生活が楽しくなることを実感できるような実習の授業をつくることが大切だということになる。

　実習・実験の授業の楽しさは，ただ，快楽的なものではない。ある調理実習において，「好きなものをつくっていいよ」と教師が指示し，あるグループでは，ただ，ヨーグルトに缶詰のフルーツを入れて大量のデザートをつくり，結局，残してしまった。その子どもたちの感想は，「つまらなかった」であった。

　これは，何のために実習するのか子どもたちにはわかっていなかったからではないだろうか。たとえば，「おいしいみそ汁」をつくるための「だし汁の実験」では，何のために実験するのかが明確である。

7. 課題解決学習における教師の指導

課題解決学習の手順について示す。

①問題を見つける
　・何が問題なのか考える。
　・生活体験と照らし合わせる。
②課題を設定する
　・課題設定→実践の見通しをもつ。
　・自分の課題として捉える。
③解決方法を考える
　・いくつかの解決方法を挙げる。 調べ学習
　・解決の方法を考える。
④実践する
　・実践して，確かめる。
　・実践を評価する。
⑤発表する
　・取り組みの過程を振り返る。
　・結果をまとめる。
　・言葉や図表として表す。

○ 用語 ○　調べ学習

　特定の課題の解決を見つけるために，子どもたちが情報収集や調査を行うプロセスをさす。このプロセスには調べ方を学ぶことも含まれる。集めた資料や調査結果を解決へ結びつける段階では，課題解決の追求のための教師からのアドバイスが必要となる。資料から得られた知識や調査結果を単に整理するだけでは，解決方法を見つけられないからである。

課題解決学習を進めていく際の留意点を述べる。

①について

　子ども自身が自分の生活の中から問題──すなわち，解決しようとする欲求がもてるような問題──をみつけていくことが重要である。たとえ，いわゆる大人（ここでは教師）が社会的な課題だと考えていることであっても，子どもたちにとって，ひとごとであるような問題であれば，その後の主体的な学びへと展開することは難しい。

②③について

　課題の設定や解決方法の決定のために，子どもたちが話し合ったり，「調べ学習」を進めたりしていく際には，教師の適切な指導の支援が求められる（34ページ参照）。

④⑤について

　実践して評価する過程を発表するところまでやって課題解決学習であり，本当のアクティブ・ラーニングである。そのためには，子ども一人ひとりの本音に向き合い，生活実態を受け入れ，励ますこともあるだろう。「建て前の課題」「実践してくることが宿題」とならないようにしてほしい。

授業実践例

問題を見つける
↓　買い物リストにハムがあったから適当に買っていた。

課題を設定する
↓　「商品を選ぶ…ハムの場合」

解決方法を考える
↓　表示を見て，どのような添加物が使われているのか知る。

実践する
↓　表示を見て，ハムを選んで買う。ただし，味はどうか，何に使うのかを知らなかった。

発表する
　　わかったことをまとめ，クラスで発表した。

指導計画はどうやってつくるのか

1. 単元の指導計画と年間の指導計画

指導計画には，単元の指導計画と年間の指導計画の2つがある。たとえば，ある単元を4時間構成とするとき，その4回の授業をどのように組み立てるか，というのが単元の指導計画である。そして，1年間でどの時期にどの単元を設定するのかという配置が年間の指導計画である。

まずは，年間の指導計画について考えてみよう。

2. 年間指導計画の作成にあたって

単元を配列して1年間の指導計画を作成するのだが，家庭科の場合は，5,6年生で学ぶため，2年間の指導計画を考える必要がある。たとえ1年間しか担当しない場合であっても，学校単位で大体の枠組みを決めて，各学年の指導計画を作成することが望ましい。

年間指導計画の作成の視点には，以下のようなものがある。

- 年間を通した家庭科の目標を決める。
- 単元の配列を決める。
   - 学校行事との関連性は？
   - 他教科との関連性は？
   - 季節との適合性は？
   - 実習に必要な時間がまとまって確保できるか。
   - 学んだことが積み重ねていけるか。
- 年間の時間数から各単元の配当時間を決める。
- 各単元の配当時間と指導計画を見直し，無理がないかを調整する。

3. 年間指導計画の作成

千葉大学教育学部附属小学校の家庭科の年間指導計画を次ページの表のように立てた。以下に，行事など，家庭科の年間指導計画作成にあたり，配慮したい事項をあげる。これらと次ページの年間指導計画のつながりを考えてみよう。

年間指導計画作成にあたり配慮した事項

〈児童の思い〉
- 5年生の4月は家庭科の授業のスタートなので，早く何かを作って食べてみたいという願いが強い。
- 注文した裁縫用具が5月中旬に届くため，早く使ってみたい子どもが多い。

〈学校行事〉
- 5年生の9月下旬，林間学校のカレー作りで包丁を使うため，それまでに包丁の使い方を学習しておきたい。
- 6年生の9月下旬，修学旅行に小遣いを持っていくため，その前にお金に関する学習を計画したい。
- ミシンで作ったバッグは，修学旅行に持っていけるように，夏休み前に学習を終わらせたい。
- 5,6年生ともに，10月下旬の文化祭の作品展示に，家庭科の作品を出すことができるように，ミシンでの製作を配置したい。

〈他教科〉
- 5年生が総合的な学習の時間にみそづくりをするので，そのみそを調理実習で使いたい。
- 体育の幅跳びの学習で靴下が汚れる時期に，靴下の手洗いの授業を計画したい。

〈季節〉
- 衣服の手洗いの学習は，水が冷たい真冬は避けたい。
- 快適な住まいの学習は，温度や風通しも扱うので，夏場に設定したい。

〈全体のバランス〉
- 楽しみにしている調理実習を行う時期が偏らないように，配置したい。

資料②

家庭科年間指導計画（千葉大学教育学部附属小学校）

5年

月	学 習 内 容	時数
4月	家庭科ガイダンス（8） ・成長の振り返り，家庭科室探検（2） ・べっこうあめ作り（ガスこんろの使い方）（2）	4
5月	・家の仕事探し（2） ・お茶をいれてみよう（食器の準備・片付け）（2） 針と糸を使って（8） ・裁縫セットの使い方，玉結び，玉どめ，フェルトに名前の縫いとり（2）	6
6月	・玉結び等復習，布巾に名前の縫いとり（2） ・ボタンつけ，なみ縫い（2） ・小物作り（2） 考えよう　物やお金との関わり（6） ・自分の持ち物・家族の考え方（2）	8
7月	・収入と支出，消費と環境（2） ・ガイドブック作り（2）	4
9月	野菜を調理しよう（8） ・きゅうりの即席漬け（包丁の扱い，切り方）（2） ・ほうれん草のおひたし（葉野菜のゆで方）（2） ・にんじんの調理実験（根野菜のポイント）（2）	6
10月	・野菜のゆで方，掲示物づくり（2） ミシンを使ってみよう（8） ・ミシン調査をしよう，から縫い（1） ・糸をかけて練習（2） ・ミシン製作計画，布の選び方（1） ・ランチョンマット作り①（2）	8
11月	・ランチョンマット作り②（2） 自分にあった片付け方（4） ・片付け座談会・私の持ち物（2） ・とっておく物・手放す物（1） ・私の片付けチャート作り（1）	6
12月	ご飯とみそ汁（10） ・ご飯を炊く方法調べ（ビーカーでの試し）（2） ・鍋で炊いてみよう（おにぎり作り）（2）	4
1月	・みそ汁飲み比べ（だしのとり方）・計画（2） ・だしの選択，1人1杯みそ汁計画（2） ・みそ汁調理実習（2）	6
2月	新しい縫い方に挑戦（6） ・練習布で本返し縫い，半返し縫い（2） ・つくりを観察，ティッシュケース裁断（2）	4
3月	・ティッシュケース作り（2） 家庭科学習振り返り（2） ・「しあわせ」ってなあに	4
年間指導時数		**60時間**

6年

月	学 習 内 容	時数
4月	朝食作り（8） ・いろいろな朝食（2） ・「ゆでる」「炒める」比べ（2）	4
5月	・食材の選び方（1） ・朝食づくり計画・エコ計画（1） ・朝食調理実習（2）	4
6月	ミシンで作ろう（8） ・いろいろなバッグの仕組み観察・計画（2） ・ミシンの復習（2） ・ミシンでの製作（4）	8
7月	快適な住まい（6） ・快適な住まいとは（1） ・住まいの明るさ，涼しさ，風通し（3） ・住まいでの家族の関わり（2）	6
9月	お金の使い方を考えよう（4） ・生活での「お金」（1） ・修学旅行の小遣い，買う物の選択（1） ・買う物の選択，身のまわりの物の扱い（2）	4
10月	いろいろな布（4） ・3種類の布観察（織る・編む・固める）（2） ・フェルトづくり（「繊維を固める」こと）（2） 衣類の着方・手入れ（4） ・「着る」ことについて考えよう（2）	6
11月	・靴下を洗ってみよう（2） 給食オリジナル献立（4） ・献立づくりについて（栄養士）（1） ・献立づくり（2） ・グループ内評価，クラス代表献立審査（1）	6
12月	1人1品弁当作り（5） ・弁当用調理ガイドブックづくり（2） ・弁当作り計画（1） ・弁当作り実習（2）	5
1月	クリーン大作戦（4） ・身のまわりのよごれ（2） ・よごれに合ったそうじの仕方（2）	4
2月	時間の使い方について考えよう（2） おやつを作ろう（卒業パーティ）（4） ・おやつ作りの計画（2） ・おやつ作り（2）	6
3月	これまでの成長とこれから（1） 家庭科学習の振り返り（1） ・「家族」について考えよう	2
年間指導時数		**55時間**

※学習内容の（　）内の数字は時数。

3　指導計画はどうやってつくるのか　　45

4. 単元の指導計画の作成にあたって

ここからは，単元の指導計画について考えてみよう。単元の指導計画をつくるときに重要なのは，その単元をなぜ設定したのか，どんな目標なのかを明らかにすることである。そのための視点をいくつか示す。

> **単元の目標を設定する視点**
> ・家庭科という教科を通して，子どもたちに育てたいと考える資質・能力。
> ・子どもたちの生活をみて，問題だと思うことに取り組む。
> ・子どもたちの興味や発達段階を考える。
> ・学習指導要領の内容及び教科書の内容に照らす。
> ・教師が教えたい知識・技能を盛り込む。
> ・学校の教育目標との関連を考える。
> ・子どもたちの生活へ戻していけるような発展性を考える。
> ・地域環境を考慮する。

そして，単元の目標を決めた後，具体的な教材づくりをしていくなかで，指導計画を立てていく。

5. 新しい学習指導要領を踏まえて

2017（平成29）年3月告示の学習指導要領では，告示前に注目されていた「アクティブ・ラーニング」という言葉が検討され，「主体的・対話的で深い学び」がキーワードとなっている。2016（平成28）年12月中央教育審議会「幼稚園，小学校，中学校，高等学校及び特別支援学校の学習指導要領等の改善及び必要な方策等について（答申）」では，指導計画を立てる際の留意点として，次のように言及している。

> 「主体的な学び」「対話的な学び」「深い学び」は，1単位時間の授業の中で全てが実現されるものではなく，単元のまとまりの中で実現できるよう指導計画を立てる。
> （2016〈平成28〉年12月中央教育審議会「幼稚園，小学校，中学校，高等学校及び特別支援学校の学習指導要領等の改善及び必要な方策等について〈答申〉」）

単元の計画を立てる際には，前掲のようにさまざまな視点があるが，「主体的な学び」「対話的な学び」「深い学び」が単元のなかに意図されているかどうかが，もう一つの視点であり，まとめてみた。

> **「主体的な学び」のためには？**
> ・子どもの興味・関心がわくように題材や問いかけを吟味する。
> ・子どもに学習の見通しをもたせる。
> ・振り返りをして身についたことを自覚させる。
>
> **「対話的な学び」とは？**
> ・他者の考えと交流しながら自身の考えを広げ，深める。
> ・「他者の考えとの交流」には，ともに学習をする友だちや教師との直接的な対話を通じた考えの交流だけでなく，学習対象となる家族や地域の人々の考えとの交流も含まれる。
>
> **「深い学び」とは？**
> ・教科における「見方・考え方」を働かせる学びであり，次のようなプロセスで「見方・考え方」を働かせるような学びをさす。
> 知識を相互に関連づけてより深く理解する。
> 情報を精査して考えを形成する。
> 課題を見いだして解決策を考える。
> 思いや考えをもとに創造する。

次項で指導計画作成の実際について述べる。それぞれの事例の随所において「主体的な学び」「対話的な学び」「深い学び」を意図しているが，なかでもわかりやすいものとして，「主体的な学び」については「(3)子どもの意欲を大切にする」，「対話的な学び」については「(1)子どもの生活を出発点とする」を参照してみよう。「深い学び」については，(1)の単元終末の「わたしの片づけチャートづくり」（90・91ページ参照），(2)の単元「野菜のゆで方掲示物づくり」（48ページ参照）が対応している。

6. 単元の指導計画作成の実際
(1) 子どもの生活を出発点とする
　身のまわりの整理・整頓について子どもたちは，よく次のようなことを口にする。

　「片づけが苦手」と言う子どもが多いのはなぜだろう。理由や原因はさまざま考えられるが，筆者はその一つとして，「片づけ」という言葉が整然とした完璧な仕上がりを求めている気にさせることや，周囲に強要されることが多いことが関係しているのではないかと考えた。「片づけるかどうか」「どう片づけるか」を決めるのは子ども自身である。そこで，子どもがその気になっていないのに「片づけをしよう」と呼びかけるのではなく，片づけに興味をもたせたり，片づけに関する各行為がもつ意義を捉えさせたりする過程を考慮して，授業を構成していくことにした。そして，一般論としての片づけではなく，「自分に合った片づけ」を単元名とすることにした。
　片づけに関する行為としては，「整理（いるものといらないものを分ける）」「整頓（いるものを分類し，収納する）」が挙げられる。そのなかでも，苦手としている子どもが多いのが，ものを手放す（いるものといらないものを見極める）行為である。そこで，この単元では，「とっておくもの」と「手放すもの」について考える学習を構想することにした。
　単元の導入では，片づけに関する問題への共感性を高めるとともに，自分自身の現状に目を向けさせるため，片づけにまつわる思いやエピソードを気楽に語り合う座談会を設けることにした。その上で，「とっておくもの」と「手放すもの」に分ける行為に焦点を当て，行為への理解を深めさせることにした。
　指導計画と授業の展開は資料③（49ページ参照）の通りである。

(2) 子どもが学びやすい方法を考える
①初めての調理実習
　5年生の家庭科では，年度初めにお茶をいれる学習をすることがよくある。家庭科室を使い始めたばかりの5年生にとって，お茶をいれる実習には多くの「初めて」がある。

> お茶をいれる実習に含まれる，
> 子どもが家庭科室で「初めて」すること
> （お茶をいれる行為以外）
> ・エプロンを身につけること
> ・三角巾をつけること
> ・調理台を使うこと
> ・ガスこんろの栓をあけること
> ・ガスこんろに火をつけること
> ・ガスこんろの火の調整をすること
> ・使う食器を準備すること
> ・使った食器を洗うこと
> ・洗った食器を拭くこと
> ・拭いた食器を片づけること
> ・調理台の後始末をすること

　初めてすることには，やり方の説明も必要だし，子どもたちの作業にも時間がかかる。しかも，上記のような調理に関する作業は，今後の調理実習でも継続して必要となる重要な事柄である。たかが「お茶をいれるだけ」かもしれないが，一生懸命にいれたお茶をじっくり飲む時間も含め，2時間の実習となる。子どもたちは，たくさんの初めての作業を経て，満足した表情でお茶を飲む姿を見せてくれる。
　このようにして考えると，初めての調理実習で，たとえば「ゆで野菜サラダ」などを設定すると，上記の作業に加えて，包丁やまな板の準備・片づけ，使い方の説明，鍋の準備，水の量を測るなど，「初めて」の作業の量が大幅に増えてしまう。子どもの許容量を超え，

3　指導計画はどうやってつくるのか　　47

決して「学びやすい」実習とはならないだろう。

そうなると，お茶をいれる実習で上記のような作業を経験した後に，新たな「初めて」を追加させる形で，ゆで野菜サラダの実習を設定する指導計画を立てる際には，子どもにとって学びやすくなっているかが重要な留意点となる。学びやすさを考える一つの視点として，初めて行う作業の量の調整が挙げられる。

②2回目の調理実習

お茶をいれる実習で上記の作業が経験済みであれば，次に「ゆで野菜サラダ」の実習を設定することが可能だろうか。実は，ゆで野菜サラダにも，かなりの量の「初めて」が含まれている。

「ゆで野菜サラダ」の実習に含まれる，子どもが家庭科室で「初めて」すること
・包丁とまな板を殺菌庫から運ぶ。
・野菜を洗う。
・鍋にお湯を沸かす。
・包丁で野菜を切る。
・野菜をゆでる。
・ゆでた野菜を取り出す。

これに加えて，複数の野菜を調理するとなると，野菜によってゆで方が異なってくる。たとえば，にんじんとキャベツとブロッコリーの3種の野菜のゆで方とともに，上記の「初めて」が加われば，子どもの負担は過多になる。ならば，右のような指導計画はどうだろう。

ゆでる作業を伴わないきゅうりの即席漬けであれば，「切ること」に重点を置くことができる。自分で食べるものだから，さまざまな切り方が交ざっていてもかまわないだろう。ななめ切りやいちょう切り，半月切り，短冊切りなどを一人ひとりが経験できる。千切りをして見せると，「あっ！冷やし中華だ！」と目を輝かせる。野菜のゆで方については，②③で葉野菜と根野菜を分けて扱うと，「葉野菜では沸騰したお湯に入れて，ゆでてから

切ったけれど，根野菜ではどうかな」と予想を立てやすくなる。次にあげた単元の指導計画は，子どもの「初めて」を考えて作成したものである。

単元名：野菜を調理しよう
指導計画（全7時間）
①きゅうりの即席漬け（包丁の扱い，切り方など）（2時間）
②ほうれん草のおひたし（葉野菜のゆで方）（1時間）
③にんじんの調理実験（根野菜のゆでるポイント）（2時間）
④野菜のゆで方掲示物づくり（2時間）

---

(3) 子どもの意欲を大切にする

家庭科室に入って，ミシンを目にすると，多くの子どもが目を輝かせる。縫って見せると，感嘆の声をあげる。しかし，ミシンで縫うには上糸をかけたり，下糸を取り出したりと，子どもにとって多くの難関がある。早々にそれらの難関にぶつかっては，せっかくの意欲があっという間にそがれかねない。

そこで，初めてミシンを扱う導入の授業では，糸をかけずに自由にミシンを動かせるようにしてはどうだろう。子どもの安全やミシンの管理の視点から，敬遠する考えもあるかもしれないが，「無理に力を加えると危険で，壊れるかもしれません。針の部分はとても危険です」と伝えておけば，無理なことはしないものである。針とはずみ車が連動して動くことや，下糸も同時に動いていること，縫い目の粗さが調整できることなどに自然に気づくことができ，それらの知識はミシンを扱っていく上で大切なことである。そして，自由に操作した経験は，「ミシンって楽しい」という思いとなり，その後の糸をかける作業へのがんばりなどにつながっていく。

そうなると，導入でミシンの糸のかけ方などの準備を扱うよりも，遠回りに見えるかもしれないが，上記のような活動を指導計画の冒頭に挿入することの価値が見えてくるだろう。

資料③

子どもの生活を出発点とした単元

千葉大学教育学部附属小学校　古重奈央

1. 単元名　自分に合った「片づけ」探し（第5学年）

2. 単元の目標
・片づけに関する自分の周囲の現状や自分の取り組みを客観視することができる。
・物を手放す行為への理解を深める。
・状況に応じた片づけのプロセスを検討することができる。

3. 指導計画（全3時間）
・片づけ座談会（1時間）
　片づけ座談会で片づけに関する現状を気楽に語り合い，共感し合ったり，自分自身について知ったりする。
・自分の持ち物調べ（課外）
　自分の家の「使っていない物」にどんなものがあるか調べてくる。
・「とっておく物」「手放す物」（1時間【本時】）
　身近にある「使っていない物」を時間軸で捉え，付箋で作業しながら「とっておく物」と「手放す物」について考える。
・「わたしの片づけチャート」づくり（1時間）
　生活におけるさまざまな状況を想像しながら，片づけに必要な行為を見いだす。

4. 本時の指導（2／3時間計画）
（1）**目標**　自分の価値観や物を手放す行為への理解を深める。
（2）**展開**

学習活動	指導の方法
●日本の家庭の物の量を他国と比較する。	●資料『地球家族—世界30か国のふつうの暮らし』（マテリアルワールド・プロジェクト著，TOTO出版）のなかから複数の国の家庭における物の量を示し，居住面積との関係を問う。
●使っていない物の「とっておく」か「手放す」かの度合いを考える。	●家庭で見てきた「使っていない物」と「使わなくなった理由」*を付箋に記入させ，プリントの両矢印内で「とっておく」か「手放す」かの度合いを検討させる。
●吹き出しコメントを記入する。	●吹き出しコメントとして，「入手時のエピソード」と「この物のこれから」を想起し，表出させる。
●友だちとワークプリントを見合う。	●両矢印内での位置づけや吹き出しコメントについて友だちと語り合わせる。
●両矢印内での位置を再検討する。	●コメントの記述や友だちとの語りを経た今の感じ方で，付箋の位置を検討させる。
●これからの生活でできることについて考える。	●捨てる行為に関するいくつかのテクニック（迷い箱，データ保存など）や手放し方の多様性について説明する。

＊課外学習として，子どもたちにやってきてもらった。

3　指導計画はどうやってつくるのか　49

4 学習指導要領の読み方

1. 小学校家庭科の目標

2017（平成29）年告示の学習指導要領における小学校家庭科では、次のようなことがめざされている。

・生活の営みに係る見方・考え方を働かす
・衣食住などに関する実践的・体験的な活動
・生活をよりよくしようと工夫する資質・能力

また、具体的には、次のような目標が書かれている。

> 小学校家庭科の目標
> 　基礎的な理解・技能
> 　課題解決学習
> 　家庭生活を大切にする心情
> 　家族や地域の人々との関わり
> 　実践的な態度

・家庭で活用（行動）すること？
・応用が利くこと？
・活用（行動）できるような能力をもつこと？

学習指導要領では、「生活の営みに係る見方・考え方」や「生活をよりよくしようと工夫する資質・能力」が明示されたのが大きな特徴だといえる。これは、「内容ベース」から「資質・能力ベース」への大きな変化だと捉えられる。つまり、「何を教えるのか」ではなく「何ができるようになるのか」が大切である。また、小学校の家庭科で「課題解決学習」をどうつくっていくかが問われている。できれば、実践を評価・改善し、考えたことを表現するところまで、目標として書かれている。小学生は知識・技能の習得だけに終始する段階ではなく、考えたり話し合ったり、調べたりする過程が必要だと示されている。

2. 小学校家庭科の内容

小学校家庭科の学習指導要領における内容の特徴について述べる。

①中学校技術・家庭科との体系化を図るために3内容に集約して示されている（2008〈平成20〉年告示の学習指導要領と比較した内容の変更は図3-4参照）。

②「各学年の内容」が「1内容」「2内容の取扱い」に分けられた。

③家族・家庭生活の「内容」では充実がはかられ、「家族・家庭生活についての課題と実践」が新設された。

④家族・家庭生活の「内容の取扱い」のなかで、「各内容の学習と関連を図る」「家族や地域の人々との協力、健康・快適・安全、持続可能な社会の構築等」「幼児又は低学年の児童や高齢者など異なる世代の人々との関わり」などの文言が入っている。

⑤衣食住の生活の「内容」では、「健康・快適・安全で豊かな食生活、衣生活、住生活」「食事の仕方」「伝統的な日常食」「栄養のバランス」「日常着の快適な着方や手入れの仕方」「快適な住まい方の工夫」などが加筆された。

⑥衣食住の生活の「内容の取扱い」では、「伝統的な生活」「生活文化」「和食」「だし」「主食、主菜、副菜」、「日常生活で使用する物を入れる袋」「音（快適な住まい方）」などの用語

50　第3章　小学校の家庭科を知る

が加えられた。
⑦消費生活・環境の「内容」については、「持続可能な社会」「買物の仕組み」「消費者の役割」「購入に必要な情報の活用」「環境の配慮」などの言葉が見られる。
⑧消費生活・環境の「内容の取扱い」では、「売買契約の基礎」などが加えられた。

3. 指導計画の作成と内容の取扱い

学習指導要領の「指導計画の作成と内容の取扱い」において、2008（平成20）年告示の学習指導要領と比べると、文字の分量も多くなっている。主な変更点をあげる。
①「児童の主体的・対話的で深い学びの実現」「生活の営みに係る見方・考え方」「問題を見いだして様々な解決方法を考え、他者と意見交流し、実践を評価・改善して新たな課題を見いだす」という記述が見られる。
②障害のある児童に対する指導内容や指導方法の工夫が示された。
③コンピュータや情報通信ネットワークの活用や具体的な指導方法についての記述が新設された。

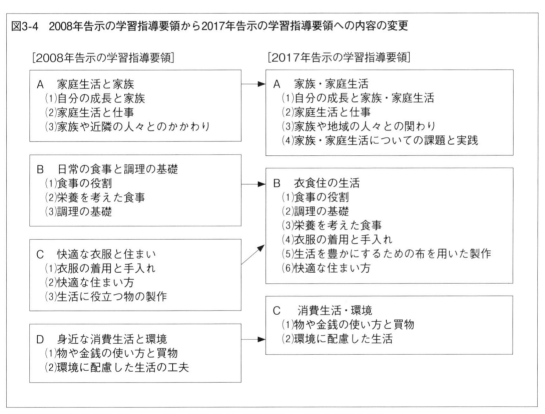

図3-4 2008年告示の学習指導要領から2017年告示の学習指導要領への内容の変更

※学習指導要領の捉え方については、重要ポイント⑦（99ページ）を参照ください。

5 「家族・家庭生活」の授業をつくる

1. 小学校における「家族・家庭生活」

「家族・家庭生活」の領域では，(1)自分の成長を自覚し，家庭生活と家族の大切さや家庭生活が家族の協力によって営まれていることに気づくこと，(2)家庭生活を支える仕事を理解し，自分たちも家庭の仕事に協力する必要があることや生活時間の有効な使い方について理解すること，(3)家族や地域の人々とのかかわりの大切さを理解し，よりよいかかわりについて考えること，(4)日常生活のなかから課題を設定し，よりよい生活を考え，実践できることの4つの学習内容がある。

2. 授業をつくるポイント

「家族・家庭生活」の授業をつくるときには，次の点に注意しよう。

- 領域を統合することで子どもの日常生活（学校，家庭，地域）との関連性を増やす。
- 「家族や地域の人々とのかかわり」は，総合的に扱う学習内容なので，とくにほかの領域と関連させて学習する必要がある。また，家庭から地域へと子どもの視野が広がるように段階を踏んで考えさせる。
- 家庭や地域から生活課題を見つけ，課題解決学習を取り入れ，考えた解決策の実践や改善を大切にする。
- 子どものプライバシーに配慮する。

3. 領域を統合した教材づくり

家庭生活は，食生活や衣生活，住生活，消費生活，環境などと独立して行われているわけではない。夕食にしても，食材の鮮度や食品の組み合わせ，調理方法，そして家族の健康や好み，さらには家庭の経済状況などさまざまなことを考えてつくられている。

つまり，家庭生活はさまざまな領域が関連し合って成り立っていることを子どもたちに理解させるためにも，領域を統合した教材づくりが大切である。

「家族や地域の人々との関わりの大切さを理解し，よりよい関わりについて考え，工夫する」において，家庭の団らんを取り上げたとしよう。領域の統合をしない場合は，「自分や家族の生活時間を見直し，家族全員がそろって団らんをする時間と方法を考えさせる授業」が考えられる。

「家族・家庭生活」と「食生活」とを統合すると，「おいしいお茶のいれ方を知って，家族の団らんを成功させようという授業」ができる。領域を統合したほうが，日常生活と関連し，より子どもの興味・関心を高め，実践的な教材づくりができる。

しかし，ここで大切なことは，ただ単に多くの領域をまとめて単元を構成すればよいというわけではない。領域を組み合わせることで，実際の家庭生活や子どもの日常生活にぴったりあっていることが重要である。

54・55ページの実践を見てみよう。この実践は，家族や地域の一員として自分にできることを考える学習だが，衣生活や食生活，住生活から家庭の仕事を考えさせている。

また，衣生活や食生活，住生活において，すでに学んだことから自分にできる仕事を選び，実践・評価させている。さらに，「地域の一員として活動しよう」では，子どもにとって必要な学習となるように，住生活領域と統合して，小単元を構成している。

4. 家庭から地域へと視野を広げる

家庭生活は，社会生活と深くかかわっている。小学校の家庭科では，自分たちが生活する上で，近隣の人々と協力し助け合って生活

していることに気づかせる必要がある。そして，地域のために何かをする喜びを実感させたり，地域をよりよくしようという意欲をもたせたりすることが重要である。

しかし，突然，地域のことに目を向けさせても，とまどう子どもも多い。実践例では，家庭の仕事を学習した後に，地域へと視野を広げ，地域の人々とのかかわりを思い出させたり，地域の一員として自分にできることを考えさせたりしている。

地域とのかかわりを学習する場合は，家庭から地域へと段階を踏んで考えさせたり，グループ活動を取り入れたりしながら，どの子どもも考えられる手だてをとることが大切である。

5．課題解決学習

小学校学習指導要領では，子どもたちが主体的・対話的で深い学びをすることが求められている。そのために，日常生活のなかから問題を見いだし，さまざまな解決方法を考え，他者と意見交流し，実践を評価・改善して新たな課題を見いだす過程を重視している。

家庭科では，子どもたちが無意識に過ごしている毎日の生活のなかから生活課題を見つけ，実践を通して解決する取り組みが必要である。

実践例では，自分の生活の振り返りから，家族や地域のために何かをすることが少ないという問題に子どもたち自身が目を向け，考え，実践，反省，改善を通して解決している。

また，解決策として，家庭や地域での実践を子どもたちに促すためには，家庭との連携を図りながら，家庭の仕事実践隊「実践カード」などを作成し，動機づけている。

6．プライバシーへの配慮

子どもの背景となる家庭生活や家族は，言うまでもなくさまざまである。自分のことは自分でする子どももいれば，自分の衣類の片づけや部屋のそうじなどは，家族がするという子どももいる。決められた仕事を分担している子どももいれば，家の人から手伝ってほしいという言葉をかけられない子どももいる。子どもの家庭生活の経験は，家庭の考え方によって異なってくるので，手伝いをしないことや家事ができないことを責めてはいけない。

また，子どものなかには自分の家庭の目をそむけたい部分に目を向けなければならない場合もあるし，自分の家庭に対し疑問をもっている場合もある。

このような場合の配慮として，架空の家族や人を取り上げたり，ロール・プレイングの活動を取り入れたりして，家族の立場を疑似体験する方法がある。

実践例では，Aさんという架空の人の1日の生活時間の流れから，人とのかかわりを考えている。

図3-5　家庭の仕事実践隊「実践カード」

家庭の仕事実践隊『実践カード』

年　組　名前＿＿＿＿＿＿＿＿

自分ができそうな家庭の仕事を考えて実践し，家族に協力しよう!!

① 自分が『やってみたい』，『できそう』と考えられる家庭の仕事を書こう。

・＿＿＿＿＿＿＿＿　・＿＿＿＿＿＿＿＿
・＿＿＿＿＿＿＿＿　・＿＿＿＿＿＿＿＿
・＿＿＿＿＿＿＿＿　・＿＿＿＿＿＿＿＿

② ①の中から，継続して行えそうな家庭の仕事を1つ決めて，計画を立てよう。

【実践する家庭の仕事】

【実践にあたっての目標】

③ 実践隊としての活動を記録しよう。

日時	場所	実践内容と改善点	おうちの方からのコメント
(例) 7月5日	家の台所	夕食の食器並べと食べた後の食器洗いをした。次は，食器の向きにも気をつける。	いつもお母さんひとりでやっているのでとても助かりました。

週末のお休み，夏休み，冬休みなどを利用して
家庭の仕事実践隊の活動を継続できるとすてきだね。
自分ができることを見つけて，どんどん取り組み，記録しよう！

資料④

「家族・家庭生活」の実践例

北海道別海町立中西別小学校　大橋裕子

1. 単元名「家族や地域の一員として 自分ができることを考えよう」(第5学年)

2. 単元設定について

　　家族や地域のために何かをすることが少ない子どもたちに，自分にできることを考え，実践させることを通して，家族や地域の一員という自覚をもたせるために，この単元を設定した。

3. 単元の目標

　・家族や地域の一員であることを自覚し，進んで活動しようとする。
　・家庭や地域で自分ができる仕事を考え，実践することができる。
　・家族や地域の人々とかかわり，協力して生活する大切さを理解する。

4. 指導計画(全7時間)

　①自分の生活を振り返ろう……………………………………………………………………1時間
　　・Aさんの1日の生活を時間の流れのなかで，いつ，だれと，どこで，どのようなかかわりがあったのかを予想する。
　　・自分の生活を振り返るなかで，家族や地域の人々など多くの人とかかわり，協力して生活していることに気づく。
　②家庭の仕事を考えよう………………………………………………………………………1時間
　　・自分が「家族のためにしていること」「家族にしてもらっていること」を振り返る。
　　・家庭で行われている仕事を考え，家族が協力して生活していることに気づく。(食事，衣服，住まい，家族に関する仕事など)
　③家族の一員として「家庭の仕事実践隊」になろう…………………………………………2時間
　　・これまでの家庭科の学習をふりかえり，自分が継続できる家庭の仕事を選び，「家庭の仕事実践隊」の計画を立てて実践カードに書く。
　　・実践カードをもとに，自分が行った仕事を発表する。
　④地域の人々とのかかわりを考えよう…………………………………………………1時間(本時)
　　・自分と地域とのかかわり(地域合同運動会，地域の神社祭，畑作業，すもう大会など)を思い出す。
　　・地域の一員として，自分たちが地域のためにできることを考える。
　⑤地域の一員として活動しよう………………………………………………………………2時間
　　・環境整備作業に参加し，地域の人々といっしょにまちをきれいにする。
　　・環境整備作業で行った活動や地域の人とのかかわり方を反省する。

5. 評価

　・家庭で自分ができる仕事を考え，計画を立てて実践することができている。
　・地域の人々と協力して，環境整備作業に進んで参加しようとしている。

6. 本時の指導（5／7時間）

（1）目標
　　・自分と地域の人々とのかかわりを振り返り，地域に住む一員として協力できる活動を考える。

（2）展開

段階	学習活動	指導上の留意点（○），評価（▶）
導入 15分	1. これまで地域の人とかかわった場面を思い出す。 　・地域合同運動会 　・地域の神社祭 　・畑作業 　・すもう大会 2. 地域と家庭が協力して行っていることを考える。 　・ごみの分別 　・環境整備 　・お年寄り世帯へのお手伝い	○これまでの地域の人とのかかわりを思い出させる。運動会や神社祭，畑作業などの写真や映像を用意し，地域の行事に参加したことを振り返らせる。 ○前時までに行った家庭の仕事との共通点をヒントにして，家庭は地域と協力して生活していることに気づかせる。 ▶自分は地域とかかわり合って生活していることに気づいているか。
	自分たちが地域のためにできることを考えよう！	
展開 25分	3. 地域に住む一員として協力できる活動を考え，ワークプリントに書く。 　・地域のごみ拾い 　・地区会館のそうじ 　・お年寄り世帯の雪かき 　・農家のお手伝い 4. みんなの意見を評価し，みんなで実践できる活動内容を決める。 5. 日程と活動内容を確認し，ワークプリントに活動計画を立てる。	○これまでの生活や「家庭の仕事実践隊」の活動を踏まえ，地域のためにどのような活動ができるかを考えさせる。 ○ワークプリントに活動目標や内容を書かせ，活動の見通しをもたせるとともに，活動への意欲を高めさせる。 ▶地域の一員として自分のできることを考えて実践しようとしているか。
まとめ5分	6. 活動に必要な物を確認する。	○必要な物を確認させ，スムーズに活動できるように配慮する。

※146ページにワークプリントがあります。

「衣食住の生活」の授業をつくる

1. 小学校における「衣食住の生活」

　小学校の「衣食住の生活」における学習のねらいは，健康・快適・安全で豊かな食生活や衣生活，住生活を実現することである。これらに向けて考え，工夫する活動を通して，知識・技能を身につけるとともに，課題を解決する力を養い，衣食住の生活をよりよくしようと工夫する実践的な態度を育成することが求められている。

　質の高い深い学びを実現するため，「生活の営みに係る見方・考え方」を働かせることが求められるが，「衣食住の生活」の内容に関しては，その視点は主に，「健康・快適・安全」「生活文化の大切さへの気づき」におかれている。なお，「家族や地域の人々との協力」「持続可能な社会の構築」の視点についても，衣食住の生活は，相互に関わりあっているため，子どもの発達段階などを踏まえながら授業づくりを行うとよい。

2. 「衣食住の生活」の学習内容

　小学校の「衣食住の生活」の学習内容は，「食事の役割」「調理の基礎」「栄養を考えた食事」「衣服の着用と手入れ」「生活を豊かにするための布を用いた製作」「快適な住まい方」の計6項目で構成されている。

(1) 食生活

　食生活分野では，食事の役割や調理の基礎，栄養を考えた食事について学ぶ。

　食事は健康を保ち，体の成長や活動のもとになる。単に栄養を補給するだけでなく，食事の雰囲気や人との関わり，食事の仕方も重要である。指導にあたっては，家庭での食事，茶をいれ供することなどを含めた調理実習，学校給食などの場を生かし，具体的に日々の食生活を振り返り，自らの生活経験と関連させるように配慮する。

　また，調理については，基礎的・基本的な知識及び技能を身につけ，おいしく食べるための調理計画を考え，調理の仕方を工夫することができるようにする。ゆでる材料として青菜やじゃがいもなどの題材を扱う。みそ汁の調理においては，和食の基本となるだしの役割についても触れるようにする。また，小学校家庭科の調理実習に用いる食品として生の魚や肉は扱わないなど，安全・衛生に留意する。食物アレルギーについても配慮する。

　栄養を考えた食事については，小学校では，五大栄養素と食品の体内での主な働きを中心に扱う。栄養に関する名称や働きだけに重点を置くのではなく，家庭や学校給食などの献立との関連を図って，子どもたちの食生活の経験などと関連づけ，栄養を考えてバランスよく食事をとることの大切さを理解し，日常生活に生かすことができるように配慮する。栄養のバランスを考えた1食分の献立を工夫することができるようにする。

(2) 衣生活

　衣生活分野では，衣服の着用と手入れ及び生活を豊かにするための布を用いた製作について学ぶ。

　衣服の主な働きについて学び，日常着の快適な着方について，たとえば暑い夏を涼しく，寒い冬を暖かく過ごすための着方を取り上げ，具体的に考える。子どもたちの生活実感や山登りなどの行事での経験などを生かし，気温や活動の変化に応じた着方を検討するのもよいだろう。日常着の手入れの仕方では，身近な衣服の手洗いを取り上げて，洗剤の量や水の温度，洗い方などによる比較により効率的な洗い方について工夫する活動などが考えられる。

56　第3章　小学校の家庭科を知る

布を用いた製作は，生活に役立つばかりではなく，身近な人との関わりを深めたり生活文化への関心を高めたりし，生活を豊かにするための営みに関わる。製作の際に，ゆとりや縫いしろが必要となることを理解するために，日常生活で使用する物を入れる袋などの実習題材を扱うようにする。

(3)住生活

住生活分野では，快適な住まい方について学ぶ。住まいの主な働きから，季節の変化に合わせた生活の大切さや住まい方を学ぶ。自然を生かして生活することの大切さや，暑さ・寒さへの対処の仕方，通風・換気との関わり，適切な採光および音と生活との関わりを取り扱う。また，住まいの整理・整頓や清掃の仕方を考え，適切に実行することができるようにする。

「環境に配慮した生活」の見方・考え方と関連させ，省エネルギーにつながるような冷暖房機器の利用の仕方を考えたり，整理・整頓を行う際に不用品の活用を行うなどの工夫も考えられる。

3. 授業づくりのポイント

(1)2学年間を見通し段階的に行う

調理や針と糸の取り扱いをはじめとして，生活経験の乏しい子どもたちが多い。指導計画の作成にあたっては，2学年間を見通して，平易なものから始め，一人ひとりが自信と達成感をもって技能を身につけることができるように題材の選択や順序などを段階的に計画する。反復が必要なものは繰り返し単元に位置づけ，知識・技能の定着を図る。実習以外でも，学年の発展性や系統性，季節，学校行事，地域などとの関連を考えて配列する。

(2)プライバシーへの配慮

個人の衣食住の生活を取り上げる場合は，プライバシーに十分配慮する。また，学校での学習を家庭での実践として展開するためには子どもの家庭の状況に十分配慮し，家庭との連携を図ることが大切である。

(3)科学的な見方を養う

とくに衣食住の内容には，科学的な見方により理解が進む内容も多い。58・59ページに示した実践例のように，実験などを通じて，科学的な見方を養う機会とする。実験計画を子どもたち自身に立てさせる。さらに仮説を立てて検証するプロセスを体験させ，報告し合う活動も効果的だろう。

(4)教科内，教科間との関連

教科内で学習内容に関連をもたせて柔軟に扱い，学習効果を高めることも有効である。

たとえば，暑さ・寒さに関して，住まい方及び着方の学習を組み合わせることや，日常着の手入れを，家庭で分担できる仕事や家族への協力につなげて実践させることなどが考えられる。

また，家庭科以外の学習内容との関連にも配慮する。たとえば，「食事の役割」の内容は4年生までの食育に関する学習や，体育科「健康によい生活」の内容と関連が深い。「快適な住まい方」に関しては4年生の理科で光，音，空気，温度，太陽と地面の様子について学んでいる。内容を関連させつつ，家庭生活のなかで総合的に捉えるという家庭科の特質に応じ学習を充実させたい。

(5)中学校との円滑な接続

小学校と中学校の内容の系統性を意識し，中学校での学習と円滑に接続できるように配慮する。たとえば，小学校では五大栄養素と食品の体内での主な働きを中心に扱い，中学校での日本食品標準成分表や食事摂取基準，食品群別摂取量の目安などの学習につなげる。

「生活を豊かにするための布を用いた製作」では，小学校の学習を踏まえ，中学校ではさらに，資源や環境に配慮する視点から，衣服等の再利用の方法についても触れることなどが挙げられる。

(6)授業実施の留意点

障害のある子どもへの指導の工夫やICTの活用，家庭や地域との連携などについて配慮する。日本の伝統的な生活について扱い，生活文化に気づくことができるようにする。

6 「衣食住の生活」の授業をつくる　57

資料⑤

「衣生活・住生活」の実践例

1. 単元名「冬を暖かく快適に過ごす着方と住まい方を工夫しよう」(第6学年)

2. 単元設定について

　　子どもの身近な生活のなかから，寒い冬の着方や住まい方に関する問題点を見いだし，課題を設定する。衣服や住まいの働きを理解し，健康・快適，持続可能性の視点から，暖かく快適に過ごすために着方と住まい方を工夫する。

3. 単元の目標

・5年生までに学習した衣服や住まいの働きを確認し，寒い冬を快適に過ごすための基礎的な知識・技能を具体的に理解する。

・子どもの身近な生活のなかから，冬を暖かく過ごすための着方を取り上げて，子どもが考えた実験を通して比較を行う。また，主に暑さ・寒さの調節，通風・換気，採光の仕方及び音に関する課題を取り上げながら，暖かい住まい方について考える。

・衣服や住まいの働きを理解し，健康・快適，持続可能性の視点から，暖かく快適に過ごすための着方と住まい方を工夫をアドバイスシートにまとめ，発表し，意見を交流し，日常生活での実践につなげる。

4. 指導計画(全6時間)

①寒い冬の困りごとを探そう……………………………………………………………1時間

・身近な生活のなかから，寒くて暗い冬の季節における着方や住まい方に関する困りごと(問題点)を探し共有する(寒くて朝起きられない，手足が冷たくなる，換気をすると寒い，窓が結露するなど)。

・既習事項を確認し，普段行っている衣服や住まいの工夫を話し合い，共有する。

②快適な着方を考えよう…………………………………………………………2時間(本時)

・前時に挙がった冬を暖かく過ごすための衣服の選び方のうち，「重ね着」に着目し，簡易な実験で確かめる。湯を三角フラスコに入れ，温度の下がり方を見る。そのときの比較条件をグループごとに検討し，実験計画を立て，結果を予測する。

・実際に実験を行い，結果について発表し，話し合う。暖かい着方のポイントをアドバイスシートにまとめる。

③快適な住まい方を考えよう………………………………………………………………2時間

・教室内の暖かい場所，明るい場所探しをする。空気温度計，放射温度計，気流計，照度計などを利用して，データを比較する。

・環境に配慮する視点から，暖かく快適に過ごすための効率的な住まい方の工夫について話し合う。暖房器具の効率的な使用とともに，換気の重要性について理解し，効率的な換気方法について話し合う。

・健康で暖かく過ごすための住まい方のポイントをアドバイスシートにまとめる。

④暖かく過ごすための工夫を発表しよう……………………………………………………1時間

・冬を暖かく快適に過ごす着方と住まい方の工夫をアドバイスシートをもとに共有し，実践につなげる。

58　　第3章　小学校の家庭科を知る

5. 評価

・衣服や住まいの主な働きがわかり, 季節や状況に応じた日常着の快適な着方や住まい方について
理解している。

・健康・快適・安全で, 環境に配慮した着方や住まい方について関心をもち, 自分なりに工夫している。

6. 本時の指導(2・3／6時間)

(1) 目標

冬を暖かく過ごすための衣服の選び方のうち, 「重ね着」に着目し簡易な実験で確かめ, 暖か
い着方のポイントをアドバイスシートにまとめる。

(2) 展開

段階	学習活動	指導上の留意点(○), 評価(▶)
導入 15分	●前時に挙がった冬を暖かく過ごすための衣服の選び方を確認する。 ●「重ね着」に着目するとともに, 体ー衣服ー外気の間の空気層, 上着の通気性, 濡れた場合の熱の逃げなどの基礎知識を確認する。	○身近な日常生活での衣服の工夫を取り上げる。 ○既習内容を確認することで, 実験計画のヒントにつなげる。 ○通気性の高い布, 低い布, 布地の厚さの異なるもの, 水に浸けた布, 冷風の出るドライヤーなどを用意する。
展開 55分	●60℃程度の湯を三角フラスコに入れ, 温度の下がり方を見る実験により, 重ね着の効果を調べることを理解する。 ●グループごとに比較条件を設定し, 実験計画を立て, 結果を予測する。その際, 日常生活との関わりを意識する。 ●実際に実験を行う。3分後, 5分後, 10分後, 15分後, 20分後の温度データを記録する。 ●結果をワークプリントにまとめ, グループ内で話し合い, 考察する。	○比較条件を整理させ, 効果的な実験となるようにする。 ○布地なしと布地1枚の比較を基本実験として提示しておく(重ね枚数, 通気性の低いものを外側にして風を当てた場合, 濡れた布を巻いたときなど, 児童自身で比較条件のバリエーションを考える)。 ○実験の安全性や条件設定, 計画の妥当性をグループごとに指導する。 ▶重ね着の効果に関心をもち, 情報を整理して実験計画を立てることができたか。 ○記録シートを用意する。 ○三角フラスコを置く場所は段ボールや発泡スチロールの板を使い, 断熱性をよくする。湯は比較対象となるものと実験スタート時に同じ温度となるように準備する。 ○室内空気温度も測定しておく。 ▶実験により科学的データを収集し, その結果を解釈したか。
まとめ 20分	●グループごとに調べた結果やその考察について発表する。 ●ほかのグループの発表を聞きながら, 自分の意見や考えをもつ。 ●暖かい着方のポイントをアドバイスシートにまとめる(宿題)。	○他班の実験方法や結果, 考察に注目させ, 積極的に意見交換ができるように働きかける。 ○暖かい着方のポイントのアドバイスシートを用意する。 ▶実験及び意見交換を通じ, 健康・快適・安全で, 環境に配慮した暖かい着方について学び, 日常生活に生かし, 実践しようとしているか。

※147ページにワークプリントがあります。

7 「消費生活・環境」の授業をつくる

1. 小学校における消費者教育

今日、都市部の小学生の携帯電話、スマートフォンの所持率は6割を超えている[18]。インターネットを通して、消費者同士が中古品などの売り買いを行うようにもなっている。子どもでさえも、消費者だけでなく、販売者にもなり得る環境が整ってきたといえる。今後ますます、こうした状況の進展が予想される。

これまで小学校家庭科では、むだ遣いをやめよう、じょうずに買おうという「賢い消費者」の育成が中心であった。しかし、それだけでは、受け身な消費者教育にとどまってしまう。そこで、「持続可能な社会の構築に向けて、主体的に生活を工夫できる消費者としての素地を育てることを意図して」(2017〈平成29〉年『小学校学習指導要領解説　家庭編』、以下「解説」と略す)、2017(平成29)年の学習指導要領には、「買い物の仕組みや消費者の役割」についての目標が新たに設けられ、「売買契約の基礎について触れること」が示された。高度情報化社会進展のなか、情報に流されない「賢い消費者」であるとともに、持続可能な社会の構築に向けて行動する「主体的な消費者」として自立できる力を小学校から高等学校までの家庭科の学習を通して系統的に培うことが期待されている。

2. 主体的な消費者とは

「主体的な消費者とは、買うか買わないか、買うとしたら何を選ぶのかを自らの意思で決定できる人のことを指す」[19]。このようなことは、小学生でも日常的に行っている。しかし問題は、どんな情報や価値観に基づいてどう行動しているかということである。

児童・生徒への調査によると、学年が上がるにつれてコマーシャルや広告の影響を受けた消費行動の割合が高く、広告が新商品や値段を知らせる、役立つものとして捉えられていることが明らかになっている[20][21][22]。また、消費者社会化へのテレビCMの影響を検討した調査によれば、小学6年生から中学2年生にかけてテレビCMへの肯定的認識が高まり、否定的認識が低下することが示されている[23]。北欧やカナダなどの消費者教育では、広告が消費者に対する説得(persuasion)手段であることを踏まえた消費者教育が行われている。上杉嘉見[24]、重川純子ら[25]は、このことを引いて、広告や宣伝に対する的確な読解力の育成が必要だと述べている。「主体的な消費者」となるためには、買うか否かの意思決定以前に、どんな商品なのか、広告に惑わされず的確に理解する力を培う必要があるということである。

3. 広告、宣伝を批判的に読み取る教材

広告や宣伝に主体的に向き合う学習として筆者は「子どものための品質表示を考えよう―寒天ゼリーショップ作りをとおして―」という題材を著した[26]。このように広告やCMの作り手側と買い手側とを体験させると、広告をより深く分析的に見る目が養われる。

そのほか、広告の「宣伝」と「表示」とを区別させる活動も効果的である。子どもにとってはこの区別が難しい。よってグループで検討させると効果的な教材となる。

教材としては、必要な情報をあえてマスキングした(隠した)ものも効果的である。た

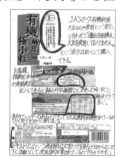

図3-6 子どもが「宣伝」と「表示」を区別し、分析を記入した広告

えば，次のような広告と一緒に，ラッピングされた文具を教材として用意する。

本日限り！
ノートとカラーマーカー（4本入り）が
セットでなんと500円！
＊本日お買い上げの方にだけ
かわいいシールもプレゼント！

そして，ちょうどノートを買う必要があり，500円持って買い物に出た場面を想定させ，このセットを買うかどうか決めるように話す。すると，このわずかな情報を頼りに意思決定しようとする子が出てくる。そこで問う。「どんなノートかな。これだけで決めていいのかな」。ここでハッとする子が多い。「聞いていいの？」と言ってくる者もいる。わからないことは積極的に聞くべきなのだ。それをしっかりと押さえる。そして，意思決定するためにはどんな情報が欲しいか，必要なのかを考えさせる。すると，ノートのページ数や罫線の幅などたくさんの質問が子どもから出てくる。このように教材は，その一部を隠すことで，思考を引き出す道具にすることもできる。

4. 買い物の仕組みと　消費者の役割について

2017（平成29）年学習指導要領から新たに「買い物の仕組みと消費者の役割」について学ぶ。買い物の仕組みについては，「日常行っている買い物が売買契約であることを理解できるように」し，「買う人（消費者）の申し出と売る人の承諾によって売買契約が成立すること」「商品を受け取った後は，買った人の一方的な理由で商品を返却することができないことについて扱い，理解できるようにする」（「解説」）。活動例には「児童に身近な例で契約と約束の違いに気付かせたり，買い物のどの場面で売買契約が成立したのかを考えさせたりする活動」（「解説」）などが示されている。「契約」という考え方に小学生のうちから触れさせることになった背景には，消費者が権利

と責任の主体として行動する「消費者市民社会」の形成をめざす社会の動きがある。

そのうち，「消費者の役割」について小学校では，必要な物を吟味して買い，最後まで使い切ることや，不用な包装を断るなどの環境への配慮，保護者とともに消費者センターを利用することなどが内容として示されている。

福田恵子は，「シール集めのために大量にその菓子を購入し，なかには菓子は食べずに捨ててしまった」小学生の実例を扱った授業を通して，消費者としての権利と責任について考えさせる実践を紹介している[27]。このように，消費者教育では，小学生の身近な実体験が最も有効な「教材」となる。ただし，授業で扱う場合は，子どもや保護者などのプライバシーに十分留意し，きめの細かい配慮を行う必要がある。

5. 他の内容との関連を図った　消費者教育

消費・環境の内容は，衣食住の生活と関連を図ると効果が高まる。たとえば，「気持ちのよい住まい方」の内容と関連させる方法がある。

まず，自分の持ち物を調べて，不用品とそうなった理由とを記録する。その後，まだ使う物は整理・整頓の学習に用い，不用品は活用法やむだな買い物の防止策などの話し合いで生かす。さらに「地域通貨」をつくり，不用品をリメイクして「子どもフリーマーケット」を開いたりすると楽しい。

また，食と関連を図り，「卒業お祝い会」をエコパーティーとし，そこでの食材などの買い物を行わせる方法もある（62・63ページ参照）。ここではこの題材を2年間の家庭科学習を活用する課題解決的な学習として実践した。お世話になった地域の人々などを招いて，子ども一人ひとりが主人公となって仕事を分担し合い，買い物や調理，布小物の製作，環境への配慮，居心地のよい場の設定などを創意工夫する。予算の配分なども行うため，金銭の生かし方も学習できる。

7　「消費生活・環境」の授業をつくる　61

資料⑥

「消費生活・環境」の実践例

筑波大学附属小学校　勝田映子

1. 単元名「卒業を祝うエコパーティーを開こう」(第6学年)

2. 単元設定について

　　本単元では,卒業を前にして,2年間の家庭科学習で学んだ知識や技能などを活用して,エコパーティーを開く。条件は,家庭科で学んだ調理や裁縫などを生かし,環境への配慮や心地よい場所の整え方などを工夫すること。そして,これまでお世話になった地域の方々をお招きして買い物から後片付けまでを全員で分担し,楽しいひとときをつくり出すことである。具体的には,サンドイッチと飲み物を作り,布の小物などを製作して贈ることを想定している。また,ここでは,学習指導要領のA⑷「家族・家庭生活についての課題と実践」の内容を踏まえ,子どもが自ら課題をみつけ,方法を工夫して計画,実践,評価ができるようにしている。

3. 単元の目標

・自分たちの計画や実践を健康,安全,快適,持続可能な社会の構築の視点から評価し,成果や課題,改善策などを挙げることができる。
・これまでの家庭科学習を活用し,よりよい方法を工夫することができる。
・地域の方々への感謝の気持ちを伝える方法を考え,計画を立てて実践に取り組んでいる。

4. 指導計画(全7時間)

①卒業エコパーティーの計画を立てよう……………………………………………2時間
　・どんな会にするか全体計画を立てよう
　・予算を立てて,買い物の計画を立てよう(本時)
②会の準備をしよう(係ごとに分担作業)……………………………………………2時間
③会を開こう……………………………………………………………………………2時間
④卒業エコパーティーを振り返ろう…………………………………………………1時間

5. 評価

・進んで計画を立て,意欲的に実践に取り組んでいる。
・これまでの学習を生かして,実践を工夫することができている。

6. 本時の指導(2／7時間)

(1)目標

既習事項や友だちとの交流を活用して「賢い買い物」を工夫することができる。

（2）展開

段階	学習活動	指導上の留意点（○），評価（▶）
導入 10分	●前時に決めたエコパーティーで各班が作るサンドイッチと飲み物の材料を発表し合う。 ●本時では，予算内で買い物を収めるための話し合いをすることを知る。	○前時では，加熱せず短時間で調理ができ，ごみの少ない軽食には何があるかを話し合わせた。本時では児童からサンドイッチが提案された想定である。 ○1人300円（給食費と同額）の予算
展開 25分	賢く買い物をするためには，どんな工夫ができるだろう。 ●既習事項を思い出しながら，班で話し合い，気づいたことを発表する。 ＜予想される児童の発言＞ ・品質のよいものを選んで買う。 ・環境によい買い方を工夫する。 ・むだなく買う。 ・ほかの班と一緒に買って分け合ったらどうだろう。 ・広告や店先で値段や量などを調べる。 ・布小物の材料も必要だ。 ・布小物の材料を買わずに済ますことはできないか。 ・あまったフェルトや布で何か作れないか。 ・手紙やカードを付けたらどうだろう。 ・短時間で作れる物がよい。	○「賢い買い物」とはどのようなものであったか，既習事項を振り返らせる。 ○どう選ぶとよいのか，ノートなどから既習事項を振り返るように話す。 ○環境に配慮できることについて，ノートで既習事項を振り返るように話す。 ○各班で使う材料を表に整理して板書する。材料を他班と分け合って買うことはできないか，検討を促す。 ○調べ先や方法，分担を話し合わせる。 ○教師が調べておいた調理材料のおおよその予算を示し，布小物に当てられる予算が少ないことを知らせる。 ○「物を贈るのではなく，心を贈るのだ」ということを児童と確認する。 ▶既習事項を活用して，買い物の工夫を考えることができたか。
まとめ 10分	●「賢い買い物」の一つとして他者と分け合って買う買い方があることを知る。 ●各班で作成した買い物計画と，買い方の工夫を発表し，本時で新たに知った買い方の工夫についてワークプリントにまとめる。	○「賢い買い物」の一つとして，他者と分け合って買うという買い方があることを押さえる。生活協同組合での共同購入の例をあげたり，これまでに他者と分け合って買うよさを実感した経験があれば，発表するよう促す。

※148ページにワークプリントがあります。

7 「消費生活・環境」の授業をつくる　63

グローバル化と家庭科

1. 家庭科の学習対象の広がり

　家庭科の学習は,「もはや一家庭のなかで完結できず,常に社会とつながっている」ということが言われてきた。とくに近年インターネットの普及によって世界中の人々が容易に関係をもったり,共感し合ったりということが可能になり,グローバル化の問題も叫ばれるようになって,外に向かって発信することや他国を理解することが必要であるという認識は広まりつつある。

　しかし,子どもたちがグローバルな視点をもって学ぶためには,海外や他国への発信や他国を理解することと同じくらい,自国のことを理解し,自国と他国の相違点を明らかにするということが重要である。なぜなら,文化や暮らしの違う国同士が理解し合うためには,お互いの違いを認めながら共存する道を探ることが必要だからである。さらに,他国と理解し合うことこそグローバルな視点をもつということにつながる。

2. グローバルな視点をもつための学び

　自国のことを理解し,自国と他国の相違点を明らかにするとき,学習者である子どもたちがどこにいるのかをはっきりさせなければならない。つまり,グローバルな問題に向き合う子どもたちが,学習内容をひとごととして考えない,わがこととして学ぶように工夫する必要がある。グローバルな視点をもつということは,ものごとを多面的に捉えるということであると同時に,その問題を常に自分のこととして引き受けることでもある。その際に生活場面の具体的な出来事やモノから考える,比較するという方法が有効である。

【テーマ例】
①食品ロスを生み出す文化的・社会的背景は何だろうか。国によって食品ロスの実態やその背景はどのように異なるのであろうか。
②既製服の縫製・流通・販売の流れはどのような要因によって成り立っているのだろうか。日本での縫製と海外のそれは,どの程度の価格差があり,そのほかの違いは何だろうか。

3. 完結しない学びをつくる

　グローバルな視点をもつ学びをカリキュラムのなかに位置づける際に忘れてはならないのが,現在日本に在住している外国につながる子どもたちの存在である。生活上の課題の解決方法を考える際には,絶対的な一つの答えがあるわけではない。文化や社会が異なれば,日常的に用いる生活の知識や解決の方法も異なる。外国につながる子どもたちとともに家庭科を学ぶということは,彼らの文化や社会的背景を学ぶことでもあり,課題解決のための選択肢を広げることにもなる。さらに新たな選択肢をもつことが日本の文化や社会問題をより明確にすることにつながるだろう。

Q.3 家庭科で外国につながる子どもと多文化共生教育をどう扱えばよいのか？

クラスに外国につながる子どもがいる。日本の文化や習慣をあまり理解していない彼らに，どうやって家庭科を教えればよいか？

A. 外国につながる子どもの文化的背景を考慮しながら，教師や日本の子どもも彼らから学ぶという視点で授業を構成する。

多様な背景をもつ子どもの存在

近年，多様な文化的背景をもち，暮らしぶりが異なる子どもたちが，数多く日本で親と共に生活し，学んでいる。その数は80,000人とも言われており，特定の地域や学校では，多くの多様な子どもたちを抱えて支援の仕組みをつくったり，取り出しのクラス編成を行ったりと対応している（図3-7参照）。

個々の事例からは，通常日本人の家庭では当然と捉えられている学校や学習に関わる慣習について，子どもたちやその保護者に理解されないという大変さが示されている。これらは時間を経て，学校生活に順応するにつれ，解消されることもわかっている。また，これら個々の家庭に対する対応は，教師にとっては困難を抱えた日本人の家庭と同様と捉えられる傾向があり，特別な配慮というよりは，それぞれの困難にできる限りの対応をしているというのが現状である。

外国につながる子どもが家庭科を学ぶことの意味

このような外国につながる子どもたちは比較的スムーズに家庭科を学んでいる。とくに被服実習のような体験的な学習では，いきいきと取り組んでいる様子が報告されている。一方，同じ体験でも調理実習は食習慣の違いにより，料理になじみがなく，十分に取り組めないなど，子どもの文化的な背景や成育歴を十分に理解する必要がある。このような配慮を必要とするが，総じて家庭科の学習内容は彼らの日常生活に直結することから，学びやすく，学んだことが日常生活で利用できる実感がある。一方で，日本の子どもたちも外国につながる子どもから文化や習慣を学ぶ絶好の機会ともなっている。

図3-7　公立学校に在籍している外国籍の児童生徒数（出典：文部科学省「学校基本調査2016年度」）

Q.4 少ない時間数のなかで, どう技能指導をするか?

A. 教材の選択や指導のポイントなどを知り, 生活に生かせる技能を身につけよう。

　授業構成を考える前に家庭科の特質を考えてみよう。

子どもたちの実態に応じて教材を選択する
　時間数が少ないなかでの技能指導は, 次の点に留意したい。
○意欲を引き出し, 発達段階を考慮した教材
　子どもたちが「やってみたい」と思うような教材や地域の特性を生かした教材を選ぶことが効果的である。前者の例として, 小学校では教室に掲示して活用できる学級全員によるフェルトを用いたカレンダー製作や, 高等学校では学園祭で着用する法被を製作したものがある。後者の例として, 地域の特産物を生かした料理や伝統料理がある。
○ストーリー性のある授業展開
　教材を多面的に授業で活用するために, ストーリー性のある単元を組む。たとえば「お茶のいれ方」では, "もてなす"場面をつくったり, 調理実習では栄養の学習や自分の食生活の改善と関連づけた授業を行う。

指導のポイントを的確に伝える
　たとえば, ボタンつけの指導のポイントは右のようになる。
　技能指導の初期段階で, 子どもにこれらのポイントと, なぜこのポイントが重要なのかというエビデンス(根拠)を伝え, 併せてどのポイントができているか, あるいはできていないかを子どもたちに明示する。それが技能の定着を促すことになる。やみくもに繰り返し学習をしても定着は望めない。

> **「ボタンつけ」のポイント**
> ・針に糸を通す。
> ・玉結びができる。
> ・ボタンが布の厚さ分だけ浮いている。
> ・糸がボタンに3〜4回かけてある。
> ・ボタンに3〜4回かけていた糸の束が, 固く巻けている。
> ・玉どめができる。
> ・布がほつれていない。

学習時間を有効に活用する
○理解を促すビジュアル的な教具の準備
　「ボタンつけ」「切り方」などの指導には, その方法をDVDに録画し, 子どもたちがいつでも視聴できるようにしたり, 製作段階の標本を用意したりすることなどが効果的である。
○学習環境(おもに道具類)の整備
　技能指導では"must家庭科"ではなく"may家庭科"(12ページ参照)を実践したい。たとえば, なかなか針に糸が通せない子どもには「糸通し」の使用を認める。また, ミシンや包丁の確保や, その整備など, 学習環境を整えることも重要である。

教師の技能程度を高める
　技能指導をする教師が十分な技能をもっていることも重要である。そのために教師は自分自身の技能を高める努力が必要である。

66　　第3章　小学校の家庭科を知る

第4章 小学校の家庭科の授業をつくる

子どもは対象と体全体で向き合い、たくさんの発見をする。こうした気づきや興味、関心を十分に引き出し、生活の営みのおもしろさ、奥深さに出合わせ、積極的に家庭生活に関わる子どもを育むことが、小学校家庭科の目標である。家庭生活は社会と深く結びついている。家庭科の学習には家庭内のことがらを社会的な視点や他教科での学びとつなぐ視座も必要である。
第4章では授業づくりの手だてや指導法、学習指導案の書き方などを学ぶ。

学習指導案を比べてみる

　学習指導案は，授業をする，または指導のめあてや流れを検討する際に必要である。次の学習指導案を比較検討してみよう。

1. 学習指導案の特徴

　次に示すAは家庭の仕事を，B1は食生活のなかの野菜いためを，B2は洗たくを，Cは購入について扱ったものである。各学習指導案に振られたA〜Cは小学校家庭科の学習指導要領の内容A〜Cに対応している。

　A①案は，家庭生活を支える仕事の種類がわかり，課題解決学習として自分ができる仕事を探し，実践して発表していく。

　A②案は，自分の生活態度を見直し，自立のための家庭生活の仕事の調べ学習を通して，実践につなげていく。

　B1①案は，野菜いための調理実習を通して，知識・技能を身につける実践である。同時にICTを活用する方法を体験する。

　B1②案は，野菜の切り方と火の通りやすさを教師の示範実験を見て気がつき，野菜いための調理実習の試食を通して，わかったことを話し合う。

　B2①案は，衣服の取り扱い絵表示に関する知識を身につけ，実験を通して洗剤の役割に気がつき，洗たく機を使って洗たくできるようになる。

　B2②案は，洗たく実験を通して手洗いや洗たく機洗いの特徴に気がつき，適切な洗たくができるようにする。

　C①案は，ノートの買い方を値段・デザイン・使い方・環境配慮などから選んでいくことにより，ものを選んで買うときのさまざまな条件に気づく。

　C②案は，ふで箱の特徴を考えて，宣伝デザインをつくる過程を通して，ふで箱の値段・使い方・環境配慮などの条件に気づくと同時にICTを活用して意見交換する。

2. 家庭科の学習指導案と授業

　比較検討の例として，次のような手順も考えられる。

(1)各学習指導案の特徴をつかむ

1. （　　）案の概要を捉える。
2. A・B1・B2・Cのなかの別の学習指導案の問題点(質問)を考える。
3. 自分のグループに割り当てられた案について，問題点として挙げられたことを整理する。
4. 問題点として挙げられたことに対して，答える。
5. 4までの議論をもとに，（　　）案の特徴をまとめる。

(2)各学習指導案をもとにして，授業の流れについて考える

1. もし，自分が指導案を書くとしたら，どの指導案に近いものを書くか。
　（　　）案
2. それはなぜか。
3. 議論などを通しての意見・感想を書こう。

　議論などを通して気がついた例として次のような点が挙げられる。

- どの授業も「考える・意見交換する・発表する」が含まれている。
- どの授業がいいというゴールではなく，教師が子どもに何を考えさせたいのかで，学習指導案を見ていく。
- 家庭科のような限られた授業数のなかで，問題点として挙げられたことを，どのように克服していくのか考えていく。

資料①

A 家族・家庭生活

A①学習指導案
1. 単元名「家庭生活と仕事」(第5学年)
2. ねらい

  家庭生活を支える仕事があることに気づき，そのなかから自分ができる仕事を探し，実践する。
3. 指導計画(全3時間)

時	学習活動	指導上の留意点	資料・教具
1	●家庭生活をするのに必要な仕事の種類を挙げる＊。 ●分類(例：食・衣・住・その他で分類，晩・ウィークデイの場面で分類など)し，誰がそれをやっているのか書く。 ●家庭生活の仕事を誰もしなくなったらどうなるか，話し合う。	○家庭を支える仕事があるのに気づかせる。 ○各家庭の状況を考慮して，分類した後，教師の育った家では誰がやっているのかを話してもいい。 ○家庭生活における自分の役割について問題意識をもたせる。 ○各自の分担に関して，家族と相談するように伝える。	生活を思い浮かべる資料＊＊ 分類表・分担表
2	●自分ができる仕事を探し(課題設定)，どのようにするのか(解決方法)考える。 (例：買い物・食器の片付け・上ばきを洗うなど)	○グループに分かれ，自分の課題が何か発表させ，解決するためには，どんな知識・技能が必要か意見交換し，発表させる。 ○2週間続けることを伝える。	課題解決のためのプリント
3	●家庭の仕事をやったことを次の観点からまとめ，発表し，意見交換する。 ・課題(仕事)と解決方法 ・わかったことと難しかったこと ・家族の人の意見 ・改善点	○3時間目は，2週間後に設定する。 ○家庭生活により主体的に関わっていくことが必要なことに気づかせる。	

＊ ブレーンストーミングを使ってもよい。

＊＊ たとえば，間取りの図でもいい。

資料①

A②学習指導案

1. 単元名「**自立するための家庭の仕事は何か**」(第5学年)
2. ねらい

　　　自立のための自分の家庭生活の問題状況に気がつき，調べ学習を通して，実践につなげていく。
3. 指導計画(全3時間)

時	学習活動	指導上の留意点	資料・教具
1	●自分の生活自立度チェックシートで調べる。 ●家庭生活を支えるさまざまな仕事について知り，自分の問題点を考える。 (たとえば，生活自立度チェックシートを見て，何をしているのか，何をしていないかを話し合ってもよい)	○自立度チェックシートの点数から，将来ひとり暮らしができるかどうか問いかける。 ○自分がひとり暮らしをしたら，どんな仕事があるか考えさせる。 ○自立に向けた準備の必要性を話す。	自立度チェックシート* ライフサイクル図
2	●家庭生活の必要な仕事を二分類する。 　・できそうな仕事 　・できそうもない仕事 ●後者のなかから，1つ選んで作業内容・手順などを調べる。	○家庭の仕事の知識・技能をもっているかで二分類し，後者の1つを調べるなかで，課題意識をもたせる。	調べるためのプリント
3	●調べたことを発表し，意見交換する。 ●実践してみる。	○自分が自立するために，今日から家族の一員としてやってみようと思う仕事について考え，実践させる。	

＊自立度チェックシート例

[すでにしている○・ときどきやる△・できない(家族にやってもらう)×]

ことがら	チェック	ことがら	チェック
朝，起きる。		ランドセルの片付け。	
服を選ぶ。		宿題をやる。	
服を着る。		おふろに入る。	
ベッドやふとんの片付け。		夜の食器を片付ける。	
顔を洗う。		自分の服を買う。	
歯をみがく。		食材を買う。	
髪をとく。			
学校の用意をする。			
朝ごはんを食べる。			
朝の食器を片付ける。			
持ちものに名前を書く。			

■B　衣食住の生活（食生活）

B1①学習指導案

1. 単元名「**野菜いためをつくろう**(ICTで記録)」(第6学年)
2. ねらい

　　野菜いための調理実習を通して，知識・技能を身につける。同時にICTを活用する方法を体験する。

3. 指導計画(全4時間)

時	学習活動	指導上の留意点	資料・教具
1	●野菜いためで使われている野菜(にんじん，玉ねぎ，ピーマン)について，切り方やいためる順をグループで話し合う。 ●この際に，野菜いための実習の動画を見る観点を決める。 (例:切り方やいためる順序，かかった時間，手際，包丁の持ち方など)	○野菜いためを，にんじん・玉ねぎ・ピーマンでつくることを知らせ，切り方・いためる順について考えさせる。	
2 3	●野菜いための実習をする。 ●ペアまたはグループで，野菜の切り方やいためる際の動画を記録する。	○安全に実習できるように指導する。 ○記録できているか確認する。	デジタルカメラ
4	●記録したことをもとに，すでに決めた動画を見る観点に沿って，気がついたことを発表する。	○記録した画像をプロジェクターで見ながら，気づいたことをまとめる。	

B1②学習指導案

1. 単元名「**野菜いためをつくろう**(切り方の工夫)」(第6学年)
2. ねらい

　　野菜の切り方と火の通りやすさに気がつき，野菜いための調理実習ができる。互いの試食を通して，わかったことを話し合う。

3. 指導計画(全4時間)

時	学習活動	指導上の留意点	資料・教具
1	●いろいろな切り方(ななめ切り・輪切り・うす切り・短冊切り・さいの目切りなど)があるのを知る。 ●にんじんの切り方と火の通り具合について，教師の示範実験を見て，わかったことを発表する。 ●玉ねぎ・ピーマンの切り方を確認する。	○いろいろな切り方があるのを紹介する。 ○教師がにんじんの切り方(薄い厚い短冊切り・さいの目切りなど)と火の通り具合を実験し(またはあらかじめつくっておいて)，子どもたちに食べさせる。 ○切り方で火の通り具合が違うことに気づかせる。	教科書
2 3	●野菜いためをにんじん・玉ねぎ・ピーマンでつくる。 ●互いに試食し，軟らかさをみる。	○安全に実習できるように指導する。 ○試食の結果を記録させる。	試食の結果を書き込むプリント
4	●野菜の切り方・火加減・いためる順番など，実習してわかったことや試食の結果を発表する。	○野菜いためをつくる際に留意すべきことをまとめる。	

1　学習指導案を比べてみる　71

資料①

B 衣食住の生活（衣生活）

B2①学習指導案

1. 単元名「洗剤の役割を知ろう」(第6学年)

2. ねらい

衣服の取り扱い絵表示に関する知識を身につけ，実験を通して洗剤の役割に気がつき，洗たく機を使って洗たくできるようになる。

3. 指導計画(全3時間)

時	学習活動	指導上の留意点	資料・教具
1	●自分が持ってきた衣服の取り扱い絵表示を写して，意味を調べる。 ●洗たく機に何を入れるか発表する。	○取り扱い絵表示の衣服の手入れや洗たくの注意点が書いてあることに気づかせる。	取り扱い絵表示資料(図4-1参照)
2	●実験を始める前に予想する。 ●実験をする(例：綿やフェルトの布・毛糸などをビーカーに入れる。水と油を入れた試験管に洗剤*を入れる)。 ●結果と理由を書く。	○予想させる。 ○安全に実験が行われるように見まわる。 ○結果を書かせる。	ビーカー フェルトや毛糸 洗剤
3	●実験の予想と結果を発表し，なぜ，そうなったのか，理由を話し合う。 ●洗剤の役割を知る。 ●洗たくする前に気をつけることは何か考える。	○フェルトや毛糸を沈ませるためにはどうするか考えさせる。 ○洗たくする前に取り扱い絵表示を見ること，洗剤の種類や量などを調整することを話す。	

＊洗剤の種類(洗たくせっけん・合成洗剤など)と量は教師のほうで指定する。
なぜ，この種類と量に決めたのか説明するとよい。

図4-1　取り扱い絵表示

	家庭洗たく	漂白	アイロン
基本記号			
例	 40℃限度 洗濯機　標準	 漂白NG	 中温 150℃まで

B2②学習指導案

1. 単元名「**洗たく実験をしてみよう**」(第6学年)
2. ねらい

洗たく実験を通して，手洗いや洗たく機洗いの特徴に気がつき，適切な洗たくができるようにする。

3. 指導計画(全3時間)

時	学習活動	指導上の留意点	資料・教具
1	●家での洗たくについて知っていることを発表する。 ●洗剤の役割について知る。	○洗剤の役割について考える。	
2	●洗たく実験*の予想をする。 ●各条件でグループごとに布を用いた実験をする。 　・洗剤の量 　（手洗い時間3分，もみ洗いに統一） 　・洗い方：もみ洗いとつまみ洗い 　（手洗い時間3分，洗剤の量を統一） 　・洗う方法：手洗いと洗たく機洗い（洗剤の量，時間3分は統一） ●結果を書く。	○教師のほうで布を用意する。 ○洗剤の量・洗い方・洗う方法について比較するため，ほかの条件は一定にすることを話す。	実験結果を記録するプリント
3	●実験の予想と結果を発表し，なぜ，そうなったのか理由を話し合う。 ●手洗いと洗たく機洗いの違いを考える。 ●適切な洗剤の量を考える。 ●取り扱い絵表示について学ぶ。	○洗剤の量・洗い方・洗う方法について考えさせる。 ○洗たく機と手洗いの両方の特徴をまとめ，適切な洗たくの仕方を考えさせる。 ○取り扱い絵表示について話す。	教科書 取り扱い絵表示資料

＊洗剤の種類は統一する。

資料①

C 消費生活・環境（消費）

C①学習指導案
1. 単元名「買うときの条件を考えてみよう」(第5学年)
2. ねらい

　　ノートの買い方を値段・デザイン・使い方・環境配慮などから選んでいくことにより，ものを選んで買うときのさまざまな条件に気づく。
3. 指導計画(全3時間)

時	学習活動	指導上の留意点	資料・教具
1	●ノートを買う際に何に気をつけるのか。 ●教師が提示した3種類のノートの特徴を考える。	○値段・デザインのほかにキャラクター・枚数・行の幅など，さまざまな点から選んでいることに気づかせる。 ○キャラクター付き・組ノート・再生紙利用のノートの見本を見せ，特徴をまとめる。	
2	●再生紙利用の仕組みについて考える。 ●自分の買い方が環境に影響を与えていることに気づく。 ●マーク(例：エコマーク・JISマーク)について知る。 ●グループになって，一人は店の人，一人は買い手，もう一人は買い手の付き添い(誰が付き添うのか決める)になって，服を買う際のロール・プレイングをする。残りは観察する人。ロール・プレイング後はそれぞれ感想を言い合う。	○再生紙の仕組みを伝える。 ○環境に配慮することの大切さを伝える。 ○製品についているマークについて教える。 ○ロール・プレイングを通して，意思決定のプロセスを体験させる。	マーク資料 ロール・プレイング台本*
3	●買い物の手順を考える。 ●現在，持っている「くつ」について，品質・値段・使いやすさ・活用などについて振り返る。	○グループになって，買い物の手順(計画を立てる・品物を選ぶ・使う・振り返る)を考えさせる。 ○各グループで「くつ」の買い方について振り返り，発表させる。	教科書

＊ロール・プレイング台本

付き添い　この店が品揃えがいいよ。
買い手　　この店にしよう。
店の人　　いらっしゃいませ。
買い手　　今度，親戚の人の結婚式に出るので，服がほしい。
店の人　　予算はいくらですか。
買い手　　(　　　　)

店の人　　これならどうですか。予算内ですし，よく出ますよ。予算オーバーですが，これは，○○というブランドですよ。
買い手　　(　　　　)
付き添い　(　　　　)
店の人　　(　　　　)
※文末は役柄に合わせて変えてみよう。

C②学習指導案

1. 単元名「宣伝デザインをつくってみよう」(第5学年)
2. ねらい

　　ふで箱の特徴を考えて，宣伝デザインを作る過程を通して，ふで箱の値段・使い方などの条件や売り手の意図に気づくと同時にICTを活用して意見交換する。

3. 指導計画(全3時間)

時	学習活動	指導上の留意点	資料・教具
1	●現在，使っているふで箱について，調べたことを発表する。 　・なぜ，ふで箱を選んだのか。 　・使っていて気がついた点。 ●ふで箱の良い点と悪い点を出し，悪い点について，どのように気がついたか話し合う。	○品質・値段・用途・キャラクター・形状・もらったからなど，さまざまな点から選んでいることに気づかせる。 ○売り手は悪い点を伝えていないことや宣伝に含まれていないことから売り手の意図に気づかせる。	
2	●グループで与えられたふで箱の写真や情報をみて，特徴を話し合う。 ●各ふで箱の特徴と買いたくなる宣伝文句を考え，デザインにする。 ●考えたことをプリントやタブレットに書き込む。	○各グループに特徴の違うふで箱(キャラクター付き・箱型・ポーチ型など)の写真(値段などの情報付き)を渡して，気がついた点を話し合わせ，発表させる。 ○宣伝デザインを考えさせる。	
3	●考えた宣伝デザインをICTを活用して発表する。 ●売り手として宣伝デザインを考える際に，どんなことをアピールしたいのか，買い手となったときに，何に気をつければいいのか考える。	○プリントの場合は書画カメラで，タブレットの場合は電子黒板やプロジェクターを使ってクラス全体で共有できるようにする。 ○売り手と買い手の立場の違いに気づかせ，ものを買うときに気をつけることをまとめる。	書画カメラプロジェクター

1　学習指導案を比べてみる　75

2 学習指導案を書く

●**学習指導案の書き方**

学習指導案の書き方は，おのおのの小学校によって，項目や内容は異なる。

ここでは，一般的な書き方を紹介する。学習指導案は，以下の5つから構成される。

- 単元名
- 単元について（単元観，児童観，指導観）
- 単元の目標
- 指導計画
- 本時の展開（本時案）

具体的な例を示しながら，それぞれについて説明していくことにする。なお，家庭科では単元を題材と表すことも多い。

ここでは，以下の学習内容を取り入れた学習指導案を書くことにする。

- 米や炊飯に関心をもつ。
- ごはんを炊く。
- さまざまなだしのとり方を知る。
- みそ汁の実を工夫する。
- 調理用具とその使い方を知る。

1．単元名

どのような単元名にしよう。Aさんは「ごはんとみそ汁を作ろう」，Bさんは「和食のよさを見直そう―ごはんとみそ汁の調理」という単元名を考えた。

Aさんの「ごはんとみそ汁を作ろう」では，ごはんとみそ汁を作ることだけが目的のように思われる。

Bさんの「和食のよさを見直そう―ごはんとみそ汁の調理」は，目的も学習内容も理解できるので，これなら合格点である。

単元名をつけるときには，学習内容全体を示すシンプルなものにするように心がけよう。

2．単元について

「単元について」は，「単元観」「児童観」「指導観」の3つの視点に分け，以下のポイントを参考に書くとよい。

(1) 単元観
- 学習のねらい
- 子どもの人間形成との関わり
- 子どもにつけさせたい力

(2) 児童観
- 過去の学習経験や生活経験との関わり
- 子どものつまずきや抵抗感
- 単元についての一般的な子どもの傾向

子どもについての情報が少ないときは，学習経験に対する一般的な子どもの傾向について書いてもよい。

(3) 指導観
- 学習の指導方法（講義，実験，実習，討論，課題解決など）
- 学習を展開するための教師の手だて
- 学習環境や準備物
- 学習形態（一斉学習，グループ学習など）

(1)～(3)について実際に書かれたものを見てみよう。各視点のポイントについては，（ ）内に示しているので参考にしよう。

3．単元の目標

単元の目標とは，この単元における全体の目標をいう。次の3つの視点をもって目標をつくるとよい。

(1) 知識及び技能
(2) 思考力，判断力，表現力等
(3) 学びに向かう力，人間性等

その際，小学校学習指導要領家庭編の内容をチェックする必要がある。その単元に関わる学習指導要領の内容を参考に，そのなかのいくつかを目標に加えてもよい。

76　第4章　小学校の家庭科の授業をつくる

資料②

1. 単元名「和食のよさを見直そう―ごはんとみそ汁の調理」(第5学年)

2. 単元について
(1)単元観
　　食生活の洋風化が進み，食の問題が取りざたされている現在，伝統的な食事(和食)である「ごはん」と「みそ汁」を取り上げることの意義は大きい。また，「ごはん」と「みそ汁」は，家族の好みや健康に合わせて工夫できる教材である。家族の好みや体の調子に合わせて「ごはん」のかたさを調節したり，「みそ汁」の実を組み合わせたりすることができる。つまり，伝統や家族，健康という視点を取り入れながら，自分の食生活を見直し，創造していく力を育成することをねらいとしている(学習のねらい)。

　　また，本単元は，人間形成の面でも大きな意義をもつ。家族のために「みそ汁」のだしや実を考えることを通して，家族の一員として役に立つことを実感できる。加えて，グループで協力して作る喜びを味わうことも目的としている(子どもの人間形成との関わり)。

　　さらに，風味調味料やにぼし，こんぶ，かつおなどのだしの材料の違いによって，みそ汁の味が変わることに気づかせるとともに，自分の家庭に合っただしを選ばせ，生活場面で応用できる思考力を育てたい(子どもにつけさせたい力)。

(2)児童観
　　子どもたちは「ごはん」と「みそ汁」を家庭だけではなく，学校での給食やレストランなどでも食べ，味の違いも経験していると考える。しかし，食べた経験は多くても，作る経験は少なく，作り方や味の違いは何からきているのかの知識は不十分であると予想される(生活体験，一般的な子どもの傾向)。

　　調理実習は2度目なので，調理器具やガスこんろの使い方，後片付けの仕方は理解していると思われる。しかし，1度に2つのガスこんろを使用するので，安全には十分な配慮が必要である。また，初めて使用する計量カップやはかりの正しい使い方の指導が必要である(過去の学習経験，子どものつまずき，抵抗感)。

(3)指導観
　　本単元では，玄米や白米のごはんの試食，だしの異なるみそ汁の飲み比べという体験的な活動を取り入れ，その違いに気づかせたり，そのなかから家族の好みや健康を考えて選択させたりすることを通して，生活場面で応用できる思考力を育てたい。さらに，手順よく，分担を工夫しながら調理実習ができるように，事前に実習計画を立てさせ，適切に実習ができるように配慮する(教師の手だて)。

　　そして，グループによる「ごはん」と「みそ汁」の調理実習を通して，調理の手順や協力の大切さ，家族のためにも実践しようとする態度を育てていきたい(学習形態)。

3. 単元の目標
・ごはんとみそ汁の作業手順を考えて調理計画を立て，実習することができる。
・家族の好みや健康を考えて，みそ汁の作り方を工夫できる。
・ごはんとみそ汁など和食に関心をもち，よりよい食生活にしようとする。

4. 指導計画

　指導計画を書くためには，以下の4つについて考慮する必要がある。

- ・子どもが興味のもてる小単元にする。
- ・学習指導要領の内容を確認し，必要な学習活動を組み入れ，できるだけ課題解決学習にする。
- ・単元の目標が達成できるようにする。

　79ページでは，8時間の指導計画を例に挙げている。また，授業の内容ごとのまとまりを小単元というが，例では「米やごはんについて調べよう」が，これにあたる。

　小単元を考える場合，単元の目標から学習活動を考える例では，「ごはんやみそ汁など和食に関心をもち，よりよい食生活にしようとする」という目標から，①の小単元で米やごはんについて調べさせている。「家族の好みや健康を考えて，みそ汁の作り方を工夫できる」という目標から，③と④の小単元を取り入れた。さらに「ごはんとみそ汁の作業手順を考えて調理計画を立て，実習することができる」という目標から，②と⑤と⑥の小単元を取り入れた。小単元の配列は，子どもが単元の内容に興味をもつように調べ学習を最初にもってきて，その後に知識と技能を身につけさせる活動を配列することが多い。また，調理実習は最後のほうに配列することが一般的である。

5. 本時の展開

　本時の展開（本時案とする場合もある）とは，実際に授業をするとき，その授業のなかで何をどのような方法で行うかを示すものである。本時とは，指導計画のなかのどの時間の授業であるかを示す言葉で，ここでは，「実たっぷりのアイデアみそ汁！」の授業である。本時の展開には，目標，学習指導過程，評価を書く（80・81ページ参照）。

(1)目標と評価を書く

　小学生にとって，1時間の授業で達成できる目標は1つか2つであるため，本時の目標は1〜2つにする。そのとき，以前に立てた「単元の目標」を振り返り，そのなかの1つは達成できるようにする。

　本時の目標では「家族の好みや季節から，実の組み合わせを考えようとする」や「さまざまな実の組み合わせがわかる」としている。実の組み合わせの視点から単元の目標に迫っていることがわかる。本時の目標は，具体的な内容を入れることによって，単元の目標がより明確になるようにする。

　次に，本時の目標と合わせて，評価も検討する。目標と評価は一体なので，同様の内容になるはずである。

　「評価」に子どもたちがどのようにして実の組み合わせについて調べているか，実の組み合わせ方を理解しているかを入れる。つまり，「友だちと協力して」「ほかのグループとの交流を通して」など，学習形態や指導方法を加えるとよりわかりやすい。

(2)学習指導過程

　学習指導過程は，一般的に導入，展開，まとめの3部でできている。それぞれの時間のめやすを考えて示す。

　次に，学習指導過程を書く場合は，学習活動と指導上の留意点を考える必要がある。学習活動とは，子どもが授業中に行う活動で，調べる，考える，発表するなどである。指導の留意点は子どもの学習活動がうまくいくようにするための教師の働きかけである。

学習活動のポイント

- ・45分間以内の学習活動を考える。
- ・子どもが考えたり，工夫したりできる学習活動にする。
- ・子どもが学習に興味・関心がもてるように体験的な活動を入れる。
- ・学習のまとめの方法を考える（言葉で発表，まとめを書かせるなど）。

指導上の留意点のポイント

- ・子どもの思考や発言を予想して，発問を考える。
- ・学習用具やワークプリント，資料，映像などの教育機器や学習環境を検討する。
- ・学習課題を考え，□□□で囲んで示す。
- ・子どもの学習活動に対する評価を，どこで，どのようにするかを考え，示す。

資料③

4. 指導計画（全8時間）

①米やごはんについて調べよう……………………………………………………1時間
- ・玄米や胚芽米，白米を見て，食べて，その違いから米の種類に関心をもつ。
- ・なぜ，白米を食べるようになったのか調べる。
- ・玄米をまぜて食べている家庭があるのはなぜか調べる。

②ごはんを炊く名人になるには？……………………………………………………1時間
- ・米とごはんの体積の違いを知る。
- ・米のとぎ方や水加減，吸水時間，火加減について調べる。
- ・ごはんの作り方を発表し，まとめる。
- ・計量カップとはかりの使い方に慣れる。 → 事前に調理器具の扱いを学習する。

③みそ汁の味はだしで決まる？………………………………………………………1時間
- ・だしなしや風味調味料，にぼし，こんぶ，かつおぶしのみそ汁を飲み比べる。
- ・自分の好きなみそ汁を選択する。
- ・選んだみそ汁のだしのとり方を調べ，発表する。

④実たっぷりのアイデアみそ汁！…………………………………………………1時間(本時)
- ・季節の野菜や地域の特産物，わが家の味，だしの種類などから，実の組み合わせを考える。
- ・個人のアイデアをもちより，同じだしを選んだグループでみそ汁の実を決める。
- ・実の切り方やみそ汁への入れ方を確認する。
- ・実を選んだ理由を述べながら，グループのアイデアみそ汁を発表する。
- ・ほかのグループの発表を参考に，自分たちのグループのみそ汁の実を再検討する。

⑤調理実習の計画を立てよう………………………………………………………1時間
- ・ガスこんろの使用も含めて，調理の手順をまとめる。
- ・おにぎりに入れるものや形を考える。
- ・材料や調理器具を確認する。
- ・自分の分担と準備物を確認する。
- ・実習計画の内容をプリントに書く。

⑥みそ汁とおにぎりで昼食を！……………………………………………………2時間
- ・安全確認をする。
- ・協力して，手ぎわよく調理実習をする。
- ・水やガス，食器洗い用洗剤の節約を心がけ，エコクッキングをする。
- ・試食しながら，自分のグループやほかのグループのよさに気づく。
- ・評価カードに従って，調理実習の反省をする。
- ・後片付けをする。

⑦調理実習の反省をしよう…………………………………………………………1時間
- ・自分たちやほかの班の評価カードから，自分たちが作ったおにぎりとみそ汁の問題点を見つけ，改善策を考える。
- ・次に家で挑戦したいおにぎりとみそ汁を考え，グループで発表する。

2　学習指導案を書く　79

資料③

5. 本時の展開

（1）小単元名「実たっぷりのアイデアみそ汁！」

（2）目標

　・家族の好みや季節から，実の組み合わせを考えようとする。

　・さまざまな実の組み合わせがわかる。

（3）学習指導過程

段階	学習活動	指導上の留意点（○），評価（▶）
導入 10分	1. 自分の好きなみそ汁の実と，その理由をプリントに書き，発表する。 　・とうふとねぎとわかめで，わが家でよく作るから。 　・にらと卵で，家族全員が好きだから。 　・ふきと油あげで，ふきをとったときに作るから。	○みそ汁の実の組み合わせがいろいろあることに気づかせる。　自分の家と関連づける。 ○みそ汁の実を決めるうえで，家族の好みや季節を考える必要があることに気づかせる。 ▶みそ汁の実の組み合わせについて関心を高めることができたか。
	家族の好みや季節に合わせたみそ汁を作るために，実の組み合わせを考えよう	
展開 20分	2. 同じだしを選んだ友だちと協力して，実の組み合わせを考える。教科書や本，資料プリントを参考に調べる。 3. グループのアイデアみそ汁を決定する。 4. 選んだ実の切り方や汁への入れ方を確認する。 　・大根はいちょう切りで水から入れる。油揚げは短冊切り，大根が軟らかくなってから入れる。 　・卵はみそを入れた後，まわしながら入れる。	○同じだしを選んだ子どもでグループを作らせる（3〜4人）。　意見が言い合える人数で。 ○実の組み合わせは2〜3種類にすることを促す。　時間内に選択し，調理できることを考慮する。 ○実の組み合わせが書いてある本や資料プリントを準備する。 ○選んだ理由（家族や季節，地産地消，だしなど）を考えさせながら，実を決定させる。 ○個々の活発な意見が出され，納得のいく決定になるように助言する。 ○切り方や汁への入れ方（水から，湯から，調理時間の長さなど）が実によって異なることに気づかせる。 ○調べたことを絵などでワークプリントにまとめさせる。 ▶実の組み合わせについて友だちと協力して調べようとしたか。

段階	学習活動	指導上の留意点（○），評価（▶）
まとめ 15分	5. グループのアイデアみそ汁を絵などでワークプリントにまとめる。発表の準備をする。	○絵や用具を使ってアイデアみそ汁をシミュレーションしながら，簡単に発表するように助言する。
	6. 自分のグループのアイデアみそ汁を発表したり，ほかのグループの発表を聞いたりして交流する。	○選んだ理由に注目させながら，ほかのグループのよさを発見するように助言する。
	7. さまざまな実の組み合わせがあることに気づくとともに，自分たちのグループのみそ汁の実を再検討する。	○さまざまな実の組み合わせがあること，実によって調理方法が異なることに気づく。 ○グループのアイデアみそ汁の改善点を考えさせる。
	8. 自分のグループの実の組み合わせとほかのグループの実の組み合わせとを比べた感想や自分の意見をワークプリントに書く。	○感想や意見を書かせることにより，ほかのグループの実の組み合わせのよさに気づかせたり，自分のグループの実の組み合わせに自信をもたせたりする。また，みそ汁実習への意欲を高める。 ▶さまざまな実の組み合わせが理解できたか。

（4）評価

・家族の好みや季節を考えたみそ汁を作るために，実の組み合わせについて友だちと協力して，調べようとしている。

・ほかのグループとの交流を通して，さまざまな実の組み合わせが理解できている。

※ここでは読者がイメージしやすいように吹き出しやイラストを入れたが，実際の学習指導案には入れない。

3 実際に授業をやってみよう

1. 授業の流れを把握しよう

前述の単元「和食のよさを見直そう―ごはんとみそ汁の調理」の本時の展開「実たっぷりのアイデアみそ汁！」の導入部分10分の授業をやってみよう。

まず，授業の流れを把握するために，「子どもに活動させること」「教師が子どもに教えること」「本時の学習課題」を確認し，下記のように時系列に並べてみる。

①自分の好きなみそ汁の実と，その理由をプリントに書き，発表する……子どもの活動
②みそ汁の実の組み合わせがいろいろあることに気づかせる……教える
③みそ汁の実を決めるうえで，家族の好みや季節を考える必要があることに気づかせる……教える
④本時の学習課題を提示する……教える

2. 発問を考えよう

発問とは，子どもに発言させるための教師の問いかけである。事前に発問計画を立てることが大切である。発問の言葉は十分検討し，教師の考えが伝わるようにする。

たとえば
・具体的な場面を設定する
・子どもの意見を認める
・理由や意見の言い方の具体例を示す

などの視点と検討が必要である。

上記①～④の流れのなかで子どもにどのような言葉（発問）をかけるべきか，いくつかの例を考えてみよう。

(例1) 最初の発問（①の活動の前）で，子どもに何と話しかけるか。

×「自分の好きなみそ汁の実と，その理由をプリントに書きましょう」
↓

プリントには「とうふ」「理由はおいしいから」
子どもは好きな実だけを書き，実の組み合わせという本時のめあてには到達しない。

具体的な場面を設定

○「今朝，みそ汁を飲んできた人はいますか。中に何が入っていましたか」（発問）
↓
「とうふとねぎとわかめ」
（子どもは自信をもって答える）

「Aさんの家では，今朝，とうふとねぎとわかめだったんですね。実がいっぱいですね。それらの実のみそ汁が好きですか」
（子どもの意見を認めると，子どもはさらに自信をもつ）
↓
「はい」（子ども）
↓
「どうして，それらの実が好きなのですか。よく作られるからですか」（発問）
↓
「はい。お父さんが好きだから，お母さんがよく作ります。それで，私も好きです」

これらのやりとりで子どもはプリントに書く内容のイメージができる。

(例2) 子どもに発言させる発問とは。

「どうして，それらの実が好きなのですか」とたずねると，理由をどのように説明したらよいのかわからない子どももいる。そのような場合，「家でよく作るから好きなのですか」「家族の誰かが好きだから，あなたも好きなのですか」「自分がとったふきだから好きなのですか」など，具体的な例を教師が示す必要もある。もちろん「なぜですか」と聞いただけで答えられる子どももいるので，子どもの発達段階や実態に合わせることが重要である。

3. 教師の立つ位置

・教室の真ん中に立つ。

教師は板書したり，プリントを配ったりして，いろいろ動きまわるが，発問するときは必ず，子どもたちの方を向いて，真ん中に立って話しかけよう。

・声の大きさは教室の後ろの子どもまで届くように，はっきり，ゆっくりと。

子どもが1度で聞き取れるようにする。

4. 教材・教具

現在，学習指導要領で指定された教材は，この単元のごはんとみそ汁だけである。ほとんどの単元では，学習の目標を達成するために教材を選ばなければならない。ただ選ぶだけではなく，学習の目標と教材をつなぐ教材・教具の開発が必要である。例として4つの教材・教具を挙げる。

(1) 体験させるための教材・教具（実物）

実物は視覚や聴覚，嗅覚，味覚，触覚の5感を通して学習できる最も重要な教材・教具である。ここでは，みそ汁の実について学習するが，ふきやわらびなどは知らない子どももいる。また，野菜にはそれぞれ旬の時期があるが，それもわからない子どもも多い。実物を見せる，食べさせるなどの体験活動を取り入れる必要がある。なお，食べさせる場合は衛生面に十分注意する。

(2) 調べさせるための教材・教具（資料）

教科書は最も重要な資料となる。それ以外に情報が必要な場合，本や新聞，雑誌，パンフレット，チラシ，インターネット，映像，家庭科資料集などを利用することが考えられる。

（注意点）

・教師が多くの記述のなかから必要な情報を選択し，資料として与える。または，資料プリントを自分で製作してもよい。

・インターネットを使う場合は情報の正確さを確認してから与える。

(3) 発表するための教材・教具（教師や子どもが実演）

調べたことをわかりやすく，簡単に相手に伝えるためにも，教材・教具が必要になる。黒板に書いたり，実物投影機やテレビ，パワーポイントに撮ったものを映したりして説明する場合がある。ここでは，実の切り方や汁への入れ方を説明するのに，絵や用具（なべ，おわん，はしなど）を使って教師や子どもが実演してみるのもよい。

(4) 学習をまとめるための教材・教具（ワークプリント）

学習結果をまとめるために，模造紙や画用紙，ノートなどが使われる。しかし，最もよく使われるのが下記のワークプリントであろう。ワークプリントは調べたことをまとめるだけではなく，本時の学習課題を確認したり，

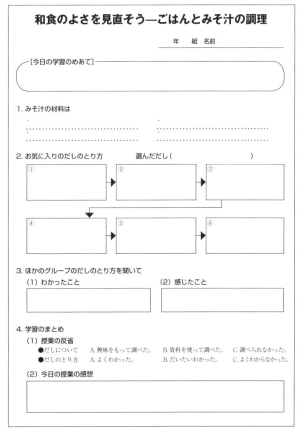

図4-2「③みそ汁の味はだしで決まる？」（3／8時）のワークプリント例

自分の考えや感想を書いたりするときにも使われる。イラストや枠線、吹き出しなどを効果的に使って、子どもが使いやすいワークプリントを作ることが求められる（図4-2参照）。

5. 板書

板書は、ワークプリントと同様、子どもたちが学習するときの道しるべとなる。本時のめあてや学習した内容、学習のまとめがわかりやすく子どもたちに提示できるように、あらかじめ板書計画を立てる必要がある。

子どもたちに知ってほしいところや注意してほしいところは枠線を使ったり、色チョークを使ったりして、子どもの興味を促そう。また、イラストを使うのも効果的である。図4-3に先の学習指導案本時「実たっぷりのアイデアみそ汁！」の板書例を示した。

6. 机間指導

机間指導をすることで、子どもが教師の指示を理解しているか、学習活動にとまどっていないかなどを把握し、個別に助言することができる。また、子どものよい考えを見つけ、

その子どもに発表してもらったり、ほかの子どもに紹介したりすることができる。

7. 学習環境
(1)設備や備品のチェック

学習の前には必ず家庭科室の設備や備品をチェックしなくてはならない。ガスこんろがきれいで安全に使えるか、ボウルやざる、計量カップなどが必要な数だけ整理されて置かれているかなどを確認する。使ったら元の場所に返すことができるように整理・整頓し、ネームプレートもつけておくとよい。

(2)掲示板や図書コーナーの利用

新しい単元を学習する2週間前ごろから、学習の意欲を高めるために、掲示板や図書コーナーを利用するとよいだろう。掲示板に単元に関する内容のポスターや記事を張っておいたり、教室や家庭科室の図書コーナーに本や雑誌を置いてみたりするのもよい。単元に関する知識が豊富になる。また、掲示板には、子どもたちが調べたことや子どもたちの作品を掲示することもできる。

図4-3 板書例

[学習のめあて]　　　　　　　　　　　　実たっぷりのアイデアみそ汁

> 家族の好みや季節に合わせたみそ汁を作るために、実の組み合わせを考えよう。

自分の好きなみそ汁の実は？
・とうふ、ねぎ、わかめ
・にら、卵
・ふき、油あげ

(理由)
・わが家でよく作るから。
・家族全員が好きだから。
・ふきをとったときに作るから。

〈かつおぶしだし〉
とうふ、ねぎ、油あげ
かつおぶしだしに合うから。
とうふ→さいの目切り
ねぎ→小口切り
油あげ→たんざく切り
ふっとうしたら実を入れ、煮過ぎない。

〈にぼしだし〉
ごぼう、三つ葉、卵
三つ葉とごぼうが
出回っているから。
ごぼう→ささがき
三つ葉→2cmの長さ
みそを入れた後に、
卵と三つ葉を入れる。

[学習のまとめ]
・季節とだしの味を意識し、実の組み合わせを考えることができた。
・ほかのグループのように、油あげを加えて、実を3種類にした。

ロール・プレイングと家庭科の授業

ロール・プレイングにはいくつかの手法がある。ここでは2つ紹介する。

1. 台本を作成するロール・プレイング

　方　法：会話を読んで，子ども，実習生，または教師のせりふを考えて入れて，実際に役割を演じてみる。交代しながら，家族のせりふを読んで演じてみる。

　ねらい：子ども，実習生，または教師のせりふを考えたり，実際に演じてみることで認識が広がる。また，ほかの人が子ども，実習生，または教師の役割を演じた際に，せりふからその人の思いを知ったり，家族のせりふを読んで演じてみることで，考えが深まったりする。

●家庭の場面

　[登場人物]家族の誰か・小学5年生の子ども
　　家族A：机のまわりを片付けなさい。
　　家族B：自分でどこに何があるかわかるの？
　　子ども：（　　　　　　　　　　　　）

●家庭科の授業の場面

　[登場人物]実習生または教師・小学5年生の子ども
　　実習生または教師：今度の調理実習は「みそ汁」を作ります。
　　子どもA：みそ汁大きらい。家でも飲まない。
　　子どもB：家で作れるようになるかな。
　　実習生または教師：（　　　　　　　　　　　）

2. 役割を演じるロール・プレイング

　方　法：特定の場面で与えられた人物の役割を演じる。ほかの登場人物との関わり方を考える。また，観客になった場合，やりとりを見て，感想・意見を言う。

　ねらい：与えられた人物になりきること，ほかの登場人物とのやりとりのなかで，自分と他者との関係性を客観的に見ることができる。また，観客になることで，どのように見えるかを表現して，お互いに学び合う。

　[登場人物]家族・子ども・観客
　[場　　面]子どもが外から帰ってきて家族と話す。

　ロール・プレイングでは，実践的・体験的に学ぶことができる。手法1では，せりふに自分の考えを集約し，演じてみることで，他の人からどのように見えるのかを知ることができる。また，家族や5年生の子どもを演じてみることで考えが深まる。

　手法2では，人間の言動がどのような感じ方を与えるのかを知り，他の役割をとることで，意見が広がる。なお，教師のほうでは，事後の時間をとって，互いの活発な意見交換を支援する。ロール・プレイングの授業時間でのせりふや意見交換が，この時間だけのものであって，からかいの対象にならないような配慮が必要である。

4 評価を学ぶ

1. 小学校現場での「評価」

子どもたちが手縫いした小物入れ
細かくきれいななみ縫いができていれば「A」，縫い目が粗く，玉どめが浮いてれば「BまたはC」と名簿に記入する。

消費分野のワークプリント
商品の選び方についての子どもの記述を確認しながら，その商品の値段や品質，環境への配慮など，さまざまな考え方が記述されていれば「A」，「値段」のひと言のみ記述されていれば「BまたはC」と名簿に記入する。

上のような事例を読み，どんなことを感じただろうか。初めて評価するときは「作品を1つずつチェックするのだな。大変だな」「作品だけではなく，プリントもA，B，Cとチェックするのだな」などと感じたかもしれない。何度か経験されている場合は「そうそう，人数が多いクラスは大変」「ワークプリントまではなかなかていねいに見る時間がないのが実情だな」「結局はテストの点数がわかりやすいし，情報開示もしやすい」などと，感じているかもしれない。

小学校で「評価」という言葉を用いるとき，「通知票作成のためのデータ」を指していることが多い。しかし，「評価」はもっと大きな事柄を指している。また，小学校で通知票が作成される際，多くの教師がテストの点数を確認している。しかし，テストばかりが通知票の資料になるわけではない。ここでは，「評価」という言葉のもつ意味の広がり，また，重要な課題である「通知票」と絡めた評価の捉え方について考えてみよう。

2. 何を評価するのか

教育における評価とは，「教育に関連した価値判断」の総称である。そのため，「何を」「だれが」「何のため」に評価するのかということが問題になってくる。代表的な評価対象に次のようなものがある。

表4-1　代表的な評価対象

何を評価するのか	
①	子ども 子どもの学びの成果
②	教師 教師の指導
③	授業の展開 カリキュラム
④	学びの環境

このほかにも，その学校の教育方針や学校経営，教育行政システムなどを評価の対象とすることもある。

こうしてみると，はじめに挙げた2つの例は，「評価」のほんの一部であることがわかる。上の4つの例のなかの①「子どもの学びの成果」を対象としており，「だれが＝教師」「何のため＝子どもの学びの成果を示すため」ということになる。しかし，子どもの学びの成果を評価することは，同時に，教師が授業やカリキュラムなどを含んだ教育活動を問い直すことでもある。このフィードバック機能がはたらくことで，教育における評価は教育の質をあげていく機能を果たすことができる。

3. 「子ども」を評価するとは？

上の表の①には，学びの成果のほか，「子ども」も評価の対象として含まれている。学びの成果ばかりが評価されることには問題があり，学びのプロセスを評価する意識をもつ

ことが重要である。なぜなら，同様の成果でも，プロセスが大きく異なるからである。以下の例を見てみよう。

図4-4　手縫いした小物入れの粗い縫い目

A児：となりの席の友だちの縫い方を見ながら，何度もやり直してやっとできた！

B児：早く終わりにしたかったから，ちょっと適当に縫ってしまったなぁ。

図4-5　商品の選び方について「値段」とひと言だけ書かれたワークプリント

C児：買う物を選ぶときはもちろん「値段」！ほかには思いつかないな。

D児：ノートを選ぶなら，枚数や行の幅も気になる。エコマークもあるといいだろうけれど，まあいちばんは「値段」かな。

このように見てみると，完成した作品やワークプリントの記述といった成果だけをみて評価することの限界を感じることだろう。完成した作品やワークプリントの記述を評価してはいけないということではない。重要なのは，これらも重要な評価対象としながら，そのプロセスをみていく努力をすることである。

たとえば，グループでの話し合いにおける言動やワークプリントには記述されないつぶやき，1度書いた記述を消して書き直す姿，となりの席の子の作業のやり方を観察する姿など，学習中のあらゆる場面に評価すべき子どもの姿がある。

このようにして考えてくると，冒頭で述べたように，テストの点数は，子どもの学習の成果をある一側面からみるものであること，テストの点数だけで通知票をつけることの問題点などがみえてくるだろう。

4．目標があって評価がある

評価を子どもへのフィードバックや教師の授業改善につながるようにするためには，目標と評価を対応させていくことが必要である。先に挙げた商品の選び方の例をもとにして，具体的に考えてみたい。

ノートを買う場面を取り上げて，商品を選ぶことを扱った授業を想定してみよう。仮に以下のような目標を立てたとすると，おのずと評価は次のようになるだろう。

> 授業の目標：ノートを買う際，どれを選ぶかを考えることができる。
> 評価：自分なりの考えをもとに，どれを選ぶかを考えることができている。

このような目標を設定した授業では，自分なりに考えていればよいということになる。商品選択の決定までに，どのようなプロセスが必要かということは問題にしていないことになる。そうなれば，左に挙げたC児とD児の例を区別して，評価することはないだろう。

しかし，これで本当によいのだろうか。もしも，C児とD児の評価が区別されるべきだ

4　評価を学ぶ　87

と考えるならば，目標と評価を再検討する必要がある。たとえば，以下のような目標と評価ではどうだろう。

> 授業の目標：ノートを買う際の多様な視点を踏まえて，どれを選ぶかを考えることができる。
> 評価：値段や使いやすさ，環境への配慮など，多様な視点に気づき，それをもとに自分の選択を考えることができている。

これによると，選択できればよいのではなく，そのプロセスを評価することができる。そして，そのように評価するのであれば，おのずとそれが目標に反映され，子どもがその目標に近づくことができるように，どのような教材や情報の提示が必要かを検討することになる。

たとえば，子どもに提示するノートの種類を増やし，値段や使いやすさ，環境への配慮など，多様な視点に気づくことができるような情報を盛り込んだノートを具体的な商品の例として使用することなどを検討し始めることになるだろう。

5. 認知領域と情意領域の目標

目標を考えるとき，「子どもにどのような能力や資質を育んでいくべきか」という根本的な問題にぶつかる。この答えの1つとして，現在では，知識・理解のような認知的要素（認知領域）と関心・態度のような情意的要素（情意領域），技能・動作のような精神運動的要素（精神運動領域）があるとされている（表4-2参照）。

このほかに，「生活を創意工夫すること」，または「思考・判断・表現」というような目標も挙げられ，これらを含めた「観点別学習状況の評価」が日本の小学校では採用されており，いわゆる「通知票」は，これをもとに各学校で作成されている。

表4-2　ブルームの教育目標の分類

認知領域	情意領域	精神運動領域
知識	受容	模倣
理解	反応	操作
応用	価値づけ	精密化
分析	価値の組織化	分節化
統合	性格化	自然化

6. 観点別学習状況の評価

すでに述べたような認知領域や情意領域，精神運動領域などの「領域」という考え方に基づいて用いられているのが，各教科の目標と教材内容との組み合わせで観点を構成する観点別学習状況の評価である。

2017（平成29）年告示の新しい学習指導要領では，資質・能力の3つの柱として，「知識・技能」「思考力・判断力・表現力等」「学びに向かう力・人間性等」が示された。

2016（平成28）年12月中央教育審議会「幼稚園，小学校，中学校，高等学校及び特別支援学校の学習指導要領等の改善及び必要な方策等について（答申）」では，「知識・技能」「思考・判断・表現」「主体的に学習に取り組む態度」の3つの評価観点が示されている。

挙手の回数やノートの取り方などの形式的な活動の評価に終始する傾向を払拭するため，「関心・意欲・態度」を改め「主体的に学習に取り組む態度」とされた。

資質・能力の柱の一つである「学びに向かう力・人間性等」には，感性や思いやりなど幅広いものが含まれるが，これらは観点別学習状況の評価になじむものではないことに言及し，感性や思いやり等については観点別学習状況の評価の対象外とすることを明言している。

つまり，観点別学習状況の評価にも限界があり，それらの部分については，日々の教育活動や総合所見等を通じて積極的に子どもに伝えていくことになる。観点別学習状況の評価において，子どもの資質や能力のすべてが評価できるわけではないことを教師が自覚す

ることは，一人一人の子どものよさを多面的に見て，それをフィードバックしていくためにも重要なことである。

2019（平成31）年1月中央教育審議会初等中等教育分科会教育課程部会「児童生徒の学習評価の在り方について（報告）」において，基本的な評価の考え方や改善の方向性が示された。

「主体的に学習に取り組む態度」について，
①知識及び技能を獲得したり，思考力，判断力，表現力等を身に付けたりすることに向けた粘り強い取組を行おうとする側面と，
②①の粘り強い取組を行う中で，自らの学習を調整しようとする側面，
という二つの側面を評価することが明示された。

「主体的に学習に取り組む態度」の評価の具体については，次項を参照されたい。

「思考・判断・表現」を見取るためには，多面的な評価の工夫が必要であり，論述や発表，話し合いなど，子どもが活用して思考・判断・表現する場面を設けるとよい。

「知識・技能」については，テストの穴埋め問題や実技テストなどをイメージする人もいるかもしれない。

しかし，たとえば，87ページのC児とD児は「知識・技能」という観点からどのように評価できるだろうか。買い物場面における技能とは何だろうか。「知識」「技能」という言葉のもつ意味合いを常に問い返しながら評価活動を行う必要がある。

観点別学習状況の評価について，観点ごとに見てきたが，3つの観点は，毎回の授業ですべて見取るのではなく，学習内容と評価の場面を適切に組み立てていくことが重要である。指導計画と同様，評価に関しても，単元のまとまりを見通した計画が必要になるのである。

7. 目標に準拠した評価

目標に準拠した評価は，学習目標に照らしてその実現の状況を見る評価である。観点別学習状況の評価とは異なる評価を行うわけではなく，「観点別学習状況の評価を，目標に準拠した評価で実施する」ということになる。目標に準拠した評価は，集団に準拠した評価（相対評価）に対するものとして捉えられる。

教師による評価の営みは，ともすると子どもを査定するかのようなまなざしを向けることになりかねないと懸念されることがある。しかし，目標に照らして評価できるということは，ほぼ全員が目標に迫ったならば，人数にとらわれることなく評価できるということである。このことは，子どもの学びを保障する適切な目標の吟味とそれに迫る授業の質が問われることを意味する。習得できなかった場合の原因を，子どもたちの努力や能力に求めるのではなく，指導方法・教材・指導計画・カリキュラムなどの教育活動や目標の設定に見いだそうとする評価活動の実現を，目標に準拠した評価は可能にする。

一方で，目標やその実現の状況を評価する目安の設定や判断は教師によるところが大きいという課題が解消されたわけではない。とくに家庭科のような子どもたちの生活を対象とした教科においては，目の前の子どもたちの生活実態の把握や多面的な認識を土台とした目標を考えていくことが必要である。

子どもの学びの深まりを把握するために，多様な評価方法の研究や取り組みが行われている。たとえば，「パフォーマンス評価」は知識やスキルを使いこなすことを求める評価方法であり，レポートや展示物といった完成作品やスピーチ，プレゼンテーション，協働での課題解決といった実演を評価する。

ほかにも，ルーブリックやポートフォリオ評価などが広まりつつあり，多様な方法を視野に入れて評価を考えていく必要がある。

8. 小学校現場における評価の実際

(1)評価計画

すでに述べた3つの観点である「知識・技能」「思考・判断・表現」「主体的に学習に取り組む態度」だが、単元の指導計画を立てる際、どの授業でどの観点を評価するのか、評価の計画も立てることになる。

確実に児童全員のデータをとることができるのは、ワークプリントまたはノートの記述をみる方法であるが、つぶやきや話し合いの様子や課題に取り組む姿勢など、多面的に見ていく必要がある。ワークプリントについては、どのようなものを作成するかによって、評価できる観点も異なってくる。穴埋め方式のワークプリントであれば、3観点すべてを評価することは難しいかもしれない。しかし、子どもが自由な考えを書き込めるようなものであれば、その意図に応じて、評価のデータとなり得る。また、「思考・判断・表現」を見取るためには、多面的な評価の工夫が必要である。論述や発表、話し合いなど、子どもが活用して思考・判断・表現する場面を設けることが考えられる。

たとえば、第3章3「指導計画はどうやってつくるのか」(49ページ参照)で例示した単元と指導計画を立てた際の評価計画は表4-3の通りである。表に記述した評価の具体については、評価の方法別に(2)と(3)で述べる。

単元名「自分に合った『片づけ』探し」指導計画(全3時間)

①片づけ座談会(1時間)
　　片づけ座談会で片づけに関する現状を気楽に語り合い、共感し合ったり、自分自身について知ったりする。
②「とっておく物」「手放す物」(1時間)
　　身近にある「使っていない物」を時間軸で捉え、付箋で作業しながら「とっておく物」と「手放す物」について考える。
③「わたしの片づけチャート」づくり(1時間)
　　生活におけるさまざまな状況を想像しながら、片づけに必要な行為を見いだす。

表4-3　単元名「自分に合った『片づけ』探し」の評価計画

第1時	評価規準	片づけに関する自分の周囲の現状や自分の取り組みに目を向けることができている。
	評価方法	・【主体的に学習に取り組む態度】座談会への参加の様子→詳細は(2)へ ・【知識・技能】座談会後の記述(座談会を通しての気づき)
第2時	評価規準	物を手放す行為への理解を深めることができている。
	評価方法	・【主体的に学習に取り組む態度】自分の「使っていないもの」について考える作業時の様子 ・【知識・技能】作業後の記述(「使っていないもの」に関する気づき)
第3時	評価規準	状況に応じた片づけのプロセスを検討することができている。
	評価方法	・【主体的に学習に取り組む態度】チャート作成の様子 ・【思考・判断・表現】作成した「わたしの片づけチャート」(片づけの手順や留意点に関する記述)→詳細は(3)へ

---

(2)プロセスの評価

話し合いにおける言動やつぶやき、書く手を止めて考える姿、となりの席の子とのやりとりなど、学習のプロセスにおいて表出される姿は無数にある。授業者には、授業の進行や全体の把握、個別支援、教材の配付等、多様な行為が必要とされるが、その合間に子どもの学習のプロセスを評価することになる。

前掲の表の第1時「【主体的に学習に取り組む態度】座談会への参加の様子」について考えてみよう。たとえば次のような姿をどう捉えたらよいだろうか。「◎」「○」「△」の三段階で評価してみよう。

「③自分の持ち物も親が勝手に片づけている」は、家庭科の目標と照らすと△と捉えると考えるかもしれない。だが、家庭環境や親の教育方針は多様であることを踏まえるのが、家庭科の授業づくりの大前提である。現

> 「片づけ座談会」への参加の様子
> ①親に言われてたまにきれいにするが，すぐに散らかってしまうことを話す姿。
> ②「捨てなさい」と言われるが，何を捨てたらよいのかわからず，困ってしまうことを話す姿。
> ③自分の持ち物も親が勝手に片づけていることを話す姿。
> ④曜日を決めて身のまわりを整頓していることを話す姿。
> ⑤自分の話はしないが，友だちの話をうなずきながら聞いている姿。
> ⑥友だちの話を受けて，「私は〇〇だよ」と自分の場合を説明する姿。
> ⑦手もとの消しゴムで遊んでいる姿。
> ⑧別のグループの友だちとおしゃべりする姿。

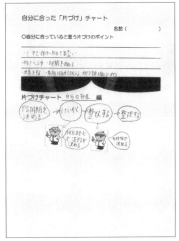

状がどうであるかを評価することは適切でない。そして何より，ここでは前掲の表にあるように「片づけに関する自分の周囲の現状や自分の取り組みに目を向けることができている」が評価規準だから，①〜④は同様に◎と評価することができるのではないだろうか。

「⑤自分の話はしないが，友だちの話をうなずきながら聞いている」や「⑦手もとの消しゴムで遊んでいる」については，子どもの個性に配慮する必要がある。口数の少ない子がいるのは当然であり，単純に発話の量だけで評価することはできない。また，手いたずらは，その子の癖である場合や，緊張する場面での対処法である場合もある。友だちの話にうなずいている，話し手をよく見ている等その他の情報にも目を向ける必要がある。

(3) 成果物の評価

「わたしの片づけチャート」を作成した2人の子どものワークプリントを見てみよう（図4-6参照）。子どもの記述や成果物についても，(2)で述べたことと同様に，子どもの性格や個性をかんがみて評価する必要がある。記述の量だけで評価することは，家庭科の目標や児童理解の視点からも適切ではない。子どもの姿を評価することの難しさを自覚し，絶えず同僚と意見や情報の交換をしたり，研修などを活用したりして，評価について考え続ける姿勢が重要である。

図4-6 子どもが作成した「片づけチャート」

(4) 教師の指導や授業の改善

子どもたちの学習状況の評価は，そのまま教師の指導の評価でもある。「この子はなぜ『△』になってしまったのか」を考える。指導を振り返る際の視点として，たとえば，次のようなものがある。

> ・教材や教具は学びやすく，目標に迫るものであったか。
> ・個別の支援は適切であったか。
> ・教師の発問は学びを喚起したり，子どもの思考を促したりしていたか。
> ・子どもが関わり合いながら学ぶ場であったか。

評価は子どもたちを査定することではない。これらの振り返りが，次の授業の改善へとつながることこそが，子どもたちの学習状況を評価するうえで，最も重要なことである。

Q.5 授業の時間配分や子どもたちへの発問・応答の際に気をつけることは？

A. いちばん大切なのは子どもとの対話・関わり。

　子どもたちの前に立ち，実際に授業をしてみると，1回の授業のなかで配慮すべきことや決断する場面の多さにとても驚くことだろう。

○**配慮すべきことの例**
　・提示した課題や指示が子どもに伝わっているか。
　・理解に時間のかかる子どもへのサポートは適切か。
　・時間配分は計画通りか，修正の必要があるか。
　・グループワークでトラブルが起きていないか。

○**決断する場面の例**
　・提示したワークプリントや資料の使い方に関する質問への対応。
　・想定と異なる反応への切り返し方。
　・想定と異なる反応への対応としての授業構想の修正。
　・時間配分が大幅にずれた際の授業構想の修正。
　・子どもから挙げられた多様な発言のどの発言のどの部分をどのように板書するか。

　教育実習の際には，「途中でどうしたらいいかわからなくなってしまった」「頭のなかが真っ白になってしまった」という振り返りも聞かれる。大切なことは，できる限り周到に準備しておくことと，一方で計画通りにいかない場合を受容する覚悟をもっておくことである。周到な準備は，上に挙げた例のような場面において，大いに役に立つ。しかし，周到に用意したあまり，子どもの反応を無視して計画通りに進めることに専念してしまっては，子ども不在の授業になってしまう。授業が，教師による一方的なものでなく，教師と子どもとの共同の営みである以上，いちばん大切なのは授業での子どもたちとの対話・関わりということになる。以下に，授業における子どもとの対話・関わりの具体を挙げる。

○**決断する場面の例**
　・教師が話す場面では，話しながら子どもたち全体でなく，一人ひとりを見て反応やつぶやきを受け取り，必要に応じて応答する。
　・子どもたちが作業している場面では，その様子を見守り，必要に応じて声をかける。その際，とにかく関わればよいのではなく，必要以上に関わらない意識も必要である。
　・グループワークでは，一人ひとりが参加できているか，趣旨からずれていないかを見守る。グループワークにおける一人ひとりの参加の仕方は多様であり，口数の少ない子どもであっても，友だちの発言に熱心に耳を傾けていたり，じっくり考えていたりすることを含んでおく必要がある。
　・個人作業やグループワークともに，学びを深めるための質問や記述内容，発言に関するフィードバックを必要に応じて行う。

第5章 中学校・高等学校の家庭科の授業を知る

図5-1 男女, 年齢階級別家事関連時間

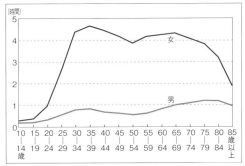

[出典]「平成28年社会生活基本調査 ― 生活時間に関する結果 ―」総務省統計局, 2017年

表5-1　長時間労働の割合（就業者）

(%)
		2005年	2010年	2015年
日本	計	28.1	23.1	20.8
	男	38.1	32.0	29.5
	女	13.8	11.1	9.5
アメリカ	計	―	15.4	16.4
	男	―	20.7	―
	女	―	9.4	―
イギリス	計	12.5	11.6	12.3
	男	18.6	16.9	17.8
	女	5.4	5.4	6.0
デンマーク	計	9.0	8.5	8.4
	男	13.7	12.9	12.0
	女	3.5	3.6	4.3
韓国	計	―	37.9	32.0
	男	―	43.4	37.6
	女	―	30.1	24.5
オーストラリア	計	17.2	15.2	―
	男	24.6	21.8	―
	女	8.1	7.4	―

[出典]「データブック国際労働比較2017 労働時間・労働時間制度」労働政策研究・研修機構

（女性）女性ばかりが家事をやってる。

（男性）でも, 日本の男性の長時間労働の割合はほかの国に比べて高いよね。長時間労働も家事も無理じゃない？

第5章では, 中学生・高校生の家庭科の学びを考える。
多感な時期にある中学生・高校生は, まわりの人と関わりながら, 自分のこと, 社会のこと, 世界で起こっていることについて考え学ぶ。
生徒から見える一つの事実だけではなく, その背景にある社会の出来事を併せて考えるようにする。
生徒自身が社会とのつながりを実感する効果的な家庭科の授業を考えよう。

93

1 中学校・高等学校の家庭科の特徴とは

1. 自分を振り返る

中学校では3年間、高等学校では1年以上家庭科を学ぶことになる。思春期の心の変化の激しい時期に、家庭科を学ぶということが中学生・高校生にとってどのような意味をもつのだろうか。考えてみたい。

中学校・高等学校という多感な時期を過ごす生徒たちにとって、家庭科を学ぶ意味のなかで最も大切なことは、自分を振り返り、自分の置かれている位置を理解するということであろう。

とくに幼少期から現在に至るまで自分が育ってきたなかで、どのような人とつながってきたのかを振り返り、地域や社会のなかでどのように生きてきたのかを考えることが大切である。なぜなら、自分を客観的に捉えて、その後の生活で何を大切に生きていくのかを考えることが、毎日を大切に生き、日々のさまざまな事象に意識的に取り組む姿勢を育むことになるからである。

2. 社会に向かって目を開く

家庭科の学習内容は、すべて社会とつながっているといってよいだろう。生活のなかで関わるモノやことが家庭のなかで完結することはない。たとえば、毎日食卓に上る米はほとんどが日本で生産されたものだが、食品産業全体を見渡せば、原材料として外国産の米も使用されている。米の生産が国に管理されていることや、外国との貿易摩擦の問題にも関わっているなど、考えるべきことは多い。

3. 見えないものを見て考える

私たちの生活は目の前の細かいことに追われ、次から次へと起こる大小の問題に取り組むことが必要とされる。そのため、社会と自分

図5-2 自分を振り返り、社会に向け目を開く

とのつながりは見えにくいものとなっている。

先に示したように、生活のなかにあるモノがどこから、どのようにして自分のところまでやってきたかということも見えにくい。

一方で、身の回りの出来事のなかでも意味は理解できるが、それを実感することは難しい。たとえば、ごみの分別については、多くの人が居住している自治体のルールにのっとって分別しているが、その分別することが持続可能な社会の実現にどのように貢献しているのかは実感しにくい。「私一人ぐらいさぼってもよいのではないか」と考えるのは、その効果が見えにくいからである。

そこで、日常の生活のなかでは気づきにくいことや見えにくいものを授業のなかで気づくような教材を使って、生徒自身が再確認し、友だちとともに考え、意見を交わすというプロセスをたどることになる（図5-2参照）。

4. 体験的に学んで理解する

ここまで見てきたように、家庭科の授業では、自分のことを振り返って自分の位置を知り、さらに社会に向かって目を開き、見えない

ものを見て,自分と社会とのつながりを考える,ということを大切にしている。では,それだけで十分学んだということになるのだろうか。

ここでもう一つだけ考えておきたいのは,自分のこととして考えること,つまり社会で起きていることを「わがこと」として捉えることである。社会で起きている問題を私の問題として捉えることができてはじめて社会に向かって目を開くことになり,見えないものを見て,考える力を身につけるということになるのではないだろうか。そのためにも,体験的に学ぶことを家庭科の特徴として挙げておきたい。

ただし,人は体験するだけで自然と学ぶことはできない。体験を意味ある経験にしていく営みが,家庭科の授業では求められる。

(1) 体と五感を使って理解する

中学生・高校生はインターネットを使って情報を得ることができる。わからないことは検索すれば答えが出てくる日常にある。しかし,体験してはじめて理解することも多い。

たとえば,料理を作るためのレシピはインターネットですぐに検索できる。それを見ながら作ることも可能である。しかし,鍋がどの程度熱くなるのか,塩加減はどうやってみるのか,食材においしく火が通ったときにはどんな匂いがするのかなど,料理をしながら肌で感じ,理解することがたくさんある。現在の生活では五感を意識的に使うことが少なくなっていることから,家庭科の学習のなかで,意図的に五感を使って理解する体験を工夫したいところである。

(2) 生活に有用な技能を習得する

私たちの毎日の生活はさまざまな生活技能を用いることで成り立っている。調理技能や被服を縫う技能・洗たくする技能などである。現在では,これらの技能がなくても困らずに生活できるようになっている。ただし,調理技能や縫う技能などを身につけると,たとえば毎日の食事を手軽につくることができたり,洋服のボタンが取れたものを付けなおす

図5-3 生活における技能の位置づけ

ことができたり生活上のこまごまとした課題にも対処することができるようになる。

家庭科では,小学校から中学校・高等学校と,包丁を使う技能,針と糸で縫う技能など,繰り返し学ぶ技能がある。これらの技能を生活場面でどう使うのかを併せて学ぶことによって,日常生活のこまごまとした課題を解決できると同時に,さらに生活を豊かにするものとなる(図5-3参照)。

(3) 疑問や関心を次の学びにつなげる

人にはやってみてはじめてわかるということがある。たとえば,洗たく物をどう干したら乾きやすいのか,それはなぜかなど,体験することによって疑問や関心が生まれる。これらの疑問や関心こそがその後の学びの原動力になる。

○ 用語 ○ 技能と技術

家庭科では生活に関わる技能(生活技術・技能)を習得するための学びが設定されている。

技能と技術の違いについては,一定した見解があるわけではないが,技能は個人がその人にあった方法で身につけるもの,技術は多くの人が使いやすく標準化されたものという考え方を本書では用いることとする。

---

1 中学校・高等学校の家庭科の特徴とは

資料①

身近な教材から見えにくい現実を理解する授業

筑波大学附属坂戸高等学校　横瀬友紀子

　本校の家庭基礎代替科目「グローバルライフ」の目標である「自分の生活に引き寄せ」て，「世界とのつながりを考える」ために，被服学習においては，生徒に身近な題材として「ファストファッション」を取り上げた。

　ファストファッションには高校生にも手を出しやすいファッションブランドが多く，限られたお小遣いでかっこいい服を調達したいという高校生には興味を引く題材である。実際に高校生は，これらの店舗に足を運んで，それぞれのブランドの特徴もある程度把握して利用している。ただし，そこで販売されている商品がどのような状況のなかでどのような生産過程を経て店頭に並ぶのか，見えにくい現実を理解することを大切にしたいと考えた。

　そこで，ファストファッションを題材として，まず自分と被服との関連を身近に感じながら被服の基本的な知識を習得し，その後のディベートのための調査活動にも困らないようにしたのち，見えない現実を提示した。

1．衣服の役割・着想では自分の普段着ている服に目を向け，生徒相互にインタビューして，その内容については四隅アンケート（教室の四隅を使って生徒を分類して可視化するもの）を用いて全体で確認した。

2．私の服へのこだわりでは「お気に入りの服のメーカー」「服選びの基準」「服の管理（洗たく）」「お気に入りの洗剤」「着なくなったらどうするか」について自分のことを書き出し，生徒相互にインタビューし合った。

3．ディベートでは，ファストファッションが必要か不要かを議論するにあたって，生徒たちは調べ学習を行い，機械的に振り分けられた必要派，不要派に分かれて議論した。

4．ファストファッションの光と影では，製造過程における発展途上国の低賃金・長時間労働の問題について「バングラデシュ・ラナプラザビル倒壊事故＊」を例として提示し，見えない現実に目を向けるように工夫した。

　授業の感想からは，生徒たちがその後の消費行動にも影響を受けた授業であったことがわかる。安易にファストファッションに飛びつくのではなく，消費者として持続可能な視点をもつことの重要性に気づくことが可能になったと考えられる。

ファストファッションを題材とした授業の指導計画

時	学習内容	学習活動
1	衣服の役割・着装	①「持参した服の特徴」について相互インタビュー ②四隅アンケート（素材・原産国に分かれて全員で確認） ③被服材料
2	私の服へのこだわり	「服選びの基準」等，服と自分との関わりついて書き出し，相互インタビュー
3	ディベート「ファストファッションは必要？ 不要？」	ファストファッションについて調べ，要不要をディベート。 5人1組で8グループつくり，1回22分のディベート×4回実施
4	ファストファッションの光と影	①ファストファッションブランドの紹介 ②「安さ」がもたらすものは（メリット，デメリットについて） ③「安さ」を支える生産現場での過酷な労働環境について「ラナプラザビル倒壊事故映像」 ④エシカル＊＊な服の紹介

＊　　1,100人以上が死亡した，2013年4月24日に起きたビル倒壊事故。このビルには5つの縫製工場があり，3,000人以上が働いていた。
＊＊　倫理的。道徳上の。環境や社会に配慮した。

学習指導要領の読み方

1. 中学校家庭科の目標

2017(平成29)年告示の学習指導要領における中学校技術・家庭〔家庭分野〕では、次のような育成がめざされている。

- 生活の営みに係る見方・考え方
- 衣食住などに関する実践的・体験的な活動
- よりよい生活の実現に向けて、生活を工夫し創造する資質・能力

また、具体的には、次のような目標が書かれている。

- 生活の自立に必要な基礎的な理解と技能
- 課題解決学習
- 家族や地域の人々と協働
- 実践的な態度

小学校と同様に「生活の営みに係る見方・考え方」「生活を工夫し創造する資質・能力」「課題を解決する力」「家族や地域の人々と協働」が示されている。

2. 中学校家庭科の内容

学習指導要領における内容をまとめる。
① 3内容に集約して示されている(図5-4参照)。
②「内容の取扱い」に「協力・協働、健康・快適・安全、生活文化の継承、持続可能な社会の構築等」の用語が入れられた。
③ 高齢者の学習は充実が図られ、「高齢者の身体の特徴」「介護の基礎に関する体験的な活動」が加えられた。
④ 衣服について、「日本の伝統的な衣服である和服」と明記された。
⑤ 消費生活・環境については、「消費者被害」「クレジットなどの三者間契約」の文言が入った。

3. 中学校家庭科の指導計画の作成

主な変更点を挙げる。
① 小学校と同じく、文字数も多く、指導計画の作成のあたっては(1)〜(6)、内容の取扱い(1)〜(5)とくわしく書かれている。
② 各項目の授業時数や履修学年は「生徒や学校、地域の実態に応じて」定める記述が加えられた。
③ 障害のある生徒に対する指導内容や指導方法の工夫が示された。

図5-4 2017年告示の中学校学習指導要領

```
A 家族・家庭生活
 (1)自分の成長と家族・家庭生活
 (2)幼児の生活と家族
 (3)家族・家庭や地域との関わり
 (4)家族・家庭生活についての課題と実践
```

```
B 衣食住の生活
 (1)食事の役割と中学生の栄養の特徴
 (2)中学生に必要な栄養を満たす食事
 (3)日常食の調理と地域の食文化
 (4)衣服の選択と手入れ
 (5)生活を豊かにするための布を用いた製作
 (6)住居の機能と安全な住まい方
 (7)衣食住の生活についての課題と実践
```

```
C 消費生活・環境
 (1)金銭の管理と購入
 (2)消費者の権利と責任
 (3)消費生活・環境についての課題と実践
```

すべての教科で目標・内容の示し方の見直しがはかられており、家庭科でも資質・能力ベースで示す工夫がされている。小学校と高等学校の間に位置する中学校で、家庭科で課題解決学習が展開されるためにも、主体的・対話的な学びが求められている。

4. 高等学校家庭科の目標

2018（平成30）年告示の学習指導要領における高等学校家庭では，次のような育成がめざされている。

- ・生活の営みに係る見方・考え方
- ・実践的・体験的な学習活動
- ・よりよい社会の構築に向けて，男女が協力して主体的に家庭や地域の生活を創造する資質・能力

次のような目標が書かれている。

- ・生活を主体的に営むために必要な理解と技能
- ・課題解決学習
- ・様々な人々と協働
- ・地域社会に参画
- ・実践的な態度

生涯発達や社会の文言があるのは，高等学校という発達段階を考慮したためだと考える。

5. 高等学校家庭「家庭基礎」の内容

①4内容に集約して示されている（図5-5参照）。
②設計と持続可能という文言が入った。

図5-5　2018年告示の高等学校学習指導要領

A　人の一生と家族・家庭及び福祉
　(1) 生涯の生活設計
　(2) 青年期の自立と家族・家庭
　(3) 子供の生活と保育
　(4) 高齢期の生活と福祉
　(5) 共生社会と福祉

B　衣食住の生活の自立と設計
　(1) 食生活と健康
　(2) 衣生活と健康
　(3) 住生活と住環境

C　持続可能な消費生活・環境
　(1) 生活における経済の計画
　(2) 消費行動と意思決定
　(3) 持続可能なライフスタイルと環境

D　ホームプロジェクトと学校家庭クラブ活動

6. 高等学校家庭「家庭基礎」の内容の取扱い

①生活の科学的な理解という文言が入った。
②課題解決学習を重視し，将来や地域・社会への視野の広がりを強調している。
③生活を時間的・空間的な視点から捉えるための指導の工夫が提示されている。
④各ライフステージの特徴と関連付けることが明記されている。
⑤食物アレルギーへの配慮，生活文化の継承・創造，リスクの想定・対応の重要性が述べられている。

また，指導計画の作成にあたっては，「生徒の主体的・対話的で深い学びの実現」という文言が見られる。高校生という発達段階を考慮して，家庭や地域及び社会のなかから問題を見いだし，解決策を構想し，実践を評価・改善して，新たな課題の解決に向かう過程を重視する，いわゆる課題解決学習の重要性が強調されている。

7. 高等学校家庭「家庭総合」の内容と取扱い

「家庭基礎」と同じく4内容で構成されているが，とくに各項目のアがくわしくなっている。また，Bが「衣食住の生活の科学と文化」となり，(1)「食生活の科学と文化」となり，アが(ア)(イ)(ウ)と細かくなっている。衣生活・住生活も同じである。

消費・環境については「持続可能な」生活について学ぶように記載されている。持続可能な社会という言葉が明記されているのは，この学習指導要領の特徴だといえる。

なお，「生活デザイン」という科目はなくなった。

学習指導要領の捉え方

1. 学習指導要領と教科書

　日本には検定教科書という制度があり，教科書は学習指導要領に沿ったものとして作成され，検定を受ける。多くの国が，ガイドラインのようなものがあるが，準拠しなければならないという法的拘束力をもつものではない。この学習指導要領に準拠した教科書は，小学校・中学校・高等学校で使われるため，影響力は大きい。

　長所としては，日本の学校教育において，どの地域でも同じ検定教科書を使うので，一定水準の教育を維持できる。一方，短所としては，教科書通りにしなくてはならないと教師が思い，柔軟性をもつ授業展開がなされないということである。

2. 学習指導要領は弾力的に運用する

　2017（平成29）年3月に告示された中学校学習指導要領の総則にも，次のように書かれている。

> ……生徒の人間として調和のとれた育成を目指し，生徒の心身の発達の段階や特性及び学校や地域の実態を十分考慮して，適切な教育課程を編成するものとし，これらに掲げる目標を達成するよう教育を行うものとする。（下線は筆者）

　同時に告示された小学校学習指導要領総則にも，「生徒」が「児童」に変わって同じ文章が示されている。これは，学習指導要領に基づきながらも，児童・生徒や地域の実態を考慮して教育課程編成を行うことを述べている。

　2006（平成18）年に成立した教育基本法の第16条にも，「教育は不当な支配に服することなく……」という文言が引き続き明記されている。

3. 学習指導要領と教師の実態

　学習指導要領では，「社会に開かれた教育課程」という文言が明示されている。これは，学校は社会・地域とつながっていることを指しているようだ。また，小学校の英語教育の教科化・道徳の教科化など大きな改革や思考力や表現力の重視が盛り込まれた。「何を教えるのか」ではなく「何ができるようになるのか」への転換や，課題解決学習の導入も特徴としてあげられている。「本質的な問い」や「パフォーマンス課題」などにも取り組み，教材や授業方法の工夫によって，学習指導要領の趣旨を理解することが必要である。

　ただし，高い理念を掲げても，教師の疲弊感の増加に結びつき，限られた時数のなかでどのように実現できるのか懸念が残る。大切なことは，教師は学校のなかに閉じこもっているのではなく，目の前の子どもたちが授業のなかで何を学んでいるのかを注視しながら，教育にあたっていくことである。子どもたちの実態は変化している。大切なことは，子どもたちの目線に立って，何を学んでいるのかを知ることである。

3 評価を考える

1. 評価のもつ意味

授業をつくるにあたって，目標を設定し，指導方法を考える際に，切っても切れないのが評価のことを考えることである。

評価は学習の成果として数値で示される印象が強いが，本来は教育活動のなかでは目標や指導方法と関連して，以下の4つの役割を担っている。

①生徒が学びのプロセスを振り返る。
②生徒や教師が学習目標に対する達成度を見極める。
③生徒が次の学習への意欲をもつ。
④授業を改善し，よりよいものにする。

とくに家庭科の場合，生活に関わる技能や知識を単に習得するということではなく，実際の生活上で有用な知識や技能を習得し，定着しているかを評価する必要がある。

また，④に示したように授業の改善に寄与する評価とは，結果として教師が自分自身の授業をよりよくする活動の一環となることを理解しておきたい。

2. 知識や技能の習得をどのように考えるか

家庭科において評価を考える際に，確認しておきたいのは評価の対象となる学習内容や，そこで習得する知識や技能，課題解決能力の特徴についてである。家庭科の学習はただ一つの答えを探究するということではなく，その後の生活で習得した力がどのように有用なのかという点を大切にしたい。

つまり，これらの知識や技能，課題解決能力を習得するということは次の3点において有用である。

(1) 選択肢を広げる

人生は課題解決の連続である。小さな事柄から，大きな人生の決断まで，問題を目の前にして，解決を図りつつ，決断を幾度となく繰り返していくことになる。

そこで，家庭科で学んだ知識や技能，さらに課題解決能力を身につけていれば，このような課題解決，および人生の決断の際により多くの選択肢のなかから考えることが可能になる。

とくに生活上の技能はその選択肢を広げてくれる。ただし，これらの知識・技能は状況に応じて選択すること，その場面に応じて課題解決を行うことが重要になる。そのためにも，単なる知識の羅列や，熟達したワザを習得することに意味はない。

(2) 生きて働く知識・技能を身につける

状況や場面に応じて有用な知識・技能とは，一般的なだれにでも通用するものではなく，自分の現実の生活場面で実際に使えるものである。もちろん，生活上の知識・技能にはス

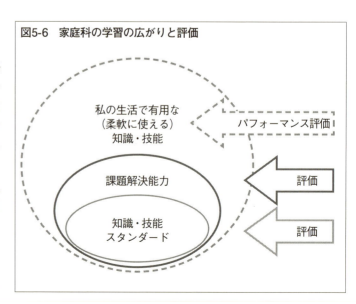

図5-6 家庭科の学習の広がりと評価

100 第5章 中学校・高等学校の家庭科の授業を知る

タンダードがある。家庭科ではまずはこのスタンダードを学ぶことになっている。しかし，これらの知識・技能はあくまでも多くの人に有用なものであり，個別の事例や状況には十分に使えないことも多い。

そのため，生徒自身がスタンダードを学んだ上で，自分の理解したことを言語化し，自分の生活で有用な知識・技能にしておくことが必要である。

(3)柔軟に使える知識・技能にする

自分の生活場面を想定して知識・技能を習得するということは，つまり，柔軟に使える知識・技能を身につけるということである。自分の身につけた知識・技能は核となるスタンダードな形にして保存しておくが，その身につけたものが型にはまったかっちりしたものになってしまうと，応用するのが難しくなる。

つまり，いったん身につけた知識・技能は絶対的なものではなく，柔軟に活用するという姿勢が必要である。このことは学ぶ段階から意識すべきことで，絶対ではなく，スタンダードを学ぶということを理解する必要がある。そして，実際の知識・技能を用いた課題解決の方法も試行錯誤しながらさまざまな道筋をたどって身につける学習になるとよい。

3. 実際にどのように評価するか

以上のような家庭科の学習で習得すべき知識や技能また能力は，どのように評価するのであろうか。ここで再確認しておきたいのは，一般化された基本的な事項を学ぶことも大変重要であるということだ。これはかつて行われてきたような知識の定着度を測る評価や，実際に実技テストをして技能の定着度をみるなどの評価方法で測ることができる。

一方で，課題解決能力を評価するためには，実際の場面を想定して，課題の解決に際して学習した内容も含めてどのような知識や技能を用いるのかを評価する必要がある。パフォーマンス評価や，ポートフォリオを用いた評価，ルーブリックに基づいた評価などが考えられ

る(図5-6参照)。以下に，授業で利用可能なこれらの評価の方法を説明する。

(1)知識の習得に関する評価

たとえば，ビタミンの種類とその摂取の過不足で起こる症状を知識として覚えておく必要があるだろうか。また，必須アミノ酸の名前をすべて覚えておくことが必要だろうか。それらはもちろん覚えておいて損にはならない。

しかし，限られた授業時間内で，生徒が理解できて記憶できる知識の量にも限りがある現状では，必要とする知識に優先順位をつけて授業を構成することが必要であろう。そのような優先順位は目の前の生徒の実態から見いだされるものでもある。

(2)技能の定着を図る評価

1クラス40人で調理や被服の製作などの授業をしていると，努力をしてもなかなか技能が身につかない生徒がいる一方で，生まれつき手先が器用で，あまり努力を要さない生徒もいることに気づく。

このようにスタート地点で技能レベルが異なる生徒たちがいる場合に結果(作品の出来栄え)だけをもって評価してもよいのだろうか。努力はどのように評価すべきなのだろうか。

調理技能の習得について，学習プロセスをみた河村美穂らの研究では，試行錯誤して自分の技能として習得したことは，その後の定着がよいということがわかっている[28]。つまり，苦労して努力を重ね，自分を振り返りながら習得することが確実な技能として身につくということである。このことからすれば，技能の定着はその学習プロセスを十分に考慮して評価するようにしたい。すなわち，振り返りを行いながら自分の技能の足りない点，上達した点を生徒自身が実感することや，他者との比較で上達に必要な条件を見いだすような学習活動に取り組ませるなど，評価と学習活動が密接に結びつくことが必要である。

(3)パフォーマンス評価

ここまで述べてきたように家庭科ではスタンダードとされる知識や技能の定着を評価す

3　評価を考える　101

るだけでは十分ではない。そこに課題解決能力を駆使し，生活のなかで知識・技能が柔軟に使えるかどうかを評価したい。それにはパフォーマンス評価が有効である。

生活場面に即したパフォーマンス課題を設定し，その解決段階でパフォーマンスの質を一定の基準（ルーブリック）に基づいて評価する方法である。この場合に，ルーブリックは課題を解決するために到達すべき目標を示すものともいえる。ルーブリックは学習目標と表裏の関係にあり，学習者である生徒が十分に理解しておくべき内容でもある。

4. 何をどのように評価するのか明示する

先に述べたように，評価という営みは教師が生徒の学習の出来具合を一方的に見極めるのではなく，生徒にとっても自身の能力の獲得や，その後の学習につながる意欲をもつためのものである。そのため，生徒にとって抜き打ちで評価されることほど，がっかりすることはない。生徒は何よりもまずその授業の学習目標を十分に理解し，その到達目標に向かって学習し，その結果がどの程度到達したのかを自分でも実感し，教師や友人からの評価を受ける。

そう考えると，授業のなかでは教師が到達すべき目標や具体的に獲得すべき知識・技能についてていねいに説明する必要があり，生徒と教師の間のコミュニケーション（やりとり）が重要となる。教師にとって大切な仕事は生徒が目標に向かう学習活動のなかで不足する部分を補い目標に導くことである。

抜き打ちで示されるものではなく，生徒も教師もともに共有できる評価規準を示すことができれば，よりわかりやすい教育活動になる。具体的には，その時間ごとの目標や単元の学習目標を生徒にわかりやすく示して，その目標に至る学習のプロセスも見通せるようにしながら，評価の観点を明らかにすることが重要であろう。また可能な場合には，評価

規準そのものを生徒と教師が一緒につくることも考えられる。

5. 自己評価能力を高める

家庭科で学んだことを評価する場合に，生徒自身が学びのプロセスを振り返り，実生活で使えるかどうかを見極めるということが重要である。そして，自己評価能力を高めることは必然である。

自己評価能力は，繰り返し練習しながら身につけるものであり，他者との比較からも理解するものである。具体的には以下のような項目を使って振り返りを行うとよい。

自己評価の具体例

学習活動について記述するタイプの
自己評価項目例（調理実習振り返りシート）

今日の調理実習について書いてみよう。
①今日の実習でやったことを書き出そう。
（　　　　　　　　　　　　　　　　）
②身についたと思うことは何ですか。
（　　　　　　　　　　　　　　　　）
③実習中に考えたことは何ですか。
（　　　　　　　　　　　　　　　　）
④今日の実習を終えての感想を。
（　　　　　　　　　　　　　　　　）

相互評価の具体例

発表活動での他班への評価項目例

①発表した班が伝えたいことは何ですか。
（　　　　　　　　　　　　　　　　）
②発表を聴いて考えたことは何ですか。
（　　　　　　　　　　　　　　　　）
③発表内容でわからなかった点を書き出しましょう。
（　　　　　　　　　　　　　　　　）
④自分の発表に生かしたいと思ったことは
（発表の方法・内容の整理の仕方など）。
（　　　　　　　　　　　　　　　　）

パフォーマンス課題の例

家庭での観察を通して，家庭内の家事の種類をあげ，そのうち３つを選んで担当者からそれぞれの家事のこつを聞き取り，だれが担当する場合にも役に立つような手順書（マニュアル）を作ろう。

4 教材研究から指導案へ

1. なぜ教材研究が重要なのか

家庭科は小学校高学年から中学校・高等学校まで必修科目として学ぶ。生活に関わることを発達段階に沿って学ぶことができるこのような例は世界の国々のなかでもほかにない。

そこで重要なのが、いかに学習内容を精選し教えるかということである。中学校では技術・家庭科という教科の家庭科分野で、少ない時間数のなかで多くの内容を扱っている。

高等学校では普通科の場合、家庭基礎、家庭総合のどちらかを学校で必修科目としていることが多い。現在では多くの学校で、家庭基礎を必修科目としている。そのため、高校3カ年のうち1年のみで家庭科の必修科目を学ぶことになる。しかも内容は多くあって、すべてをまんべんなく教えることは不可能に近い。

学習内容を精選するために、以下の2点が必要となる。

(1)生徒の実態を把握する

家庭科を教えようとする生徒はどのような生徒であろうか。どんなことに興味をもっているのであろうか。日頃からよく見て実態を把握しておくことが大切である。なぜなら、生徒が興味・関心をもって学ぼうとする教材を用意することが、授業づくりでは大切なことだからである。

(2)教材研究をする

家庭科の内容は多岐にわたる。衣食住の生活に関すること、家族や家庭に関することなど内容も扱いもさまざまである。そこで、教えるべき内容の全体を理解し、一方で一つひとつの学習内容についてもくわしく理解しておくことが必要になる。

学習指導要領には、何をどこまで扱うのかが明記されているが、実際にどのような教材を使って、どのような方法で教えればよいのかは、その分野について研究し、生徒をよく理解する必要がある。

教材研究は、教師自身が対象とする教材の内容を学ぶことであるが、その際に常に学習者である生徒たちのことをイメージしながら「これは難しいかも」「こうしたらわかりやすいかな」「これはどうしても学んでほしい内容だ」「学ぶ順序はこうかな」などと考えながら研究するものである。

とくに中学校・高等学校の家庭科では、一つの問題に対して多面的にアプローチするなど教材と社会状況との関連も含めて深く理解することが必要である。さらに、中学生・高校生はリアリティーのない授業内容には興味を示さない。

2. 教材研究から指導案作成までのプロセス

通常、教師は生徒の実態を思い、学んでほしいことや学習後の生徒像を思い浮かべながら教材研究をする。ただし、新任期の教師は知識を十分にもっていなかったり、初めて指導案を作成する教育実習生は目の前の子どものことをよく理解していなかったりするため、教材研究そのものが難しい作業となる。

そこで、教育実習生も新任期の教師も学習内容についての知識が十分でないことを克服することをめざして、まず学習内容の全容を理解するために教材研究をし、そこから何をどのように教えるのかを考える必要がある。

このように教育実習生や新任期の教師はその多くが、教材全体を知るために教材研究を行い、その後に学習目標を設定し、生徒の実態に合わせて教材の選択と方法を考えるというルートをたどる（ルートA）。

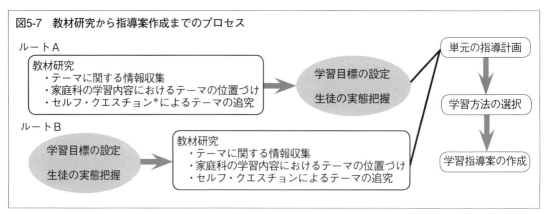

図5-7 教材研究から指導案作成までのプロセス

＊自問自答。内なる会話。

それに比べて、すでに経験のある教師は先に目の前の生徒をイメージしていることもあり、ある程度の知識もあるため、学習目標が設定されており、その目標に沿って焦点化して教材研究を行うという特徴がある（ルートB）。

なお、経験のある教師でも、それまでに扱ったことのない新しい題材を用いる際には、ルートAのプロセスに近いものをたどることになる（図5-7参照）。

3. ルートAの場合の教材研究の方法

ルートAの教材研究の方法を考える前に、授業実践を創るという営みにおける家庭科教師の役割を明らかにしておきたい。

（1）教師の2つの役割

図5-8は授業の目標設定までを示したものである。ここでデザイナーとエキスパートを囲んである部分が、家庭科教師の役割を示すものである。日常的には家庭科教師が2つの役割を担っていることは意識されないが、厳密には異なる2つの役割をもって授業を行っている。

1つは、学習者（自分の目の前の子ども）の実態や特徴をよく理解して、どのような方法が生徒にとって効果的なのか、どの内容であれば生徒が理解できるのかをよく知っている人、デザイナーである。

もう1つは、学習内容についての知識をよく知っている人、エキスパートである。エキスパートはその道の専門の人であり、その分野のことは何でも知っているが、それを授業として組み立てることは必ずしもできない。もっている知識をデザイナーに提供し、デザイナーが学習内容を絞り込むときにアドバイスをする役割を担う。

家庭科の学習内容は多岐にわたり、地域に関わる教材や、福祉に関する教材など未知の分野を扱う場合も多い。その際にその分野の専門の方にお話をうかがったり、関連する資料をいただいて教材研究を深めたりするということはよく行われていることである。この教材研究の方法は、家庭科の教師がエキスパートに教えを乞い、エキスパートに近づこうとする営みであるといってよいだろう。

このように1人の家庭科教師がこの2つの役割を担うことは普通に行われているが、と

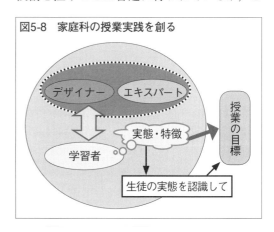

図5-8 家庭科の授業実践を創る

104　第5章　中学校・高等学校の家庭科の授業を知る

くに新任期の教師の場合は，エキスパートとしての役割を担う能力が十分に備わっていないために，学習内容について深く学ぶということが必須なのである。また，生徒の実態や特徴を理解することも，経験が浅いゆえに十分ではない。デザイナーとしての役割も家庭科教師の先輩や，まわりの同僚の先生に教えてもらいながら身につけていくということが求められるのである。

(2) 全体を理解し，テーマを焦点化する

ルートAに示した教育実習生や新任期の教師が行う教材研究の方法について，具体的に説明してみよう。

まずは教材研究の範囲を確定する。図5-9は，「食事と栄養」に関して教材研究した場合である。調べられそうなこと，理解をしておきたいことなどが複数あげられている。これらはまず全体の見取り図として理解してほしい。さらにこれらすべてを指導計画に入れる場合には，すべてについて教材研究したいが，通常はこの一部が学習内容となるため，全体を研究対象としながらも，指導計画に用いる一部分の内容を重点的に研究することになる。たとえば，「食品に含まれる栄養」「食品群」「食品群別摂取量の目安」を本単元の指導計画に入れ込む部分とすると，これらを重点的に研究する（囲み部分）。

この場合に，最初から「食品に含まれる栄養」「食品群」「食品群別摂取量の目安」のみを研究することと，このような見取り図をつくって，ほかのことも視野に入れながら教材研究する場合では何が違うのだろうか。

実は，全体の内容を見通すことによって，より適切な内容を選択し，学習の順序を吟味して指導計画を立てることができるようになるのである。この例では「食品の特徴」「食品の調理性」について知ることが，「食品群」を理解し，実際に調理をする際に役に立つことになる。見取り図にあるすべてのことを教えるわけではない。しかし，教師は関連する内容を視野に入れて学習内容を選択しなければならない。常に全体の見取り図をもっておく必要があるのである。

このように，教材研究は，簡単に効率よく行うのではなく視野を広げながら，学習内容の位置づけに注意して行うものである。

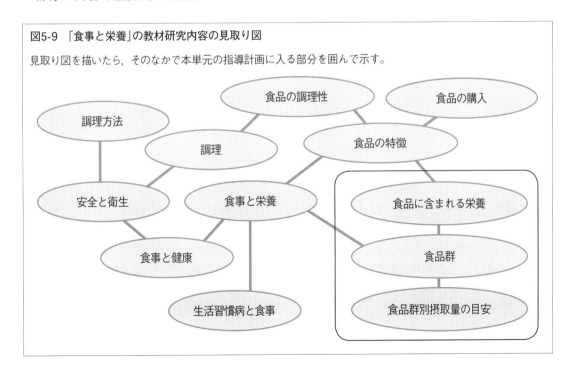

図5-9 「食事と栄養」の教材研究内容の見取り図

見取り図を描いたら，そのなかで本単元の指導計画に入る部分を囲んで示す。

●指導案をチェックしてみよう。

指導計画（全7時間）
1（本時）　食品に含まれる栄養・食品をどれだけとればよいのか
2　　　　毎日の家族の献立のつくり方
3　　　　食品を選ぶ基準，購入の際に気をつけるポイント
4・5　　　安全に衛生的に調理をする方法と計画
6・7　　　肉を使った料理と緑黄色野菜の調理実習

本時の目標　食品に含まれる栄養素の特徴を理解し，1日に必要な食品の量を知る。

本時案（1／7時間）

	学習内容	時間	学習活動	備考
導入	五大栄養素と3つの食品グループ（小学校の復習） 学習課題の把握	3分	板書にある五大栄養素，3つの食品グループについて思い出す。 音読して課題を確認する。	マグネットカード 五大栄養素・3食品グループ
	学習課題：食品を分類し1日に必要な量を知ろう。			
展開	6つの食品群 ①魚，肉，卵，豆・豆製品 ②牛乳・乳製品，小魚，海藻 ③緑黄色野菜 ④そのほかの野菜，果物 ⑤穀類，いも類，砂糖 ⑥油脂	25分	6つの食品群の特徴を知る。 ①主にたんぱく質を多く含む ②主にカルシウムを多く含む ③主にカロテンを多く含む ④主にビタミンCを多く含む ⑤主に炭水化物を多く含む ⑥主に脂質を多く含む	ワークプリント
	ビタミン不足について 食品群別摂取量の目安 1日分摂取例 油脂の摂取過多について 3群緑黄色野菜の摂取不足について	12分	日本人に不足するビタミンについて解説を聞いて理解する。 食品群別摂取量の目安がどのように設定されているのかを理解する。 1日の食事の摂取例から確認する。 油脂を知らないうちに多く摂取してしまうことを理解する。 3群の緑黄色野菜の摂取が不足していることを調査結果より理解する。	国民栄養調査の一部資料
まとめ	振り返り感想。 本時の内容をまとめ，確認する。	10分	各自で振り返り作文を書く。 可能な範囲でクラスで共有する。	ワークプリント

　この指導案を見て足りないところ，もっと修正をした方がよいところを考えてみよう。考える観点は以下のとおりである。

①指導計画のどこに位置づけられるのか。前後の授業とのつながりはとれているか。
②本時の学習目標を達成する内容・方法になっているか。
③この学習内容・方法を実施するのに時間設定は適当か。

④導入は生徒の興味・関心を引きつけるものになっているか。
⑤学習活動は生徒が主体的に参加できるものになっているか。
⑥授業に必要なワークプリントや資料は準備されているか。
⑦教師が一方的に説明するだけの授業になっていないか。
　この他にも気づいたことについてあげ，見直してみよう。

106　第5章　中学校・高等学校の家庭科の授業を知る

4. 学習指導案作成にあたっての ポイント

前ページの指導案をもとに，指導案を作成する際のポイント，つまり授業を組み立てるときのポイントを説明する。

(1) 内容と順序(方法)

栄養の学習は単調になりがちである。教師が一方的に解説するのではない班活動が工夫できないだろうか。学習課題「食品を分類し1日に必要な量を知ろう」を達成するためには，学習後の生徒の像をイメージし適切な学習活動を選択する。

(2) 導入を効果的に

導入はその授業への興味をもたせるという意味で大変重要である。ただ学習目標を提示するのではなく，偏った食事の写真を見せて気づかせるなど，わくわく・もやもやするような導入が工夫できないだろうか。

(3) 知識の習得・考えることのバランス

教材研究を行って学習内容を選択する際には，ついつい知っていることをすべて教えたくなる。しかも生活上必要と思われる知識を羅列してしまいがちである。それでは生徒は消化不良を起こしてしまう。目の前の生徒に

とって必要な知識に順位をつけ，本当に必要な内容だけで授業のストーリーをつくる。同時に油脂を多くとってしまう原因を話し合うなど思考を深めながら知識を習得するようにしたい。

(4) 主体的な活動を取り入れる

知識は生徒の生活のなかで活用されてこそ生きて働く知識になる。そのためには，生徒自身が主体的にその知識を獲得するような学習活動が求められる。生徒が自分のこととして問題を捉え，主体的に学ぶために，家庭科では食べてみる，触れる，やってみるなど身体活動を伴うさまざまな活動を工夫することができる。さらに単に調べておしまいにするのではなく共有したり，話し合いの内容を整理したりすることが必要である(資料5-1参照)。

(5) 指導案に加えて

授業を組み立て指導案を作成したら，板書計画を書いてみよう。その授業のゴールが明らかになるはずである。また，ワークプリントを作成して，答えを書き込んでみよう。ワークプリントは単に記録するツールではなく，学習の履歴を示すものと考えるとよい。

資料5-1 調べ学習・話し合い活動の問題と教師の役割

☆調べ学習・話し合い活動の問題点は以下のように整理できる。

	問題点	解決法の例
調べ学習	①レポートにまとめておしまいにする。 ②調べる方法がいつも同じである。 ③各自または各グループで調べた内容・研究内容が学級全体で共有されない。	◆調べた内容と自分の考えを分けて書く。 ◆内容によってはインターネットを用いて検索する。 ◆ポスターによる発表を行う。
話し合い活動	①話し合いをして，発表をするだけでおしまいにする。 ②話し合いの方法がいつも同じである。 ③話し合い，発表において生徒が語り合い聞き合うことができない。	●話し合いをするためのツール(資料・読み物など)を利用する。 ●意見をカードに書く，分類する，まとめるなど，ワーク(活動)を取り入れ話し合う。

☆調べ学習・話し合い活動における教師の役割は？
[1] 調べ学習・話し合いの目的を明確に示す。
[2] 調べ学習や話し合いで生徒から出された意見内容を整理する。不足分を補う。
[3] 調べる方法，発表方法がワンパターンにならないように気をつける。
[4] 調べて発表した内容・話し合った内容をわかりやすく整理しポイントを説明する。

Q.6 公共（社会科）と家庭科の関連は？

A. 公共は，社会や世界に広がる学びであり，家庭科は自分と具体的な他者を社会や世界とつなぐ学びである。

公共（社会科）への期待

　家庭科は「公共」（社会科）とどのような関連があるのだろうか。2000年代に入って，世界各国でシティズンシップ教育（市民性を育む教育）が展開されている。わが国では，2006（平成18）年に経済産業省から「シティズンシップ教育宣言」が出され，2015（平成27）年には18歳選挙権の改正公職選挙法が成立した。高校3年生のなかに選挙権をもつ生徒がいるということは，若者の政治参加のための学習がより差し迫った課題となる。

　そのため，高等学校新設科目「公共」への関心も高く，日本学術会議の提言には「公共」への期待だけでなく，他教科や特別活動との連携や地元の老人ホームなどへの訪問によるリアルな学習が提示されている。

公共（社会科）とつながる家庭科

　家庭科は家族や家庭の生活に軸足を置いてきた。小学校教科書を見ると，社会科には学校を中心に近隣地域が，家庭科には子どもの住まう家を中心に近隣地域が描かれている。「公共」がめざす「社会に出る前に，家族や社会におけるジェンダー問題や国際社会におけるダイバーシティ推進を自分の生き方と結びつけて考え，固定的な性別役割分担意識を克服する」[29]には，家庭科の学習が大きく寄与できると考える。

　子育てや高齢者，衣食住のライフ・スキル（家事を含む生活を作る力）とライフ・リテラシー（生活を読み解く力）を学ぶからである。男女で協力する家族・家庭を生き方として望んでいても，実際に冷蔵庫にある材料で食事を作れなかったり，子どもの年齢に応じた食事を整えたりすることができなかったら，買って済ませることになる。問題なのは，それが本当に自分や子どもにとってよりよいものかどうか判断せず，急速に強まっている経済の流れに任せてしまうことである。

男女共同参画社会，持続可能な社会の実現に大切な家庭科

　2017年の日本のジェンダーギャップ指数は114位であった。1位のアイスランドと比べると，日本では健康で質の高い教育を受けた女性が経済的政治的参加をしていないことがわかる。「公共」が追究する5つの項目を，家庭科ではたとえば，図5-10のようなテーマで学ぶことができる。家庭科は子どもたちが市民性を獲得するうえで自分と結び付けて学ぶので，「知っている」だけでなく，「行為・行動に生かせる」学習となり得る[30]。

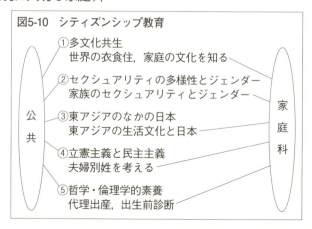

図5-10　シティズンシップ教育

① 多文化共生
　世界の衣食住，家庭の文化を知る
② セクシュアリティの多様性とジェンダー
　家族のセクシュアリティとジェンダー
③ 東アジアのなかの日本
　東アジアの生活文化と日本
④ 立憲主義と民主主義
　夫婦別姓を考える
⑤ 哲学・倫理学的素養
　代理出産，出生前診断

第6章 中学校・高等学校の家庭科の授業をつくる

あなたは生活を楽しんでいるだろうか。家庭科は食べることや着ること，住まうこと，買うこと，使うこと，他者とともに生きることについて，自分や家族，地域や社会に暮らす人々の生活をより豊かにすることをめざしている。この章では，中学校・高等学校の授業づくりについて学んでいく。よりよい生活や生き方を探究することは楽しいものである。授業づくりを通して，あなた自身の生活に対する見方や考え方が変化することもあるだろう。「もっと知りたい」「もっと考えてみたい」など，生徒と一緒にわくわくする授業を創っていこう。

家族の授業をつくる

1. 中学校・高等学校における「家族・家庭生活」

(1) 個人の生き方や「家族」はいろいろ

私たちはそれぞれ違った「家族」を生きている。「家族」の形はいろいろあるし、家族のなかの関係性も「家族」によってさまざまである。さらに「家族」をつくる場合もあれば、「家族」をつくらない場合もある。いろいろな生き方をする人たちが集まって、社会をつくっている。

(2)「家族」をどう捉えるか

こうした認識のもとで、「家族」を学校教育のなかでどのように扱っていけばいいだろうか。

大切なことは家族の「普通」や「理想」のあり方をできるだけ設定しないことである。家族を「普通」や「理想」という枠組みで捉えることは、同時にその枠組みの外にある家族を「普通ではない」「理想ではない」と位置づけることになる。たとえば、授業のなかで家族の「普通」や「理想」を提示することで、「自分の家族は『普通』ではない」という意識を抱いて

しまう子どももいるかもしれないし、クラスのなかで「普通」でない子どもへのネガティブな見方などをつくりだしてしまうかもしれない。

そのためには、まずは教える側自身が家族についての「普通」や「理想」と考えられていることを一度疑ってみることである。これは家族についての常識、当たり前と考えられていることからいったん距離を置き、多様な視点から個人や家族を捉える作業である。

2. 家族を捉える視点

(1) 個人・家族・社会をつなげて考える

「家族」の問題について考えよう、と問いかけた場合、多くの子どもは家族のなかの関係性に焦点を当ててしまい、家族の外（家族を取り巻く制度や法律などの社会の仕組み、社会に共有される価値や規範など）に目を向けることはなかなか難しいだろう。

しかし、個人や家族は社会と相互に関わり合いながら存在している。そのため、家族の問題を考えるときは、その家族を取り巻く社会がどのような状態にあり、それがどのように家族と関わっているかを考えさせる必要がある。

たとえば、現在、日本では子どもの貧困（相対的貧困）が広まり、社会問題となっている。貧困の原因については、親の努力不足や自己責任の問題として捉える立場もある。

しかし実際には、ほとんどの親や保護者は、子どものために一生懸命働き、がんばっている。働いているのに生活が苦しいという人が日本にはたくさんいて、近年増えている。その理由は社会の仕組みにある。社会全体の賃金水準が低いことや、企業が正規雇用で雇う人を減らし、非正規雇用（パートやアルバイ

ト，派遣など）で雇う人を増やしていること
などがあげられる。

したがって，貧困の問題について考えると
きは個人や家族の問題としてではなく，それ
を生み出す社会の仕組みの問題として捉える
必要がある。

このように家族の問題を考えるとき，焦点
の当て方を「家族のなか」から「家族と社会と
の関係」に広げると，問題の本質が見えてき
て，個人の問題ではなく，みんなで考える社
会の課題として捉えることができる。

こうした授業づくりのためにも，教える側
は日頃から新聞やニュースに触れるなどし
て，家族に関連する制度や社会の状況を把握
し，社会の仕組みを捉える視点を養っておく
ことも大切である。

(2)他文化と比べる

諸外国の家族と比較することは，日本にお
ける「当たり前」の家族の姿を相対化するこ
とに大きく役立つ。

たとえば，授業のなかで「夫婦は結婚によっ
て成り立つ」という「常識」について考えてみ
よう。統計データなどを用いて諸外国と比較
させると，日本は婚外子（法的に婚姻関係に
ない夫婦の子ども）の割合が諸外国に比べて
とても低く，おそらく多くの子どもたちが抱
えている「常識」が，日本から一歩外に出ると決
して常識ではないことを理解できるだろう。

同様に，日本では結婚した夫婦は同じ姓を
名乗るのが当然と考えられているが，世界で
は同姓しか認めない国はとても少なく，決し
て当たり前のことではない。

ほかの国と比較することは，自分たちの「当
たり前」から離れ，個人や家族の問題を別の
角度や新しい視点から捉えることを可能にす
る。ネットでOECDが提供するデータを検索
したり，最近では世界地図を用いて各国の
データを紹介する本なども出ているので活用
したりしてほしい。

(3)ジェンダーの視点から家族を捉える

社会における性別による「区別」は，単に

人々が2つのカテゴリーに分けられることを
意味するわけではない。

たとえば，112・113ページに示したように
授業のなかで統計データなどを用いながら社
会全体の仕組みのなかでの男女の格差につい
て考えてみよう。

政治における意思決定の場にいる女性（国
会議員など）の割合の少なさや男女の賃金格
差など，社会全体の仕組みが女性にとって不
利なものとなっていることがわかる。さらに
諸外国と比較することで，日本ではこうした
格差が世界的にみても，とても大きいことが
わかる。

つまり，「区別」の中には，こうした格差を
生み出す仕組みが含まれている。しかし私た
ちは普段こうした「区別」を当たり前のこと
として，とくに意識せずに生活していること
が多く，格差として認識されにくい。

家族をジェンダーの視点から捉える授業
は，「当たり前」のなかに潜むさまざまな社会
的課題に気づくことにつながる。同時に男女
問わず，自分たちの生き方の選択肢を広げる
可能性を示すことにつながる。

3. 多様な生き方，家族を考える

子どもたちに，これからの生活における選
択肢をできるだけ多く示すことができるよう
な授業をするためには，どのような方法が考
えられるだろうか。

さまざまな角度から家族を捉えられるよう
な材料をできるだけ多く提供できるようにし
たい。

新聞記事や視聴覚教材，書籍等も用いなが
ら，それぞれの環境にいる子どもや家族が尊
重されるような形で紹介し，生き方の多様性
を考えていくことが必要だ。

最近は，家族の多様性を描いた絵本なども
あるので活用してみよう。

資料①

高等学校における家族の実践例

1. 単元名「家族と社会」(第3学年)

2. 単元設定について
　　自分の生活経験からのみ家族を捉えてしまうと，どうしても視野が狭くなり，偏った見方をしてしまう可能性を否定できない。自分と家族，社会とのつながりに気づいたり，自分や家族について多様な視点から捉えることができるよう，可能な限りさまざまな角度からの知識や情報を提供し，自分の生き方のヒントとなるようにしたい。

3. 単元の目標
・家の仕事の内容や分担について考える。
・さまざまな情報手段を活用して，家族の生活の課題が社会の課題とつながっていることを理解する。
・家族の法律について理解することを通して，家族や社会の課題や課題の解決に向けた方法を考える。
・いろいろな家族の形を知り，自分のライフコースを考える。

4. 指導計画(全5時間)
①仕事と家族について考える……………………………………………………………… 1時間
・家庭の仕事の内容と担い手について考える。
・総務省「社会生活基本調査」などの統計データをもとに，男性の家事参加の少なさなどを確認し，依然として性別役割分業が根強いことやその背景を考える。
②仕事と家族について考える……………………………………………………… 1時間(本時)
・ジェンダー概念を学び，社会における格差との関連を考える。
・これまでの学習をもとに，どのような社会をつくればよいか考える。
③家族に関する法律を理解する…………………………………………………………… 2時間
・諸外国のものも含め，家族に関する法律や制度を理解し，課題について考える。
・多様な家族のあり方を考える(里親制度，養子縁組制度，障害者総合支援法，児童福祉法，生活保護法，パートナーシップ制度，フランスのPACS*など)。
④自分のライフコースを考える…………………………………………………………… 1時間
・これまでの学習を振り返り，自分らしい生き方を考える。

5. 評価
・家族に関わる調査資料を読み解き，協力してまとめることができている。
・家族の課題と社会の課題を関連付けて考えることができている。
・社会(個人・家族含む)におけるジェンダーの課題を見つけることができている。

6. 本時案（2／5時間）

段階	学習活動	指導上の留意点（○），評価（▶）
導入 15 分	1.「男の子なんだから……」「女の子なんだから……」の後に続く言葉をそれぞれ自由に考え，発表する。 ●ジェンダーは社会的に作られることを理解する。	○「男らしさ」「女らしさ」のイメージを共有できるようにする。 ○それぞれのイメージに当てはまらないこともあるにもかかわらず，社会には性別によって固定的なイメージがあることを確認する。 ○ジェンダーについて説明する。 ▶これまでの学習内容も踏まえながら，本時の課題を意識できたか。
展開 25 分	社会の中の格差を考えよう。 ―社会における男女の格差について調べ，諸外国と比較しながら課題を考える― 2. グループに分かれ，「政治」「教育」「仕事」各領域について，それぞれ資料を読み取り，傾向を話し合う。 ●「政治」：国内の国会議員の男女比を調べ，国際比較する。 ●「教育」：国内の高等教育在籍率を調べ，国際比較する。 ●「仕事」①：役職管理職に占める女性割合と性別賃金格差を調べ，国際比較する。 ●「仕事」②：非正規雇用の男女比と性別，年齢別の労働力率を調べ，国際比較する。 3. 話し合った結果をグループごとに発表する。 ●ジェンダーは単に性別による「区別」ではなく，社会全体における男女の格差と結び付いていることを理解する。	○「政治」「教育」「仕事」の領域に分かれるようグループを作り，それぞれ資料を配り，諸外国と比較させる。 ○「政治」：「OECD諸国の下院女性議員数・割合の国際比較」 ○「教育」：「性別高等教育修了後の就業率」の国際比較（OECD） ○「仕事」①：「性別賃金格差」 ○「仕事」②：「性，年齢階級，配偶関係別労働力率」 ○ジェンダーギャップ指数（各国の男女格差を示す指標）について説明し，日本は世界的にみても格差の大きい国であることを説明する。 ▶資料を読み取り，社会の課題を共有できたか。
まとめ 10 分	4. ジェンダーが人々の生活のあり方に影響を及ぼしていることを踏まえ，これからの社会のあり方について考え，発表する。	○女子差別撤廃条約や男女共同参画社会基本法などを紹介し，世界的にも性別格差解消に向けた取り組みがなされていることを説明する。

＊民事連帯契約（通称PACS・パックス）。1999年フランスの民法改正で同性カップル・異性カップルの別を問わずに共同生活を営むカップルに，法的婚姻関係のカップルと同等の権利が認められることになった。

※149ページにワークプリントがあります。

1　家族の授業をつくる　　113

家庭科における福祉教育

1. 家庭科で福祉を学ぶということ

家庭科で福祉を学ぶということは，well-being つまり幸せな暮らしについて考え，暮らしをつくるということである。福祉というと高齢者や乳幼児，障害者など「社会的弱者」を対象にしたことと思われがちである。本来は，社会に生きるすべての人がともに幸せに暮らすことをめざすものである。

では，ともに幸せに暮らすということを家庭科の学習ではどう捉えればよいのだろうか。具体的に考えてみよう。

(1) 人の一生をたどりながら学ぶ

家庭科では人の一生を時間軸にして，生活全般について学ぶ。まわりの人とどのような関係を結び，幸せな暮らしをつくっていくのかを考える場合にそれぞれの発達段階に合わせて考えるとよい。たとえば，子どものときには，どのような大人の助けや地域の人の助けが必要だろうか。また，高齢になっても自立した生活を送るためにどのような支援があるだろうか。このようなことを一つずつ具体的に考えることが大切なのである。

(2) 自分とは違う立場の人の暮らしに思いを馳せて学ぶ

私たちが暮らす社会にはさまざまな暮らしがあり，自分とは違う境遇にある人がいる。ともに幸せに暮らすことを考えるとき，一部の人だけに都合がよいということは幸せではないことを確認したい。そこで，大切なのが自分とは違う立場の人の暮らしを想像するということである。一人の人間が一生のうちに経験できることには限りがある。しかし，想像してそれを補い，自分とは違う人々のことを考えることはできるだろう。

(3) 自分と他者，社会とのつながりを理解して学ぶ

自分の幸せを考え，家族や近しい人たちの幸せをともに考えるとき，その幸せが社会とつながっていることを実感できるだろうか。もはや一つの家庭で完結する暮らしはなく，モノ・ことと自分の暮らしは社会の出来事とつながっている。ともに幸せに暮らすためには，このような自分と他者や社会とのつながりを考え続ける必要がある。

2. 家庭科で福祉を学ぶときに大切にしたいこと

(1) 自立と共生のバランスを考える

家庭科では生活的自立をめざしてきた。しかし，本来の自立は他者とともに生きることができる状態を指す。つまり，できないことは他者に頼むこと，助けが必要なときに助けてほしいと言えることが重要である。自立と共生のバランスを考えてみよう。

(2) 生活に根ざした体験を取り入れる

福祉の学習方法としては体験的な活動を取り入れることが有効であるといわれている。家庭科ではとくに実験実習を多く実施しているが，福祉の学習においても，生活場面に根ざした体験を取り入れるようにしたい。たとえば，高齢者の心身の状況を理解するにも生活場面を想定して（洗たく物を干す，料理をするなど）疑似体験をすることなどが考えられる。

高齢者施設を訪問する

1. 訪問，交流の目的を明確に

　高齢者福祉に関する授業の一環としてよく高齢者施設を訪問することが計画される。この場合，近隣に高齢者施設があるから，高齢者と接する機会の少ない中学・高校生に出会う体験をしてほしいからなどその契機はさまざま考えられる。まずは目的を明確にして見学する施設を考える必要がある。たとえば，介護の様子を理解するためには，デイサービスだけではなく，特別養護老人ホームも訪問対象に加えたい（表6-1参照）。なぜなら介護の現状は一種類の施設やサービスで理解はできず，さまざまな介護の実態を理解してはじめてわかるからである。ただし，訪問する施設が限られる場合は，目的を明確にして，適切な交流の方法を考える必要がある。高齢者施設の訪問と交流における目的は，一般には以下のようなものが考えられる。

　介護の実態や方法を理解する／高齢者の心身の特徴を理解する／高齢者と交流する。

　なお，訪問する施設やそのサービスがどのようなタイプのものであるのかをよく理解したうえで授業を組み立てるようにする。

2. どんな交流がよいのか

　交流にはさまざまなタイプがあるが，大きく分けて二種類考えることができる。(A)歌を披露するなどの集団としての中学・高校生が施設の利用者である高齢者全員と出会うタイプ，(B)一人の生徒が一人の高齢者と出会うという交流のタイプである。

　交流の方法は，多感な中学・高校生の学びに大きな影響を与える。(A)タイプの交流は披露した内容に対する達成感や満足感，相手の高齢者にどのように受け入れられたかなどを振り返ることになる。一方の(B)タイプの交流は対峙した高齢者のことを一人の人間として理解し，交流の中からさまざまなことを学ぶことになる。たとえば，おやつの時間を高齢者とともに過ごした生徒は，ゆっくり流れる時間を感じ，目の前にいる〇〇さんのおやつの好みを知り，共通の話題が見つからないというもどかしさも実感したと感想を記した。このように高齢者と出会う体験の感想は必ずしも肯定的である必要はない。

　今まで知らなかったことを知り，理屈として理解していたことを体験を通して実感するということに意味がある。そのため，そこで生じたネガティブな感情は，問題の発見として捉え，そこから考え始めるような学びを創っていきたい。

表6-1　高齢者施設とサービスと特徴（一部）

介護保険による施設サービス	介護老人福祉施設（特別養護老人ホーム）	重度の介護を必要とする方が少ない費用負担で長期入居できる公的な介護施設。
	介護老人保健施設	比較的少ない費用負担で医療管理下での看護，介護，回復リハビリが受けられる公的施設。
	介護療養型医療施設	リハビリや手厚い医療ケアを受けられる，介護度の高い要介護者向けの介護施設。
高齢者向け住まい・施設	グループホーム	認知症の高齢者が少人数で共同生活を送りながら，身体介護，機能訓練などが受けられる施設。
	軽費老人ホーム(ケアホーム)	主に自立あるいは要支援の高齢者が比較的少ない費用負担で利用できる福祉施設。
	特定施設(有料老人ホーム)	食事，清掃，身体介護，リハビリなど，施設スタッフによる幅広いサービスが受けられる施設。
介護保険による居宅介護サービス	通所介護（デイサービス）	日帰りで施設に通い，食事や入浴など日常生活上の介護や機能訓練等を受けることができるサービス。
	短期入所生活介護（ショートステイ）	特別養護老人ホームなどの施設に短期間入所してもらい，食事，入浴，その他の必要な日常生活上の支援や機能訓練などを行うサービス。

保育の授業をつくる

1. 中学校における「保育」

中学生が家庭科で保育を学ぶことは、「育つこと」と「育てること」を学ぶことであり、自分自身の成長・発達を振り返りながら考えることでもある。

きょうだいが少なく、身近に異世代の子どもがいなくて、幼児と一緒に遊んだり、世話をしたりする経験をしていない昨今の中学生にとっては、解決すべき課題が多くある。

幼児の特徴を理解せずに、相手が中学生の場合と同様に声をかけても、幼児は関心がもてず、驚いたり恐がったり、威圧感を感じてしまうこともある。保育の学習を通して自分に対する理解や他者への接し方に対する課題を明確に設定し、実践し、互いに評価し、改善していくことができる。

具体的にみていく。118ページの保育学習において、まず幼児に対する知識を実感して学ぶ。幼児に対するデータから学ぶ知識と、チャイルドビジョン（幼児視界体験メガネ）や幼児身長姿勢体験など、生徒自身が視覚聴覚触覚など感覚から体験し学ぶ知識を織り交ぜながら、幼児の特徴を体験し、幼児へのイメージを構想し、解決策を考えていく。

それらを土台にして幼児とふれ合う活動による実践から、自分が学んだ知識をもとに評価し、知識や対応に対する修正、改善を行うことをめざす。また、これらをグループ内で可視化し、ディスカッションを通して表現することで、全生徒が得た新たな知識や関わり方、解決策について、共有、発展させるようにする。

なお、触れ合い体験学習の実施に関しては、地域の幼稚園や保育所、認定子ども園などと連携することが必要になる。その前提として、行政の関係部署との協力関係の構築が欠かせない。行政に触れ合い体験の受け入れ先を紹介してもらうなど、あらかじめ調整してもらうことで、実習先を確保しやすいことがある。手続きが明確化され、教員の授業の意図をていねいに伝えることで、安定して継続実施しやすい。もちろんこれには継続して信頼を積み上げ、関係を形成していくプロセスが必要である（120ページ参照）。

2. 自分の身を置いて考える自立

中学生の自分を理解しようとすることや体の大きさなど、幼児の特徴を知ることで違いを体験し、成長、発達について自分の身を置いて考える自立をめざした学習である。生活する者として相手に合わせた関わり方をする。協力し、相手を思いやる力は、生活の自立に欠かせない能力である。

3. 体験的に学ぶ

幼児と中学生とでは、体全体だけでなく、頭や手、足の大きさが大きく違う。

また、見ているものや関心をもつものも違う。相手とどうしたらうまく付き合えるか。違いを知り、課題を見いだし、解決するための工夫については、生徒自らが幼児と関わることで、多くの発見がある。

体験的に学ぶといっても、なかには、幼児との関わりに苦手意識をもつ生徒もいるが、ディスカッションをすることで、他者の体験に関する意見や表現内容からの気づき、課題解決や工夫に必要な学びにつなげていく。

4. 高等学校における「保育」

高校生が学ぶ保育は中学生で学ぶ保育とどのように違うのか。高校の保育としての特徴は何か。

中学生が保育を学ぶ際はまず、幼児の特徴を知ることで関わり方について考える。幼児の特徴を体の大きさの違いやことばや遊びの特徴などから理解し、それに合った関わり方や工夫、改善につなげることをめざす。幼児の特徴を知識として学ぶとともに、ふれ合い体験などで体験的に学ぶことで、幼児とのよりよい関わり方につなげていく力をつける。

一方、高校生は人の誕生から乳児の特徴も合わせて学び、乳幼児期の心身発達を理解する。さらに、将来世代につなげ、生涯発達について考えることをめざす。具体的に健康、安全、福祉に関する知識も学び、活用する。子どもの健康や安全を維持できるよう養護について、「育てること」や「育てる者」の立場を踏まえて学ぶ。人の一生の中で人が育つことを改めて理解することで、育てる者としての親の立場、保育する大人の立場も学ぶ。

現代では、異世代との日常的な交流や異年齢きょうだいの少なさなど、「育てること」を経験している生徒は少ない。加えて「身近な大人が乳幼児を育てること」をみる経験も少ないだろう。

マルトリートメント（不適切な養育）や虐待、ネグレクトなどが社会問題となっており、地域で福祉や医療、保健、保育分野のサポートがネットワーク化されてきているが、依然として命に関わる問題がなくならない。成人前の最後の機会として、将来世代の命を守ることに今の自分が関わっていくことである。

5. 現代社会を生き抜く力

高校生自身が青年期の過程にあって、自立への途上にある。人は自分だけでは生きられず、家族をはじめ周囲の支えを得て生きているが、生徒の家族の状況や家族との関係もさまざまで、生徒自身が抱える背景が多様であり、一人ひとり異なることを授業者として理解しておかなければならない。その意味で、基本的な姿勢として、生徒の実態を踏まえて授業を行うことが大切である。

成人を迎える直前の高校生の時期に学ぶ生活の自立は、自分の生活に置きかえ、自分自身が行為の主体として考えられること、まさに現代社会で生き抜く力として重要である。

6. 次世代を育てる自分

身近な地域が世界につながっていること、現代が未来につながっていること、持続可能な社会のなかで子どもが育つことを考えられること、その過程に自分自身がいることを知ることで、次世代を育てる自分の関わり方を改善する方法について学ぶことができる。

世界の子どもがおかれた現状を知り、その対応策について考えることができるようユニセフの資料、母子健康手帳や居住地域の子育てパンフレットなども活用できる。子どもの安全な暮らしと生活、健康維持と把握について、課題を知るだけでなく、解決に向けた積極的な対応や工夫ができるようになることをめざしたい。

具体的には、健康管理に必要な病気の特徴や看護の基本的方法、予防接種事故予防、安全対策の基本的方法など家庭看護の内容も含め学習することが求められる。

保育体験学習の様子。

資料②

中学校における保育の実践例（触れ合い体験前の学習，幼児の心身発達）

幼児の体の特徴を学び，関わり方への工夫につなげる実践例について解説する。

1. 単元名「幼児の発達と保育」（第3学年）

2. 単元の目標

かつて幼児であった自分を振り返り，現在の自分がその発達途上にあることを理解し，幼児に関心をもつことができる。

幼児の身体特性を統計数値データと中学生による体験的データを複合させ，認知発達の特徴を理解する。幼児との触れ合い体験を通して，幼児の特徴を理解し，適切な関わり方を工夫できる。地域の子育て支援の重要性や課題について考える。

3. 指導計画（全15時間）

①自分の成長を振り返る………………………………………………1時間
②幼児の心身の発達……………………………………………………3時間（本時）
③幼児の生活習慣………………………………………………………2時間
④幼児の生活と遊び……………………………………………………2時間
⑤幼児との触れ合い体験…………………………5時間（事前1＋触れ合い体験3＋事後1）
⑥幼児を取り巻く環境…………………………………………………1時間
⑦地域と子育て支援……………………………………………………1時間

4. 本時の展開と目標

（1）本時の目標

幼児の体の大きさと体の特徴について，チャイルドビジョンや立ち膝姿勢，手足の大きさ比較を通して，中学生との違いを理解し，幼児との関わりへの工夫や改善につなげることができる。

（2）本時の展開

段階	学習活動
10分 導入	●中学生が3歳児の身長100cm，チャイルドビジョンで幼児の視野で生活体験してみよう。前時で学習した幼児の数値データを確認のうえ，はじめる。
20分 展開	●膝立ち，チャイルドビジョンをグループ内で体験して，相互に中学生役と3歳児役を体験し，中学生とは異なる幼児が見えるもの，見えないものを体験的に学ぶ。
20分 課題追究	●体験で見たこと，感じたことをグループで出し合い，幼児の認知特徴を整理する。 ・膝立ちして，幼児の身長の高さでまわりを見ると，普段自分が見るのと違うと思った。 ・膝立ちの自分の前に友だちが目の前に立つと威圧感があった。

※150ページにワークプリントがあります。

5. 教材のヒントと配慮

幼児の身体特性を体験的に学ぶのは幼児の洋服やおもちゃ，靴なども可能である。自分の成長を振り返る際には，好きだった絵本やおもちゃ，自分の写真や好きだったテレビ幼児番組の特徴などからも可能である。幼児の特徴をイメージし，これらを通じて子どもの関心内容や認知の特徴について理解することにつながる。また，母子健康手帳を見て，自分の成長とつなげて考えることもできるが，プライバシーに配慮のうえ，記載の情報を使用する。

高等学校における保育の実践例（親子インタビューの事後学習）

高等学校の「家庭基礎」における保育の授業について解説する。

1. 単元名「乳幼児の発達と保育・福祉」（第2学年）

2. 単元の目標

　　生涯発達のなかで乳幼児の心身発達や生活の特徴を理解することができる。健康で安全に生活するために親や家族，周囲の大人の働きかけや支えが必要であることを理解し，適切な関わり方について考える。

3. 指導計画（全14時間）

①乳幼児の心身発達と生活……………………………………………………6時間
②親の役割………………………………………………………………4時間（本時1／4）
③子どもの安全と福祉…………………………………………………………4時間

4. 本時の展開と目標

（1）本時の目標

　　乳幼児の生活に大人の働きかけ，支えが必要であることを理解できる。親の役割の重要性について考える。「乳幼児の心身発達と生活」の最後に親子インタビューを実施。来校した乳幼児の特徴と生活，親の関わりの様子を経験した事後学習を，親の役割について学ぶ導入として行う。

（2）本時の展開

段階	学習活動
導入 10分	●前回の授業の親子インタビューで聞いたことや観察したことなどをグループでまとめ，共有。
展開 30分	●グループごとに生徒各自が付箋紙に親子インタビューで聞いたり見たりした子どもの特徴，親の特徴などを書き込み，黒板中央の模造紙に貼っていく。書き終えたら，付箋紙を見ながらグループ内でディスカッションをし，出てきた内容を整理検討して，親の役割について気づきを深めていく。 ●グループごとに発表する。
まとめ 10分	●子どもと過ごす1日の生活の様子をインタビューから知る。 ●親が乳幼児の動きに合わせて働きかけを行っていることを観察し，乳幼児の関わり方の改善方法を学んだ。 ●自分が観察した内容だけでなく，他生徒が観察した内容もグループディスカッションで共有でき，付箋紙で可視化されることによって，相互に評価でき，学びのプロセスが明確になった。 ●乳幼児の発達の特徴について学んだ知識を，親の役割について考えるきっかけに展開させることができた。

2　保育の授業をつくる　119

Q.7 保育体験学習を実施するための手続きや事前事後指導はどのようにすればいいのか？

子どもとのふれ合い経験が少ない中学生・高校生に，学校でその機会を提供することは必要だと思うが，実施するための具体的な方法がわからない。また，保育体験学習の事後指導のためのアドバイスがほしい。

A. 保育施設との連携を図り，楽しい体験にしよう。

実施するための手続き

　保育体験学習を実施するためには，まず，勤務校において，その意義を理解してもらい，協力体制を組んでもらうことが必要である。そのためには，年度当初には，所属の学校長へ保育体験学習の実施に向けて，学習指導計画や教科担任の意向を伝え，職員会議などで他教科の教師にも理解を求めることが重要になってくる。また，受け入れ側との連携を図るために，勤務校での理解を得た後は，なるべく早く，受け入れ先の施設長へ依頼をし，受け入れ先の年間計画のなかに組み込んでもらうことが大切だ。

保育学習の工夫と事前指導

　保育体験学習が幼児にとっても，中学生・高校生にとっても楽しい体験となるためには，保育学習で幼児に対する興味を高め，その発達や生活に対する具体的なイメージがもてるような工夫が必要である。以下に示した指導例では，中学生・高校生たちに「幼児のころを振り返らせる」，または「今の自分の生活と比べさせる」などの手だてを用いている。

・新聞紙を大量に用意し，実際に生徒たちに思い切り遊ばせる時間を設定する。
・ある中学生（または高校生）の1日の生活時間とある幼児の1日の生活時間を比較し，生活面からの発達段階の違いを具体的に理解させる。

　直前の指導で，最も重要なのは安全指導である。保育施設と連携を図り，それぞれの保育施設の実態にあった安全指導を行うことが大切である。

事後指導と保育施設側との連携

　事後指導を充実させるために体験で学んだことを発表させ，意見交換する時間をもつ。教師とのやりとりで学んだことを文章で表現することも大切である。たとえば，事前指導の際に，各自でテーマを決めて，事後にテーマに沿って発表させ，意見交換するなどがある。そのことで，一人ひとりの生徒が体験の新たな価値づけができ，生徒たちは新しい自分と出会うだろうし，教師も生徒を捉え直す機会になる。

　もう一つ忘れてはならないのは，事後も受け手の保育施設側と交流を継続することである。謝意を伝えることはもとより，生徒たちの発表と意見交換の様子を知らせ，体験の教育的効果を共有し，送り手側と受け手側の教師同士の連携を深めることが大切だと考える。保育施設の子どもたちの様子などを生徒に知らせることも体験の質を高める。年齢の小さな子どもには保護者に聞いてみる方法もある。それが保育施設との連携を深めることになるし，受け手の側の保育施設の子どもたちにとっても楽しい体験であったことを示すことになる。

3 食の授業をつくる

1. 中学生・高校生にとっての食の授業

　食生活は生徒が関心をもちやすい領域である。とくに体も心も大きく成長を遂げる中学生・高校生の時期には食に対する欲求も高く、実際に自分で買って食べる、注文して食べるという機会も多い。ただし、食べておいしい、栄養バランスがよいということだけではなく、食べ物がどこからやってきたのかを知り、自分の食生活が社会とつながっていることを具体的に知ることが必要である。自立して食生活を営むということをめざすことからすれば、実感をもって知識や技能を習得すること、実践の中から課題を見つけること、自分の食卓と社会のつながりを理解し、想像できることが求められる。そこで、以下にはハンバーグを題材とした学習で、どのように広がりをもった学習が可能であるかを示す。

2. ハンバーグから広がる食の世界（食を多面的に捉える）

　ハンバーグは調理実習の題材として扱われることが多い。なぜなら、肉料理のなかでも調理を科学として捉えるための説明がわかりやすいからである。たとえば、ハンバーグの作り方を調理科学の視点から説明すると以下のようになる。

　このように何気なく食べていたハンバーグが科学で説明されることに興味をもつ生徒もいるが、これだけでは食生活を多面的に捉えるには十分な題材とはなりえない。

　そこで、本事例ではハンバーグを題材として、3つの側面から学習を広げることを考えた。

① 調理科学的視点からハンバーグステーキの成り立ちを理解する。
② ハンバーグステーキの起源をたどり、社会科学的な理解を深める。
③ 他国と日本のハンバーグを比べることによって食文化の違いや社会背景の違いを理解する。
④ 消費者としてハンバーグをどのように選択し、購入し、調理し食べるのかを考える。

　次ページに全10時間の指導計画を示した。本単元の試みとしては、ALT（外国語指導助手）の外国人講師に授業の協力を仰ぎ、生徒がハンバーグを調理し、後に他国のものと比較しながら食文化や消費者としての視点を主体的に学ぶことである。ALTの外国人講師は生徒の本単元への動機づけを高める役割を担ってもらうが、協力が難しい場合には写真や資料で補うことで十分可能である。

ハンバーグの調理を科学で説明すると……

1. 玉ねぎをいためると水分が蒸発し、甘みが強くなる。
2. パン粉は焼いたときの肉汁を吸ってハンバーグをジューシーに保ち、肉が縮むのを防ぐ。
3. パン粉にひたした牛乳は、その味と香りでハンバーグの風味をよくし、水分を補給することでハンバーグを軟らかくする働きがある。
4. 卵はボウルのなかのすべての材料をじょうずにくっつける「つなぎ」の役割をする。
5. ひき肉に塩を加えてこねると、肉に粘りが出る。こねる回数が少ないとぽろぽろしてくずれやすく、こねる回数が多すぎると加熱後に固く縮む。
6. 混ぜた後のひき肉の中に空気が入っていると、焼いている間にハンバーグが割れるので、肉を手に打ちつけるようにして空気を抜く。
7. 形を整え、真ん中をくぼませると、焼き上がりが平らに仕上がる。
8. ハンバーグの両面に焦げ目がつくまで中火で焼くのは、うま味や栄養分の流出を防ぐためである。焼くと肉のうま味に加え、油による焦げの風味もつき、おいしさが増す。

資料③

中学校における食生活の実践例

静岡県富士市立富士中学校　望月朋子

1. 単元名「ハンバーグから広がる食の世界」（第2学年）

2. 単元の目標

　　ハンバーグから広がる食の文化，調理，消費について理解する。

3. 指導計画（全10時間：調理実習の計画・調理実習・班新聞製作を各1時間に，10削除で6時間での実施も可）

時	学習項目	内　容	学習教材
1・2〔1〕	●調理実習の計画	●肉の種類，肉の調理上の性質。 ●ハンバーグの調理の手順。	●学習書，調理実習計画表
3・4〔2〕	●調理実習	（ALTの先生を招待し一緒に試食する）	
5〔3〕	●調理実習の振り返り ●食文化の違いへの気づき	●調理実習の振り返りを文章にする。 ●ハンバーグについて知っていることをA3判用紙にマジックで書き出し（グループ）。 ●発表する（クラスで共有）。 ●ALTの先生にハンバーグを試食した感想や自国（オーストラリア）のハンバーグの特徴，肉料理についての話を聞く（または手紙でメッセージを）。	●調理実習計画表 ●ワークプリント ●A3判用紙 ●ALTの先生からの手紙
	★日本のハンバーグについてくわしく調べて，ALTの先生にみんなで説明しよう。		
課外	日本のハンバーグ調査①	●調べ学習のテーマ決め。 ●家庭での調べ学習，資料探し。	
6〔4〕	●ハンバーグに関する調べ学習	●班で分担したテーマについてネット検索も含めて調べる（家で検索した資料，集めたチラシやパンフレットを持参する）。	●ワークプリント
課外	日本のハンバーグ調査②	●家庭での調べ学習。	
7・8〔5〕	●班新聞製作	●1人はA5判の用紙，4人班で合わせて新聞にする。	●調べ学習ワークプリント ●A5判用紙，A3判用紙
課外	発表準備	●発表の原稿を作る。	●タイトル（テーマ）
9〔6〕	●班新聞を使った研究内容の発表会	●発表会：1人1分各班5分以内。	●ワークプリント原稿用紙 ●ワークプリント発表会記録用紙
10	●ALTの先生と情報交流	●発表会の感想などを伝えてもらう。 ●ALTの先生に手紙を書く（発表会で記入したワークプリントを用いて）。	●ワークプリント手紙用紙

　　なお，中学校では1時間での調理実習が多いことを踏まえ，ハンバーグを1時間で調理するための工夫を以下に示しておく。

　①材料はすべて計量して調理台に配分しておく。

　②ハンバーグの厚みを2cmと指示し，調理中に大きさと厚みの見本を見せてまわる。

　③焼き始めなどの時間の管理を教師が行う。

　※151ページに5，6のワークを進めるためのワークプリントがあります。

4. 実践内容

［1・2時］ 調理実習の計画

　調理実習でおいしいハンバーグをつくることを目標にして，必要な知識として肉の部位とその種類，肉の調理上の性質，ハンバーグの調理手順を講義型で教授した（124ページ参照）。

［3・4時］ 調理実習

　ALTの先生とともにできあがったハンバーグを試食することとした。一緒に日本のハンバーグを試食してもらうことで，その後の学習のきっかけになると考えた。

［5時］ 調理実習の振り返り

　調理の手順やハンバーグの出来具合を振り返る。さらに，ALTの先生に日本とは異なる他国のハンバーグや肉料理について簡単に話をしてもらい，その後の調べ学習の動機づけを促す。ALTの先生のお話は，あらかじめ教師や生徒が聞き取って手紙の形（124ページ参照）にしてもらうことも可能であろう。

　他国と日本の相違を理解したうえで，ハンバーグの調べ学習のテーマを班で決めた。資料6-3に示したテーマ例のように各班の大テーマの下に小テーマ（個人テーマ）を設定させ，一人ひとりが責任をもって一つの小テーマに取り組むように配慮した。具体的には班ごとに新聞を作ることを完成形を見せて伝え，班のテーマとなりそうな大テーマとそれに関わる事柄（小テーマ＝個人テーマ）を書いたヒントカードを配付し話し合いを促した。

［6時］ ハンバーグに関する調べ学習

　各自テーマに基づいてパソコンまたはタブレットの使用できるところで調べ学習を行う。資料や文献を必要とするので，図書室の司書さんにもお願いし，特集コーナーを設置してもらって調べ学習を支援した。フィールドワークをする場合にはスーパーやコンビニ，ファミリーレストランなどの許可を事前にとっておく必要がある。なお，保護者にも事前に学習予定を連絡をしておく方がよい。

［7・8時］ 班新聞製作

　調べた内容を整理し，班ごとにA3判サイズの新聞を製作する。調べた内容は班ごとにまとまりのあるものとするが，各自が責任をもって製作に取り組むよう1人A5判サイズの用紙にまとめて最後に合わせて新聞とする方法を用いた。班のテーマと違ったことをまとめている生徒には，できるだけ班のテーマを意識して書いてみるように指導した。班のメンバーから「ここも書いて！」などのリクエストをし合ったりお互いに声をかけ合ったりして「これでいいかなあ」とか「こんな感じ」とか言いながら新聞を完成させた。

［9時］ 班新聞を使った研究内容の発表

　製作した新聞を使って，簡単な発表会をした。制限時間1人1分＝1班5分以内の発表とした。すべての生徒が発表原稿を用意して臨んだ。

［10時］ ALTの先生との情報交流

　この時間は手紙のやり取りを補う交流として有効だが，発表する新聞を講師にコピーして渡すなどの交流方法も工夫できる。また，発表の振り返りを各自で行うことを課題として終了にしてもよい。

資料③

資料6-1　調理実習の計画での講義内容　（肉の部位と種類／肉料理について）

1. 肉の種類にはどんなものがあるか
   ・私たちがスーパーなどで手に入れやすいのは，牛肉，豚肉，鶏肉。
2. 肉の部位と適する料理について知ろう
   ①牛肉：サーロイン・ヒレ（ステーキ），肩ロース（すき焼き），ばら・すね（煮込み）
   ②豚肉：ヒレ・ロース（カツレツ，ソテー），ばら（煮込み），もも（焼き肉）
   ③鶏肉：手羽・もも（ロースト，ソテー），ささみ（蒸し物），むね（ロースト，揚げ物）
3. 肉の特徴をまとめよう
   ・肉はたんぱく質を多く含む食品。
   ・やわらかい部位の肉は強火で短時間加熱し，うま味を味わう焼き物に。
   ・硬い部位の肉はひき肉として使用。水を加えて長時間加熱する煮物，汁物に。
4. 肉の調理上の性質を知ろう　★ハンバーグの調理に関わる部分
   ★加熱すると身が縮んで中から肉汁が出る。
   ★はじめに強火で加熱し，表面のたんぱく質を凝固させ，うま味や栄養分の流出を防ぐ。
   ★焼くと肉のうま味に加え，油によるこげの風味もつき，おいしさが増す。
   ・汁ものとして肉から出るうま味を利用するときは水から煮る。
   ・長く煮ると硬い筋などが軟らかくなる。
   ・衛生的に調理する（生肉にふれたさいばし注意，手をしっかり洗う，しっかり火を通す）。

資料6-2　ALTの先生からの手紙（実施例）

　　私の出身のオーストラリアでは，肉はそのまま焼いて食べたり，ハンバーグにして食べたりします。牛肉はとても安く食べることができ，日本のお金にすると，だいたい200円くらいで大きなステーキ（オージービーフ）が食べられます。肉の種類は牛肉やカンガルー，ウサギなどさまざまです。カンガルーの肉はよく食べられていて，おいしいです。
　　ハンバーガーは日本と同じようにハンバーグを挟んだりしますが，肉をそのままパンに挟んだハンバーガーもあります。日本のハンバーガーよりもとても大きいです。オーストラリアでは大きな肉，ハンバーガーが好まれます。ドリンクやポテトも大きいです。
　　味つけはケチャップが主です。2リットルのバケツのような大きな容器に入ったケチャップがあります。ポンプ式なので，自分で好きなだけ肉やハンバーグにつけます。そうそう，マスタードは香りづけで，日本のように辛いものではありません。私は日本に来てからすぐにオーストラリアのと同じようにマスタードをたくさんつけてしまい，とても驚きました。日本のハンバーグやハンバーガーについて，みなさんが知ったことを私に教えてください。楽しみにしています。

資料6-3　ハンバーグの調べ学習のテーマ例

大テーマ	小テーマ				
①日本のファミリーレストランについて	ファミレスのハンバーグメニューとその値段	ハンバーガーを提供するファミレスの店舗数	ハンバーグのランチメニュー	よく食べられるハンバーグの人気メニュー	
②日本と日本以外の国のハンバーグの味つけや食べ方について	日本のハンバーグの食べ方（はし，切り方，もり付け）	日本のハンバーグの味つけ	ハンバーグのつけあわせの違い	外国のハンバーグの味つけ	海外でのハンバーグの食べ方（フォーク，ナイフ）
③コンビニや店，通販などで売っているハンバーグ	コンビニで売られているデミグラスソースのハンバーグ比較	ハンバーグを売っているところ（コンビニ，スーパー）と値段や売り方について	コンビニで販売しているレトルト人気ハンバーグ	新商品ハンバーグ（アボガドハンバーグ）	お弁当ハンバーグのラベルを知る（原料，産地）

【発表会後に教師が補足した内容】
　調べ学習のテーマ設定を促すヒントカードにも大まかに示したが，各生徒の調べた内容に偏りがないように次の内容が含まれていることを確認し，補った。
　①ハンバーグの起源を理解できること。②日本で食べられているハンバーグのバリエーションを知ること。③外国のハンバーグと日本のハンバーグの大きさや味の違い。④コンビニエンスストアやスーパーで販売されているハンバーグの種類とその成分表示を理解すること。⑤購入する際の注意点。

124　第6章　中学校・高等学校の家庭科の授業をつくる

4 衣生活の授業をつくる

1. 衣生活分野で何を学ぶのか

　衣服は人間に最も近い環境である。衣服を着るという行動は人間特有のものであり，それぞれの地域や民族の風土，生態に根ざしており，文化を形成してきたといえる。表6-2に衣服の主な役割を示す。

　中学校では，このうち主に社会生活上の役割を学び，場所，場合に応じた着用や個性を生かす着用，衣服の適切な選択と手入れについてを取り扱う。高等学校では，社会生活を意識して衣服の機能と着装をトータルに把握し，衣生活の文化と関連づけて考えさせる内容や，より科学的な理解を求める内容を取り扱う。

　中学校における「生活を豊かにするための布を用いた製作」では，小学校の内容を発展させ資源や環境に配慮する視点から，衣服などの再利用の方法に関する内容が加わる。高等学校「家庭総合」では，被服の構成方法の理解や被服を中心とした製作を行う。これらの学びを通し，生徒たちが衣生活を主体的に管理する力を育て，快適な衣生活を送ることができるようにする。

2. 衣生活と持続可能性

　中学校以降の衣生活分野では，とくに持続可能性に関する観点における学習内容を多く含む。衣生活は衣服の入手や着用，手入れ，保管，再利用，廃棄の繰り返しで成り立っている。衣生活のサイクルを意識し，資源の有効活用，廃棄物の削減，洗たく時の節水など，持続可能性について具体的に考えさせたい。

　不要なものを購入しないこと(リデュース)，着なくなった衣服を再使用(リユース)，再生利用(リサイクル)することをこれらの英語の頭文字をとって3Rと呼ぶ。また，3Rにリフューズ(不要なものを断ること)を加えて4R，リペア(修理・補修を行うこと)を加えて5Rという。そのほか，作りかえて使うこと(リメイク，リフォーム)や，借りて使う(レンタル)などもある。

　衣服はその原材料を糸，布にし，デザインや裁断，縫製などの製造，流通，販売，廃棄に至るまで，多くの過程と労働力が関わっている。消費者として既製服を入手するときには必要な情報を収集し，衣服のもつ社会的な背景を見極め，健康や安全，環境などに配慮して，適切に選択していく必要がある。近年注目されている「エシカル・ファッション」とは，環境保護や生産時の労働環境の改善，文化や技能の尊重などを配慮した製品や，そのような製品を選択する消費行動のことをいう。消費行動を良識のあるものにすることで，持続可能性に貢献しようとする動きである。

3. 中学校の衣生活分野の授業づくり

　中学校の「衣生活」の内容は「衣服の選択と

表6-2　衣服の役割

保健衛生上の役割	健康，安全，快適に過ごすための役割。寒さや暑さを防ぐなど自然環境に適応するため体温調節を補助する役割と，けがや虫刺され，日焼けなどの外部からの刺激から身体を保護する役割とがある。
生活活動上の役割	生活活動をしやすくする役割。体型に合わせるとともに，適度なゆとりや伸縮性を保つ。これらが不足すると活動する身体の動きを妨げたり，身体を圧迫したりする。
社会生活上の役割	自分らしさや個性を表現するとともに，人間社会におけるコミュニケーションを円滑に行う役割。所属する集団や職業を表したり，冠婚葬祭などの社会慣習にしたがって，喜びや悲しみの気持ちを表したりすることなども含まれる。

手入れ」、および「生活を豊かにするための布を用いた製作」の２項目で構成されている。

衣服の社会生活上の機能を実感するために、生徒の身近な生活や地域社会での活動の目的に応じたふさわしい着方について考えるとよい。たとえば、学生服など生徒の身近な題材を用いるのもよいだろう。また、日本の伝統的な衣服である和服や、その基本的な着装についても扱うこととしている。冠婚葬祭や儀式、地域の祭りなどを想定し、和服と洋服の構成や着方の違いに気づくようにする。

個性を生かす着用については、具体的に、衣服の種類や組み合わせ、襟の形、ゆとり、色などによって人に与える印象が異なることなどを学ぶ。

衣服の適切な選択については購入から廃棄までを見通し、身近にできることから持続可能性に配慮した実践につなげることがポイントだ。既製品を中心に取り扱い、組成表示や取り扱い表示、サイズ表示などの意味を理解し活用する。127・128ページの実践例では防災の観点を取り入れ、持続可能性に配慮した授業を示した。

日常着の手入れとしては主として洗たくと補修を取り扱う。洗剤の働きと衣服の材料に応じた洗剤の種類などを取り扱う。また、小学校では手洗いを取り扱ったが、中学校では電気洗濯機を用いた洗たくの方法や特徴を学ぶ。日常服の手入れでは、補修（まつり縫いによる裾上げ、ミシン縫いによるほころび直し、スナップつけなど）や衣服のブラシかけなどを取り扱う。

「生活を豊かにするための布を用いた製作」の項目では身のまわりの生活を快適に便利にしたり、さらに資源や環境に配慮したりするなど自分や家族、地域の人々の生活を豊かにするものを製作する。製作するものは、必ずしも衣服に関するものとは限らないが、衣服などを再利用した製作などを取り扱うことにより、環境に配慮した授業づくりを行うことができるだろう。

4. 高等学校の衣生活分野の授業づくり

高等学校では衣生活の問題点について課題解決力を身につけ、自立した生活者をめざす。そのためには、衣服の機能や快適性について、科学的に捉える力も必要である。また、各ライフステージに対応した衣生活を考え、主体的に地域社会に参画し、家庭や地域の生活を創造しようとする態度を養うことが求められる。

小学校では自己と家庭、中学校では家庭と地域、高等学校では家庭と地域、社会とのつながりや関わりというように、系統性をもって空間的な広がりを意識した指導内容とする。少子高齢化などの社会の変化や持続可能な社会の構築などが社会的な課題となっているため、視野を大きく広げ考えることが大切である。

さらに時間的な広がりについても意識したい。とくに高等学校では生涯を見通した生活の営み（ライフステージ）を対象として指導内容を整理する。身につけた知識・技能を活用し主体的に取り組むため、「ホームプロジェクト」や「学校家庭クラブ活動」など、課題解決学習をいっそう充実する。

２単位科目の「家庭基礎」では自立した生活者として必要な衣生活に着目し、生涯の生活を設計し、消費・環境に配慮したライフスタイルを確立するための意思決定能力の育成を図る。４単位科目の「家庭総合」では「家庭基礎」の内容に加えてグローバル化に対応した日本の生活文化に関する内容や、生活を総合的にマネジメントできるように健康や安全などを考慮し、生活の価値や質を高める豊かな衣生活を創造する実践力などを扱う。

衣生活の分野では機能性繊維など、新技術が私たちの生活に大きな影響を与えるため、衣生活に関する研究動向にも常に関心をもつようにする。限られた時間数のなかでICTを活用することがいっそう求められてくる。個に応じた支援や科学的な理解の補助（写真、データ、記録の分析や比較など）にも活用できるだろう。

資料④

中学校における衣生活の実践例

1. 単元名「目的にあった自分らしい服装を考えよう」(第1学年)

2. 単元設定について

　　衣服の役割について，主に社会生活上の機能を学び，時，場所，場合(TPO)に応じた着用や個性を生かす着用を学ぶ。環境に配慮するなど持続可能な社会と衣生活との関係に着目した視点を養い，既製品を中心に衣服の適切な選択を学ぶ。

3. 単元の目標

- ・衣服の働きのうち，主に社会生活上の機能を学ぶ。
- ・組成表示や取り扱い表示，サイズ表示などの意味を理解し，既製服を中心に衣服の適切な選択の際の留意点について知る。
- ・目的に合った衣服を選び，自分らしい着方を工夫することができる。
- ・衣服製品の背景について考え，環境保護や生産における労働環境の改善，文化や技能の尊重など，持続可能性に配慮した衣生活の実現をめざし，身近に実践できることを工夫する。

4. 指導計画(全6時間)

①衣服の働きを知ろう………………………………………………………………………1時間
- ・制服や日常服などの身近な衣服を題材にし，衣服の社会生活上の機能の基礎的事項を学ぶ。
- ・日本の伝統的な衣服である和服についても，冠婚葬祭や儀式，地域のお祭りなどでの着用の例をあげる。

②自分らしい服装を考えよう……………………………………………………………1時間
- ・服装には着ている人の好みや考え方などの個性が表れる。衣服のデザイン(色，柄，形，ゆとりなど)や素材，衣服の組み合わせ(コーディネート)，着方によっても印象が異なることを教科書やICTを用いたデジタル教材を通じて理解する。

③3日分のふさわしい衣服を考えよう……………………………………………2時間(本時)
- ・服装を考えるときには個性の表現だけでなく，社会生活を送る上でふさわしいかどうかを考慮する必要があることを知る。
- ・ワークプリントを用いて2泊3日の旅行の場面を想定し自分らしく，また場面にあった服装の組み合わせを工夫しよう。ただし，旅行かばんに入る量を考慮することとする。
- ・グループごとに意見を交流する。その後，防災の観点から3日分の衣服の備えについて考える。

④3日分のふさわしい衣服を考えよう……………………………………………………1時間
- ・既製服を中心に目的に応じた衣服の選択について学ぶ。選択の際，価格や品質，原材料，サイズ，手入れの仕方，原産国，手持ちの服との組み合わせなどを留意する。環境に配慮し，衣服の入手の際，ほかの人から譲り受けたり，リフォームしたりするという選択肢もあることを知る。
- ・組成表示や取り扱い表示，サイズ表示などを理解する。

⑤エシカル・ファッションとは何か知ろう………………………………………………1時間
- ・持続可能な生活の観点から衣服製品の背景について考え，エシカル・ファッションについて，実例をもとに学ぶ。身近に行動できることを工夫する。

4　衣生活の授業をつくる　127

資料④

5. 評価
  ・衣服の働きについて理解する。正しい表示の見方や衣服の選択のしかたがわかる。
  ・身近な生活を想定し，TPOを踏まえながら，個性を生かした着方を工夫することができている。
  ・持続可能性に配慮した衣生活に関心をもち，身近な生活で実践しようとすることができている。

6. 本時案「3日分のふさわしい衣服を考えよう」(3・4／6時間)
  (1)目標
    ワークプリントを用いて2泊3日の旅行の場面を想定し，場面に合わせ，自分らしい服装の組み合わせを工夫する。旅行かばん(キャリーバッグ)に入る量を考慮し，旅行準備計画を立てることで，実際の旅行の衣服を想定しやすくする。また，防災の観点から3日分の衣服の備えについて考える。

  (2)展開

段階	学習活動	指導上の留意点(○)，評価(▶)
導入 15分	●前時までに学んだ内容を復習し，服装を考えるときには個性の表現だけでなく，社会生活を送る上で考慮する必要があることを確認する。	○TPOを考慮しなければならないような場面を具体的にあげさせる。
展開 55分	●ワークプリントを用いて2泊3日の旅行の場面を想定し，その場面に合わせ，また自分らしい服装の組み合わせを工夫する。 ●結果についてワークプリントにまとめ，グループ内で話し合い，考察する。 ●防災の観点から3日分の備えをするとしたら，どのような衣服を最低限準備しておいたらよいかを考え，グループで共有し，ワークプリントにまとめる。	○旅行かばんに入る量を考慮し，旅行準備計画を立てることで，実際の旅行の衣服を想定しやすくする。 ○社会生活を送るうえで考慮しなければならないような場面を少なくとも1つは想定して入れるように指示するとよい。 ○季節や時間帯，人，場所，活動内容など具体的に想定する。 ▶身近な生活を想定し，その場面を踏まえながら，個性を生かした着方を工夫することができる。 ○避難所などで安全で健康に，なるべく快適に過ごすための留意点について気づかせる。 ○日頃の備えをすぐに実践できるよう具体的に考えさせる。
発表まとめ 30分	●グループごとに調べた結果やその考察について発表する。 ●ほかのグループの発表を聞きながら，自分の意見や考えをもつ。	○積極的に意見交換ができるように働きかける。 ○普段どのように衣服を入手しているか，身近な生活に引きつけて考えさせ，次回の学習内容への導入とする。 ▶TPOに合わせ，自分らしい服装の組み合わせを工夫するための留意点について自分なりの意見を整理し，実際の生活に生かそうとすることができる。

※152ページにワークプリントがあります。

5 住生活の授業をつくる

1. 中学校の住生活の学習がめざすもの

あなたはどんな家に住んでいるだろうか。あなたの住まいは安全で健康で心地よく,住みやすいように整えられているだろうか。

地域にはいろいろな住まいがある。同じ間取りの住まいでも,空間の使い方は人それぞれ異なる。住生活の学習では,私たちが健康で安全に,快適に住まうことについて学ぶ。

中学校では,家族の生活と住空間の関わりや住居の基本的な機能について理解すること,家族の安全を考えた住空間の整え方を理解し,工夫することをめざしている。なお,指導を行う際には,生徒の住まいに関わるプライバシーに十分配慮する必要がある。

2. 健康・快適・安全の視点で住まい方を工夫する

あなたにとって,住まいはどのような場所だろうか。小学校では,雨や風,暑さ・寒さなどの自然環境から身を守る働きを学ぶ。中学校では,心身の安らぎと健康を維持し,幼児や高齢者などを家族が支え合う働きなどがあることを取り上げる。家族がともに暮らす住まいの役割について理解させよう。

また,家族によって住まい方は異なっても,住まいに必要な空間は共通している。共同生活の空間や個人生活の空間など,住まいには,その役割を果たすために必要な空間がある。限られた住空間を有効に活用して,住まい方を工夫することが大切である。

つぎに,実際の授業を見てみよう。131・132ページに「安全に快適に住まう」の実践例を示した。学習意欲を引き出す工夫として,シミュレーションや体験活動を取り入れた。

第3次は,祖母と同居することになった家族の引っ越し先を検討する活動を通して,家族に合った住まい方を工夫できることを意図した。

第3次の1時間目は,A宅とB宅のどちらを選択するか,その理由は何かを考え,各家の住空間の特徴を把握させた(132ページ資料参照)。2時間目はA宅に着目させて良い点と問題点を確認し,どうすれば家族が健康・快適・安全に過ごせるか,「部屋の使い方の工夫」「モノの配置の工夫」「生活の仕方の工夫」について検討させた。具体的に考えられるように間取り図(153ページ参照)を活用した。論理的思考を促すため,工夫の根拠を吹き出しで記述させたところ,多様なアイデアが出た。授業後の感想は「間取りは変えられないけれど,家族との関わり方は工夫できる」「祖母の部屋は和室ではなく,トイレに近い,部屋で過ごす時間が長いため快適である,困ったときに家族を呼びやすいなどの視点も大事」であった。健康・快適・安全の視点を働かせることで,住まい方に対する見方や考え方を広げ,深めることができる。

3. 少子高齢社会や自然災害への対応

近年,少子高齢社会の進展や自然災害への対策が求められている。家族が安心して住まうには,住空間を安全な状態に整える必要がある。幼児や高齢者の家庭内事故を防ぐことや自然災害への備えを取り上げる。また,災害時の避難所生活など,地域とつながる視点から住まい方を考えさせることも大切である。

学習活動として,室内の写真や動画から,家庭内の事故や自然災害時に危険な箇所を探して,家具の配置などの対応策や災害時の備えについて考える活動が考えられる。また,地域のハザードマップを活用し,登下校などの場面を想定して災害時の対応や地域の人と

の助け合いについて話し合う活動もできるだろう。防災の学習では，保健体育科など他教科等の学習と関連を図るようにしよう。

4. 高等学校の住生活の学習がめざすもの

住居は日々の生活の拠点である。高等学校では，安全で環境に配慮した住生活を営むことができることをめざしている。具体的には，防火や防犯，耐震などの安全性や日照，採光，換気，遮音，温熱，室内の空気環境など，安全で健康かつ快適な住居を整えること，地域コミュニティーや街並みなど地域の住環境を整えること，地球環境に配慮した持続可能な住生活を営むことができるようにする。

5. 住生活について科学的に追究する

木造や石造り，土造りなど，国や地域によって住居に使われる材料が異なるのはなぜだろうか。住居は身近に手に入る材料で造られる。木材が豊富な地域ではログハウスや木造住宅が，石材が豊富な地域では石造りの壁や屋根の住宅がみられる。

それでは，間取りについて，トイレや浴室，洗面所が近接して配置されるのはなぜだろうか。同じ生活行為の空間をまとめると，動線が短く単純になり，住みやすくなる。

科学的に追究することは，個々の知識が相互に関連づけられ，学習内容の深い理解につながる。社会のさまざまな場面で生きて働く知識になる。

6. 住生活について体験的に学ぶ

住生活の学習は，生徒にとって身近に感じづらい。そこで生徒の意欲を引き出すように，体験的活動を取り入れ，指導を工夫したい。

たとえば，家庭内の事故について，幼児や高齢者の疑似体験を行い，校内や地域の安全点検を通して，事故が起きる状況を想定し，具体的な対策について理解を深める活動が考えられる。携帯型端末の照度計アプリを用い

図6-1 あなたが住生活に求めるものは
・通勤時間がかかっても，静かで緑が多い場所。
・家族と一緒に料理ができるように，キッチンが広い。
・子育てしやすいように保育園に近い。
・ペットと暮らせる。
・日当たりがいい。
・ギターが弾けるように防音設備がある。
・友だちとバーベキューができる庭がある。

て，採光や人工照明の明るさを体験的に理解する活動もできるだろう。このほか，廊下を歩いて腕と壁の距離や人とすれ違うための幅や椅子を動かして座っているときと立ったときの距離を調べ，人の動きと空間の関係を考察する活動も考えられる。

7. 家庭や地域の住生活の生活課題に目を向け，課題解決をめざす

高校生も家族や地域の一員である。家庭や地域に目を向けることは，家庭科の目標である「主体的に家庭や地域の生活を創造する資質・能力の育成」につながる。

住居や地域の公共施設について，段差や手すりがどこにどのくらいあるかを調べる活動を通して，家庭や地域のバリアフリーの現状を把握し，課題に気づき，その解決策を提案する活動が考えられる。

また，地域でどのような自然災害が予想されているか，それに対して自治体はどんな対策を取り，住民に周知しているかを調べる活動を通して，地域の防災対策の現状と課題を把握し，解決をめざすこともできるだろう。

近年，高校生が地域のまちづくりに参加する機会が増えている。商店街の活性化を提案する，登校時に高齢者のごみ出しを援助する，お祭りなど地域行事の担い手になるなど，地域コミュニティーに積極的に参加する姿がみられる。家庭科の学びを家庭や地域に生かせるように支援しよう（図6-1参照）。

資料⑤

中学校における住生活の実践例

静岡県藤枝市立高洲中学校　知久真弓

1．単元名「安全に快適に住まう」(第2学年)

2．単元設定について

　　学習意欲を引き出す工夫としてシミュレーションや体験活動を取り入れ，健康・快適・安全の視点から住生活について考え，住生活をよりよくしようとする態度の育成を意図した。

3．単元目標

・家族の生活と住空間との関わりや住居の基本的な機能，家族の安全を考えた住空間の整え方について理解する。
・安全で快適な住空間の整え方について課題を見つけ，その解決をめざして考え，工夫する。
・住居の機能や安全な住まい方に関心をもち，住生活をよりよくしようとしている。

4．指導計画(全6時間)

①住まいにはどんな役割があるだろうか……………………………………………1時間
・家に帰りたいときはどんなときか考えたり，気候風土による住まいの特徴をまとめることを通して，住まいの役割について理解する。

②生活行為と住まいの空間の関わりを考えよう……………………………………1時間
・自分や家族が，家の中でいつ，どこで，どんな行為をしているかまとめることを通して，生活行為と住まいの空間(家族の空間，個人の空間など)の関わりを理解する。

③家族に合った住まい方を工夫しよう…………………………………………2時間(本時)
・想定家族の引っ越し先を検討する活動を通して，A宅とB宅の住空間の特徴を把握する。
・関わりが少なくなりがちなA宅でも，家族の関わりをよりよくする住まい方を考え，工夫する。

④家族の安全を考えた快適な住まい方を考えよう…………………………………1時間
・家の中ではっとしたことを思い出したり，チャイルド体験やシルバー体験等の活動を通して，幼児や高齢者の家庭内事故を防ぎ，家族の安全を考えた快適な住空間の整え方を考える。

⑤住まいの防災対策を考えよう……………………………………………………1時間
・ある家の被災状況から被害の特徴を理解し，自然災害に備える住空間の整え方を考える。

5．評価

・家族の生活と住空間との関わりや住居の基本的な機能，家族の安全を考えた住空間の整え方について理解できている。
・安全で快適な住空間の整え方について課題を見つけ，その解決をめざして考え，工夫できている。
・住居の機能や安全な住まい方に関心をもち，住生活をよりよくしようとしている。

6．本時案(4／6時間)

(1)本時の目標

・部屋の使い方やものの配置，生活の仕方によって家族の関わり方が変わることに気づく。
・家族の関わりをよりよくする住まい方を考え，工夫することができる。

5　住生活の授業をつくる　　131

資料⑤

(2) 展開

段階	学習活動	指導上の留意点(○),評価(▶)
導入 7分	●高中家(母方の祖母,父,母,中2の長男,小5の次男)は,A宅に引っ越すことになった。 ●前時で見つけたA宅の良い点と問題点を確認する。 ◎部屋数が多く,各個人の部屋が確保できる。 ◎帰宅して,すぐに自分の部屋に行ける。 ▲親の目が行き届かず,子どもの変化に気づきづらい。	○前時の学習を振り返り,A宅の特徴を押さえる。
展開 38分	高中家の家族が関わり合えるように,A宅の住まい方を考えよう。 ●親の立場で,A宅の住まい方の工夫を個人で考える。 ●グループになり,1人40秒で理由を含めて意見を述べ,実現しやすそうな順にベスト3を決める。 ●クラスで発表する。 <部屋の使い方の工夫> ・2階の子ども部屋の1つを両親の部屋にする。 ・祖母の部屋を客間のところにする。 <ものの配置の工夫> ・玄関に鈴をつけ,帰宅したことがわかるようにする。 ・1階の廊下と居間の間のドアを開けておく。 ・食堂と居間の間の扉を開けておく。 ・個人の部屋にテレビやパソコンを置かない。 <生活の仕方の工夫> ・帰宅したら,家にいる家族に「ただいま」を言う。 ・食事は家族で一緒に食べるようにする。 ・個人の部屋におやつを持ち込まない。	○親の立場に立つことで,子どもを大切に育てたいと考えている親としての想いや関わりに気づかせる。 ▶少しの工夫でも家族の関わり方が変わることに気づくことができたか。
まとめ 5分	●家族との関わりをよくする住まい方の工夫について,自分の言葉でまとめる。 ・家族の生活を見直すことで,関わり合いが増える。 ・間取りによって家族の関わり方は変わるが,同じ間取りでも,部屋の使い方やものの配置,生活の仕方を工夫することで関わり方が違ってくる。	▶家族の関わりをよりよくする住まい方を考え,工夫することができたか。

※153ページにワークプリント(本時②)があります。

●資料(前時に用いたワークプリント①抜粋)

1. A宅とB宅で,それぞれ住まい方を考えよう。
2. あなたが親だったら,どちらを選びますか?
    (　　　)宅　　その理由は?
3. あなたが祖母だったら,どちらを選びますか?
    (　　　)宅　　その理由は?

(岡村精二『子どもをダメにしない住まい方』柏樹社,1991年より)

6 消費生活・環境の授業をつくる

1. 消費者市民の育成

　中学校・高等学校の「消費生活・環境」に関する内容として求められるのは、「消費者教育の推進に関する法律」（2012年12月施行）の定義に基づく消費者市民社会の担い手を育成することである。本節では、中学校・高等学校の各学校段階の家庭科のなかで、消費者市民としての基礎的な力をどのように育成するのか考えてみたい。

　消費者市民社会という言葉自体がまだ耳慣れない言葉なので、中学校・高等学校に共通する消費生活と環境の学習のめざすところとして、はじめに説明しておきたい。

　消費者教育推進法において「（消費者市民社会とは）消費者が、個々の消費者の特性及び消費生活の多様性を相互に尊重しつつ、自らの消費生活に関する行動が現在及び将来の世代にわたって内外の社会経済情勢及び地球環境に影響を及ぼし得るものであることを自覚して、公正かつ持続可能な社会の形成に積極的に参画する社会（第2条）」とある。このような考え方はＣＩ（国際消費者機構）の示す「消費者の8つの権利と5つの責任」に基づく考え方であり、これまでの中学校教科書にも掲載されてきた。目新しいものではないが、新たな法律として制定された背景には、消費行動による社会や環境への影響が大きくなっており、地球環境問題などの課題解決には消費者市民の育成が切実に求められているのである。これまでの消費者としての「消費者の権利と責任」の扱いとの違いをあげるとすれば、消費者市民は「より責任に関する認識を高める」こと（具体的には倫理的消費の推進など）である。学習指導要領との関連では「持続可能な社会の構築」にあたる。

2. 中学校における「消費生活・環境」

　2017（平成29）年3月告示の学習指導要領では、「消費生活・環境」について、新たに「計画的な金銭管理」「売買契約の仕組み」「消費者被害への対応」などが示された。金銭管理については、キャッシュレス化の進行とともに小・中・高の系統性を図るため、中学校にも新設されたものであり、とくに目に見えない金銭の動きをどのように把握するのかを理解できるようにすることが求められている。小学校での買い物の仕組みの理解を踏まえ、中学生に身近なキャッシュレスによる売買契約についての理解を促す。また、クレジットの三者間契約も中学校家庭科の内容として示された。いずれも「買い物は契約であり、法律上の責任を伴うもの」であることを理解し、実践できる力を培うことによって可能となると考えられる。

　具体的な題材としては、インターネット通販やネットオークション、オンラインゲームの場面などを扱い、販売方法や支払い方法の観点から、どのようなメリットやデメリットあるいはリスクがあるのかを考えさせる学習活動が考えられる。

　消費者市民としての行動を促すにあたり、倫理的消費のなかの環境配慮行動から入るのが小学校の学習内容との関連からスムーズではないかと考える。その際に、現在できていること、できていないことを目に見えるかたちで理解させ、次の段階として、自分は何ができるかなど、課題解決型の学習を仕組むことが望ましい。

3. 高等学校における「消費生活・環境」

　中学校の学習を高等学校ではどのように発展させたらよいだろうか。まず，中学校と高等学校の家庭科では見通す未来に違いがある。高等学校では自分でこれからつくっていく人生を見通した学習が求められる点が大きな違いといえよう。

　小・中学校での買い物に関する学習は，自分がひとり暮らしをする際の予算や生活費の管理へ，さらには長期的な金銭管理のあり方へと展開していく。今後の人生への希望に基づくシミュレーションの中に経済的な視点として位置づけていきたい。自分らしい生き方を実現するための手段としての金銭をリスクも想定し，実感を伴う学習を行うことからも，家庭科の他分野や家庭クラブの活動ともつながり，実践にもつながる。

　最近の高校生は欲しいものがあると，まずスマートフォンのフリーマーケットのアプリケーションで検索することも多いと聞く。高校生には身近な購入場面からリスク判定したり（135・136ページ参照），キャッシュレス社会の金銭管理としてスマートフォンの金銭管理アプリケーション利用なども教材化したりしてはどうだろうか。カード会社の無料アプリや複数カード対応の有料アプリなどもある。

　消費者市民としての行動を促すためには，消費者の権利の自覚とともに責任の認識を高めていくことが求められる。小・中学校における消費者の責任を認識させる学習としては，環境配慮に関することを扱ってきていることが多い。よって，高等学校では，消費行動の社会への影響を認識させるような内容を中心に扱っていきたい。そのためにもどのような消費行動が責任認識の高い行動なのか，「倫理的消費」という概念を通して理解しておきたい（図6-2参照）。

図6-2　倫理的消費に取り組む必要性と意義

倫理的消費（エシカル消費）とは

「地域の活性化や雇用なども含む，人や社会，環境に配慮した消費行動」
（消費者基本計画）

消費者それぞれが各自にとっての社会的課題の解決を考慮したり，そうした課題に取り組む事業者を応援しながら消費活動を行うこと

配慮の対象とその具体例	
人	障害者支援につながる商品
社会	フェアトレード商品 寄付付きの商品
環境	エコ商品 リサイクル製品 資源保護等に関する認証がある商品
地域	地産地消 被災地産品

動物福祉
エシカル・ファッション

持続可能な社会の形成

事業者・行政に加え
消費者の認識と行動も不可欠

倫理的消費は
あなたの消費が世界の未来を変える
可能性を秘めている

広く国民間での理解とその先の行動を期待

持続可能な開発目標
（SDGs）

目標12：
つくる責任
つかう責任

（持続可能な生産消費形態を確保する）

［出典］「〜あなたの消費が世界の未来を変える〜」平成29年4月「倫理的消費」調査研究会取りまとめ図より抜粋

資料⑥

高等学校における消費生活・環境の実践例
大分県立高等学校　深谷友里

1．単元名「経済生活を営む」(第1学年　家庭基礎)

2．単元設定について

　　インターネットの普及とともに成長してきた世代であり，危機感が希薄な生徒たちに対し，消費者として安心・安全な生活を送るため，リスクを予測し，情報を収集し，見極めさせる力を育成したい。身近な事例についてのグループワークを通して，自らの消費行動を振り返らせるとともに，主体的に考え，判断する力をつけ，今後の消費生活に対する意識を高めたい。

3．単元の目標
　・社会の変化に伴う消費構造の複雑化を認識し，社会の一員として活動する必要性を理解する。
　・意思決定の重要性を理解し，消費者として適切な判断ができる。

4．指導計画(全6時間)
　①消費行動と意思決定……………………………………………………………1時間(本時)
　　・消費行動における意思決定の重要性を理解している。
　②販売方法と契約………………………………………………………………………1時間
　　・購入場面において，情報を収集・整理することができる。
　③消費トラブルと保護制度…………………………………………………………1時間
　　・消費者問題の被害の防止や救済について，具体的な事例を通して考え，まとめたり，発表したりしている。
　④家計のマネジメント………………………………………………………………1時間
　　・キャッシュレス社会の課題について考え，具体的な対応をまとめたり，発表したりしている。
　⑤これからの消費生活………………………………………………………………2時間
　　・消費生活と社会とのつながりに関心をもち，消費者市民社会の一員として行動しようとしている。

5．評価
　・社会の一員として責任をもって行動できるために必要な基礎的・基本的な知識と技能を身につけている。
　・自立した消費者として消費行動を選択する技術を身につけている。
　・消費生活についての課題を見いだし，その解決をめざして思考を深め，適切に判断し，表現している。
　・消費行動と意思決定，経済の計画，望ましい消費者のあり方などに関心をもち，意欲をもって学習に取り組んでいる。

6　消費生活・環境の授業をつくる　135

資料⑥

6. 本時案(1／6時間)

(1)本時の目標

意思決定におけるリスクの存在を知り，重要性を理解する。

(2)展開

段階	学習活動	指導上の留意点(○)，評価(▶)
導入 3分	1. 本時の学習内容を知る。	○本時は買い物について考える。1時間目であることを知らせる。 ▶ポートフォリオで学習前の自身の意思決定を確認。
展 開 42 分	2. 買い物を見つめ直す。 3. リスクを想像する。	○購入におけるメリット・デメリットを考えさせる。 ・さまざまな販売形態があることを確認させる。 　事例として，ネットオークション・ネットフリマ・ネット通販・メーカー公式サイトを示す。 ・各販売方法のメリット・デメリットをまとめさせる。 ▶ワークプリントに記入し，まとめることができたか。 ○ヒントカードをもとに，リスクを想像させる。 ・それぞれの販売方法のリスクを判定する。 ▶ヒントカードを使って考えられたか。 ・班ごとに発表させ，互いのリスク判定に質問・回答する。 ▶発表シートにまとめられたか。
ま と め 5 分	4. 本時のまとめをする。	○消費行動における意思決定の重要性を確認する。 ・本時の学習内容を自分の言葉でまとめさせる。 ・本時の学習で出た課題や疑問点は次時で取り上げることを伝える。 ▶ポートフォリオに整理できたか。

(3)本時の評価

本時の学習活動に即した評価規準	おおむね満足できる状況	評価方法
意思決定におけるリスクの存在を知り，重要性を理解している。	リスクやメリット・デメリットがあるということ，よく考えて選択することの必要性について記述している。	ポートフォリオ

◆指導例

1. メリット・デメリットは何だろう？

	A：ネットオークション	B：ネットフリマ	C：ネット通販	D：直営サイト
メリット	・安い。 ・届けてくれる。 ・古いものでも買えるときがある。 ・限定商品が手に入る。	・安い。 ・届けてくれる。 ・古いものでも買えるときがある。 ・限定商品が手に入る。	・お店がない地域でも買える。 ・新品。 ・関連した商品を見つけられる。 ・ラッピングまでしてくれる。 ・海外製品も買える。	・お店がない地域でも買える。 ・安心して買える。 ・ラッピングまでしてくれる。 ・海外製品も買える。
デメリット	・高くなる可能性がある。 ・入札やりとりが面倒くさい。 ・中古品がある。 ・支払い方法が選べない。 ・現物を見ることができない。	・入札やりとりが面倒くさい。 ・中古品がある。 ・支払い方法が選べない。 ・現物を見ることができない。 ・量や買い方を指定できない。	・高い。 ・支払方法が選べない。 ・現物を見ることができない。 ・再配達に期限がある。	・高い。 ・送料がかかる。 ・支払い方法が選べない。 ・現物を見ることができない。

※154ページにワークプリントがあります。

2. リスクを判定してみよう

Step1　販売方法ごとに，5つの視点で考えてみよう。
　①安全…個人情報を知られる危険性があるか，安心して利用できるか。
　②品質…材料やつくり，表示等が確かであるか。
　③サービス…もしもの場合の補償，アフターサービスが充実しているか。
　④意思表示…自分の意見を伝え，反映することができるか。
　⑤社会貢献…自分の買い物が，自分以外の誰かのためになるか。

Step2　4段階で評価し，グラフに色を塗ってみよう。
(例)ネットオークション

	1 (よい)	2 (まあよい)	3 (あまりよくない)	4 (よくない)
【安　全】				
【品　質】				
【サービス】				
【意思表示】				
【社会貢献】				

Q.8 フェアトレードとは何か？

近年，家庭科の教科書にも掲載されており，また時々耳にするようになったが，身近には感じられないし，実際によくわからないが，どのように家庭科では取り上げたらよいのか？

A. フェアトレードの定義は次の通りで，家庭科の買い物学習などで「消費者の責任」に関連づけて取り扱うとよいと考えられる。

「フェアトレードは，対話，透明性，敬意を基盤とし，より公平な条件下で国際貿易を行うことを目指す貿易パートナーシップである。特に『南』の弱い立場にある生産者や労働者に対し，より良い貿易条件を提供し，かつ彼らの権利を守ることにより，フェアトレードは持続可能な発展に貢献する。フェアトレード団体は（消費者に支持されることによって），生産者の支援，啓発活動，および従来の国際貿易のルールと慣行を変える運動に積極的に取り組む事を約束する」（国際フェアトレードラベル機構：Fairtrade International，世界フェアトレード機関：World Fair Trade Organization，欧州フェアトレード協会：European Fair Trade Associationなどの中心的な3推進団体からなるネットワークによる）。

国際フェアトレードラベル機構による国際フェアトレード基準（表6-3参照）を満たす商品にはラベルが付与されている。また，世界フェアトレード機関による基準を満たした団体に対して付与されるマークもある。

国際フェアトレード認証ラベル

フェアトレードの商品

［写真提供：フェアトレード・ラベル・ジャパン］

国際フェアトレード基準は国際フェアトレードラベル機構によって設定されるフェアトレード全般に関する基準である。これらの基準は基準委員会と関係者により定期的に見直されているが，主な内容は表6-3のようなものである。

家庭科ではこのような自己の必要性（利己）以外の観点（利他）を商品購入の観点の1つとして認識させるとともに，買い物や生活を支えている物との関わりに目を向けさせるような学習を仕組むことから，消費者としての責任（とくに倫理的消費，134ページ参照）を認識させていきたいものである。

表6-3 国際フェアトレード基準概要（フェアトレード・ラベル・ジャパンウェブサイトより）

経済的基準	社会的基準	環境的基準
▶フェアトレード最低価格の保証 ▶フェアトレード・プレミアム（奨励金）*の支払い ▶長期的な安定した取引 ▶前払い	▶安全な労働環境 ▶民主的な運営 ▶労働者の人権 ▶地域の社会発展プロジェクト ▶児童労働・強制労働の禁止	▶農薬・薬品の使用に関する規定 ▶土壌・水源の管理 ▶環境に優しい農業 ▶有機栽培の奨励 ▶遺伝子組み換え品(GMO)の禁止

＊生産地域の社会発展のための資金。

7 環境の授業をつくる

1. 中学校における「環境」

　技術・家庭科では，よりよい生活の実現や持続可能な社会の構築に向けて，生活を工夫し創造する資質・能力の育成がめざされる。家庭分野の内容「家族・家庭生活」や「衣食住の生活」と関連づけながら，課題解決型の学習方法で，生徒が自ら問題を発見し，解決していく能力を身につけていくことをめざしたい。ただし，家庭科で取り上げるほかの課題と同様に，「環境」の問題は1つの正しい解があるわけではない。そこで学習を通し，どのように自分事として「環境」の問題に関わろうとするか，またそれを学校で，家庭で，地域でどのように共有しようとするかを意識づけ，行動につなげることが求められている。

　さらに，小学校で自分自身の現在やこれまでの生活から捉えていた内容を踏まえ，中学校ではこれからの生活を展望した現在の生活を対象として，環境に配慮したライフスタイルについて考えられるように展開する必要がある。

2. 環境に配慮したライフスタイルの確立に向けて

　環境学者ヨハン・ロックストロームは，人類が生存し続けられる限界＝プラネタリーバウンダリーを発表し，「私たちは温室効果ガス排出曲線を下に向けなければならない」と社会転換を促す新たなパラダイムを提唱した。すでに気候変動や生物多様性の損失などでこの限界を超えてしまった地球の状況を理解し，価値観や行動の修正が必要である。19

> **19世紀　クリー族(北米先住民)の言葉**
> 最後の木が死に，最後の川が毒され，最後の魚を獲り終えたときに，人はようやくお金は食べられないと気付くのだ。

世紀から伝承されるアメリカ先住民の言葉を教訓に，私たちの生活で今すぐできることから始めたい。

3. 問題発見・解決のプロセス

　布を用いた作品を製作したり，100円ショップやコンビニでの買い物を通した学習は，環境に配慮した生活を知る一歩になる。たとえば，ハンカチや服などの布製品，製作に用いた布はだれが，どこで，どのように製造したのかといった背景から，有機認証マークなどの表示を情報に，問題を発見する。

有機認証機関によるマークの一例

オーガニックテキスタイル世界基準*

OCS基準**

　家庭での不要な布製品をどのようにリユースすることができるか，地域にどのようなリサイクルのルートがあるか。実際に製作し，それを家庭や地域で活用してみて，自分は何が変わったのか，自分のできることは何か，新しいものさしで解決の糸口を考えさせたい。

　あわせて，購入した材料だけで作品を製作するのではなく，廃棄される残布を学校へ提供してくれる地域企業を探し，廃物利用で製作する。その作品を自分が使用するだけでなく，第三者に活用してもらうのもよい。地域の製品や産物に目を向け，それを材料としたり，地元企業や自治体と連携した授業実践は，生徒の環境への意識を高める。地域は社会や世界を学ぶ窓となる。そのなかで，環境に配慮した自分の生活の基礎的な理解を図り，そ

れに関わる技能を身につけさせていく。

4. 高等学校における「環境」

高等学校の共通教科としての家庭科は，生涯を見通した生活，つまり人の一生を生活の営みというライフステージで捉えることを対象としている。なかでも持続可能な社会の構築をめざし，消費生活や環境に配慮したライフスタイルを確立するための意思決定能力を育む学習を充実させることが重要となる。

さらに，小学校では自己と家庭，中学校では家庭と地域，高校では家庭と地域，社会とのつながりや関わりからというように，広がりをもって環境に配慮したライフスタイルを捉えたい。

5. 環境に配慮したライフスタイルを確立するための意思決定能力とは

2015（平成27）年は第二次世界大戦後，最も重要な年といわれる。なぜならば，SDGs（Sustainable Development Goals 持続可能な開発目標）とパリ協定が同時に誕生した，21世紀の世界社会を規定する年だからである。

国連は「持続可能な開発のための2030Agenda」をすべての加盟国の合意で採択し，課題解決の大きなチャンスとしている。その中核にあるSDGsは，世界全体の普遍的な目標とターゲットからなり，これらは不可分のものである。地球環境レベルの17の目標を2030年までに達成できるかどうかは，私たち一人ひとりが各目標と環境との結び付きを見いだし，「自分ごと」として向き合えるかどうかにかかってくる。

2030AGENDAの理念

誰一人取り残さない Leave No One Behind
最後の人を最初に Put the Last First

家庭科は自分の生活を出発点として，課題解決を図る力を育む教科である。生きることは意思決定の連続で，たとえば買い物の基準に「共生」・「環境」など新たな視点をたすと，SDGsの目標がいくつか見えてくる。この意思決定がさらに目標の相互接続性を浮かび上がらせ，その積み重ねがライフスタイル刷新へとなる。

国連副理事務総長アミーナ・モハメッドは訴える。「我々は貧困を終わらせることに成功する最初の世代になりえる。同様に，地球を救う機会をもつ最後の世代になるかもしれない」と。国際条約として初めての温暖化対策となるパリ協定がCOP21（気候変動枠組条約締約国会議）において採択され，途上国を含む196のすべての参加国・地域は脱炭素社会をめざし，SDGsの取り組みを加速させていく。***

COP21 パリ協定長期目標

・産業革命前からの平均気温上昇を2℃未満に抑える。
・世界の温室効果ガス排出量をピークアウトし，21世紀後半には，実質ゼロにする。

---

6. 意思決定能力を育むために

そこで，環境問題や資源・エネルギー問題をはじめとする課題を知り，いかに自分の生活から紐づけられるかという視点に立って，思考を深めていく授業を構成する必要がある。以下のような課題から判断を求めていく。

・調理実習で，食品ロスという課題を見つける。食品を目の前に，飢餓解消やCO_2排出削減のために，どの食材を選び，どのように調理するか。
・ファストファッションはなぜ安いのか。激安Tシャツを選ぶことがなぜ環境破壊につながるのか。自分の服が貧困，人権侵害，環境破壊を生んでいないか。

＊　オーガニック繊維製品のためのマーク。糸，生地，衣類など広い意味での繊維製品が対象。オーガニック繊維を原料とし，すべての工程で環境負荷をかけず社会責任に配慮して製造することが要求される。
＊＊　OCS Blendedには5％以上95％未満のオーガニック原料，OCS 100には95〜100％のオーガニック原料を含む製品（食品を除く）が該当する。
＊＊＊　2019年12月に開催されたCOP25ではスウェーデンのグレタ・トゥンベリさんが演説するなど，世界から若者が集結し注目を集めた。

資料⑦

高等学校の環境の実践例

東京都立戸山高等学校　荒井きよみ

1. 単元名「持続可能な社会をめざしたライフスタイル」(第1学年)

2. 単元設定について

なぜSDGs（持続可能な開発目標）が必要なのか。自分はどのように関わることができるのか。SDGsを通して，持続可能性を考慮したライフスタイルを共有する。

3. 単元の目標

・SDGsがなぜ必要なのか理解し，持続可能性を考慮したライフスタイルを知る。
・持続可能性を考慮し，SDGs実現のための主体的な行動をしようとする。

4. 指導計画(全8時間)

①SDGsで生活を変え，社会を変え，地球を守る……………………………………2時間(本時)
・SDGsがなぜ採択されたのか，その背景を知り，解決に向けた対話を通し，持続可能性を考慮したライフスタイルを共有する。
②持続可能な食生活とは………………………………………………………………2時間
・調理方法や片付けの流れのなかで，環境に配慮した目標を立て，調理実習をする。
・ごみの重量などを記録し，グループで比較して，課題と改善策を発表する。
③持続可能な衣生活とは………………………………………………………………2時間
・自分の着用している衣服やその素材がどのように，どこでつくられたものか調べ，グループでファストファッション，オーガニックコットン，フェアトレード，衣料品輸入浸透率などについてまとめ，SDGsを実現するための課題と方法を発表する。
④持続可能な住生活とは………………………………………………………………2時間
・世界最大の木材輸入国の私たちの生活を支えるために，コンクリート型枠材や建築材として，熱帯雨林材がどのように，どこから調達され，どこに使用されるのか，現状を調べ，グループでSDGsを実現するための課題と方法を発表する。

5. 評価

・持続可能な社会の構築の必要性について知っている。
・持続可能なライフスタイルについて，具体的な取り組みを考えている。

6. 本時案(1・2/8時間)

(1)本時の目標

・なぜSDGsが必要なのか知る。
・1日の生活のなかからSDGsに貢献できることを見いだす。
・SDGsの17目標のつながりや重要性を伝える。

（2）展開

段階	学習活動	指導上の留意点（○），評価（▶）
導入 10分	●国連の動画からSDGsの17の目標とその内容を知る。	○動画を視聴する前に，事前調査として知っている生徒がどの程度いるか，挙手などで確認する。知っている生徒にはその内容を発言させるとよい。
展開 50分	●買い物をするとき，自分が重視する目標を1つ選び，その理由をワークプリントに記入する。 ●5～6人のグループに分かれ，グループ内で発表し合い，各人が出した目標がどのようにつながるか，またその理由を考える。 ●ホワイトボード（またはA3判用紙）にまとめ，全グループの代表が順に発表をする。	○17の目標から1つに絞れなくてもよい。ただし，理由は必ず記述させる。 ○各グループの活動状況を把握しながら，「なぜ」「どういうふうに」など助言し，生徒の考えを深める。 ▶17の目標が互いに深いところでつながっていることがわかっているか。 ▶まとめ方や表現が適切か，わかりやすい発表か。 ○同じ目標を挙げたとしても，つながり方やその理由はグループごとに異なる点を指摘し，共有することの重要性を強調する。 ○発表の際に，ほかのグループから質問や意見が出るよう促す。
まとめ 40分	●すべての班の発表を聞いて，考えが変わった点や追加する点をワークプリントに記入する。 ●自分の1日の生活の中でSDGsと関わることができそうなこと・行動に移せることを見つけ，SDGsがなぜ必要なのか考え，ワークプリントに記入する。 ●ワークプリントに記入したことをグループ内で共有し，各グループの代表者がグループで出された内容を発表する。 ●学習を振り返り，感じたことやわかったこと，自分の活動の評価をワークプリントに記入する。	 ▶自分の生活のなかから課題をみつけることができたか。 ▶発見した課題に対して適切な解を導くことができたか，わかりやすい発表か。 ▶SDGsはなぜ必要か，事実を踏まえ，考えをまとめることができたか。 ○持続可能な社会をめざしたライフスタイルの視点として宣言させる。

※155ページにワークプリントがあります。

[注] 第1章

(1)国立教育政策研究所プロジェクト「理系文系進路選択に関わる意識調査」『中学校・高等学校に置ける理系進路選択に関する研究』2012年10月

(2)旭化成ホームズ株式会社・くらしノベーション研究所・共働き家族研究所「いまどき30代夫の家事参加の実態と意識～25年間の調査を踏まえて」2014年7月

(3)安彦忠彦「これからの家庭科教育に期待すること」『日本家庭科教育学会誌』第60巻第3号，2017年

(4)ベネッセ教育総合研究所「第5回学習基本調査」2015年

(5)国立教育政策研究所教育課程研究センター「平成24年度小学校学習指導要領実施状況調査」2012年

(6)佐々木正人『アフォーダンス－新しい認知の理論－』岩波書店，1994年

(7)佐川澄子『縫う－指導と実際』光生館，1978年

(8)ベネッセ教育総合研究所，前掲調査

(9)日本家庭科教育学会特別研究委員会家庭科未来プロジェクト最終報告「家庭生活に関わる意識や高等学校家庭科に関する全国調査」資料，2017年

(10)日景弥生・山田桂子「高等学校家庭科の調理実習－授業実践の『楽しさ感』と『役立ち感』の調査－」『弘前大学教育学部紀要』第87号，2002年

(11)河村美穂「技能・技術のとらえ直しと『生活スキル』」『シリーズ生活をつくる家庭科第1巻　個人・家族・社会をつなぐ生活スキル』日本家庭科教育学会編，ドメス出版，2007年

(12)日本家庭科教育学会編『児童・生徒の家庭生活と家庭科カリキュラム－全国調査からみた家庭科の学習効果と家庭科カリキュラムへの提言』日本家庭科教育学会，2004年

第2章

(13)葭内ありさ・石原愛子「高校家庭科における食文化に関する授業実践－絵本を用いた配膳に関する学習とその効果－」『日本家庭科教育学会大会セミナー発表要旨集』2013年，第56回大会

(14)総務省青少年対策本部「子供と家族に関する国際比較調査」1995年

(15)大谷良光・日景弥生・長瀬清編『東北発！ 地域に根ざした技術・家庭科の授業』弘前大学出版会，2010年

(16)齊藤一弥「第5章　算数・数学という文化を丁寧に受け継ぐ」『教科の本質から迫るコンピテンシー・ベイスの授業づくり』奈須正裕・江間史明編著，明治図書，2015年

(17)Marjorie M. Brown, *What is Home Economics Education?*, University of Minesota, 1980

第5章

(18)神奈川県教育委員会「携帯電話等及びパソコンにおけるインターネットの利用状況等に関するアンケート調査結果」2016年1月

(19)福田恵子「主体的な消費者を育てる教材づくり」『授業力UP　家庭科の授業』日本標準，2008年

(20)石岡富貴子・岡山千賀子「学校『広告』教育の現状と活用に関する研究　－小・中・高校生の実態調査を通して－」『兵庫教育大学研究紀要』3分冊，自然系教育・生活・健康系教育，1997年

(21)石岡富貴子他「学校『広告』教育についての研究　－中学生の意識調査を通じて－」『鳥取大学教育学部研究報告教育科学』第40巻第1号，1998年
(22)田結庄順子他「児童・生徒・大学生の消費実態と学校における消費者教育の今後の課題に関する研究（第１報）」『日本家政学会誌』第43巻第8号，1992年
(23)古重奈央・伊藤葉子「消費者社会化の発達とテレビCMの影響」『日本家庭科教育学会誌』第53巻第2号，2010年
(24)上杉嘉見「広告規制と消費者教育　－カナダ・ケベック州における子どもの保護と商業宣伝の倫理－」『東京学芸大学紀要』総合教育科学Ⅱ，第66巻第２号，2015年
(25)重川純子・荒井靖子「広告が中学生の消費行動へ及ぼす影響を踏まえた消費者教育の検討」『埼玉大学紀要』教育学部，第66巻第2号，2017年
(26)勝田映子「主体的な消費者を育てる教材づくりの実践例」『授業力UP　家庭科の授業』日本標準，2008年
(27)福田，前掲書
(28)河村美穂・芳川りえ「小学生の調理技能の実態とその学習効果　－包丁技能の習得を中心に」『日本家庭科教育学会誌』第57巻2号，2014年
(29)日本学術会議心理学・教育学委員会市民性の涵養という観点から高校の社会科教育の在り方を考える分科会「提言　18歳を市民に　－市民性の涵養をめざす高等学校公民科の改革－」2016年5月
(30)望月一枝『シティズンシップ教育と教師のポジショナリティ　－家庭科・生活指導実践に着目して』勁草書房，2012年

［参考文献］江原由美子・山田昌弘『ジェンダーの社会学入門』岩波書店，2008年
藤井ひろみ監修『よくわかるLGBT－多様な「性」を理解しよう』PHP，2017年
LGBT支援法律家ネットワーク出版プロジェクト編『セクシュアル・マイノリティQ&A』弘文堂，2016年
中島哲彦監修『考えよう！ 子どもの貧困　－なぜ生じる？ なくす方法は？』PHP，2017年
男女共同参画統計研究会編『男女共同参画統計データブック－日本の女性と男性－2015』ぎょうせい
藤田千枝編『くらべてわかる世界地図③ジェンダーの世界地図』大月書店，2004年
フランチェスカ・バルディ［文］・フランチェスコ・トゥーリオ・アルタン［絵］『たまごちゃん，たびにでる』イタリア会館出版部，2013年

資料編

ワークプリント
- ①地域の人々とのかかわりを考えよう……………………………146
- ②冬を暖かく快適に過ごす着方を工夫しよう……………………147
- ③卒業を祝うエコパーティを開こう………………………………148
- ④仕事と家族について考える………………………………………149
- ⑤幼児の体型の特徴を理解しよう…………………………………150
- ⑥肉の料理（ハンバーグ）の班新聞をつくろう…………………151
- ⑦３日分のふさわしい衣服を考えよう……………………………152
- ⑧家族に合った住まい方を工夫しよう②…………………………153
- ⑨買い物から考える意思決定………………………………………154
- ⑩SDGsで生活から社会を変え，地球を守る……………………155

学習指導案……………………………………………………………156
学習指導案のモデル……………………………………………………160

小学校学習指導要領…………………………………………………164
　第8節　家庭（2017〈平成29〉年3月告示　文部科学省）

中学校学習指導要領…………………………………………………169
　第8節　技術・家庭（2017〈平成29〉年3月告示　文部科学省）

高等学校学習指導要領………………………………………………175
　第9節　家庭（2018〈平成30〉年3月告示　文部科学省）

索引……………………………………………………………………185

ワークプリント① 第3章5 「家族・家庭生活」の授業をつくる

地域の人々とのかかわりを考えよう

年　　組　　番　名前

自分たちが地域のためにできることを考えよう！

1. これまで，自分が地域の人々とかかわった場面を思い出して書きましょう。

いつ	だれと	どのような場面で

2. 家庭と地域とがかかわる場面を考えて書きましょう。

家庭と地域とのかかわりから気づいたこと

3. 自分が地域に協力できそうな活動を考えて書きましょう。

私たちも地域に住む一員だね！

4. 地域のための活動を考えよう。
　　★みんなの意見をそれぞれ評価し，みんなで実践できる活動を決めて，活動計画を立ててみましょう。

　　日　　時：
　　活動内容：
　　目　　標：

ワークプリント② 第3章6 「衣食住の生活」の授業をつくる

冬を暖かく快適に過ごす着方を工夫しよう

年　組　番　名前

1. 重ね着の効果を調べる実験を計画しましょう。

　手順：60℃程度の湯を三角フラスコに入れ，温度の下がり方を見る。
　条件設定：

条件A	条件B	条件C	条件D	条件E
布なし	布1枚			

2. 結果をグラフで記録しましょう。（グラフの凡例を明記すること）

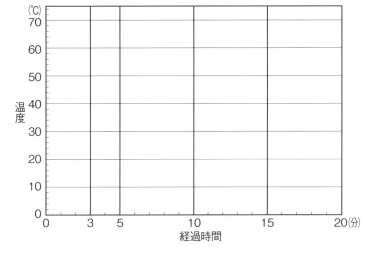

MEMO

3. 実験結果についてまとめましょう。

4. 冬を暖かく快適に過ごす着方について，アドバイスシートをつくりましょう。

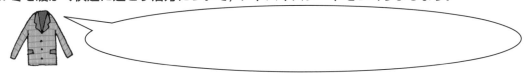

ワークプリント　147

ワークプリント③ 　第3章7　「消費生活・環境」の授業をつくる

卒業を祝うエコパーティを開こう

年　　組　　番 名前

【学習のめあて】

　これまでに学習したことを活用したエコな卒業お祝いパーティを考え，お世話になった地域の方々に感謝の気持ちを伝えよう。

1. どんなエコパーティーをしたいか，どんなパーティーなら喜ばれるかを考えよう。

（　　　　　　　　　　　　　　　　　　　　　　　　　　　　　　　　　　　　　　）

2. 全体の計画を立てよう。（各班ですること，作る物，分担）
　　○日時（　　　　　　　）　○場所（　　　　　　　）　○お招きする人（　　　　　　）
　　○すること（　　　　　　　　　　　　　　　　　　　　　　　　　　　　　　　　　　）
　　○作る物（　　　　　　　　　　　　　　　　　　　　　　　　　　　　　　　　　　　）
　　○予算：1人300円以内

3. グループごとの準備計画

グループ名					
お招きする人					
こんなおもてなしがしたい					
★調理（軽食・飲み物）					
材料					
買い物の工夫					
★製作する物					
役割分担					

4. 授業や友だちとの交流でわかったこと，思ったこと

第　時　月　日	第　時　月　日	第　時　月　日

148　　資料編

ワークプリント④ 第6章1 家族の授業をつくる

仕事と家族について考える

年　　組　　番 名前

1. ジェンダーとは

2. 社会にある男女の格差について調べ，諸外国と比較しましょう。

	国内における状況	諸外国との比較
政　治		
教　育		
仕事①		
仕事②		

3. 調べた結果からみえてきたことについて，まとめましょう。

4. これからの社会のあり方について，考えたことを書きましょう。

ワークプリント⑤　第6章2　保育の授業をつくる

幼児の体型の特徴を理解しよう

年　　組　　番　名前

1. 幼児のからだの感覚や大きさを視覚的に体験しましょう。

   ○チャイルドビジョンをつけて自分の周囲を観察しましょう。

   ○身長100cmの高さにして（ひざ立ち）周囲を観察しましょう。
   　100cmの状態で，中学生から声をかけてもらう。100cmで見えたおもしろそうなものに手を伸ばしてみる（ビデオカメラで100cmの高さで見える世界を撮影してもよい）。

   ○幼児の手形・足形の横に，自分の手と足を乗せて違いを観察しましょう。

2. 自分が生まれたとき，1歳，3歳，4歳のときの身長と体重を調べましょう。

	誕生時	1歳時	3歳時	4歳時
身長	cm	cm	cm	cm
体重	g	g （　倍）	g （　倍）	g （　倍）

3. 1, 2から，幼児と接するときに中学生との違いで気をつけることを考えて書きましょう。

   (1) 目の高さはどうでしたか。

   (2) 見えるもの，手にふれるものはどうでしたか。

   (3) 体の大きさはどうでしたか。

ワークプリント⑥ 第6章3 食の授業をつくる

肉の料理（ハンバーグ）の班新聞をつくろう

年　　組　　番 名前

1. 家で作る以外のハンバーグについて，知っていることを書き出しましょう。

2. 自分の班の新聞のテーマを決めよう。

班新聞のテーマは

です。

3. 班新聞に入れたい小テーマを決めましょう。

小テーマ	担当者（メンバーの名前）

4. 今日の授業のひと言感想を書きましょう。

ワークプリント　151

ワークプリント⑦ 第6章4 衣生活の授業をつくる

3日分のふさわしい衣服を考えよう

年　　組　　番　名前

1. あなたは2泊3日の旅行に必要な衣服を用意し，旅行かばんに入れて準備することにしました。どのような衣服が必要でしょうか。旅行で想定されるいくつかの場面を想定し，TPO（時，場所，場合）に合わせ，自分らしい服装の組み合わせを工夫しましょう。

場面	(例) T：春の午後 　　P：結婚式場 　　O：いとこの結婚式	T： P： O：	T： P： O：
服装	学生服は着くずさずにきちんと着る。 運動靴ではなく，革靴でフォーマル度をアップ。		
説明	学生服は中学生のフォーマルウェアとしても利用できるので活用する。使い古した運動靴ではなく，革靴を履いた。		

◆上の服も含めて，旅行かばんに，どのような服を入れる必要があるでしょうか。以下に書き加えましょう。

下着（　　）セット，靴下（　　）セット，パジャマ

2. 防災の観点から3日分の備えをします。どのような衣服を準備しておいたらよいと思いますか。

3. TPOに合わせ，自分らしい服装の組み合わせを工夫するための留意点をまとめましょう。

152　資料編

ワークプリント⑧　第6章5　住生活の授業をつくる

家族に合った住まい方を工夫しよう②

年　　組　　番　名前

> 高中家はひとり暮らしになった母方の祖母と同居することになりました。
> 父母は子どもの通う学校の学区域にA宅とB宅を見つけました。
> そして，高中家はA宅に引っ越すことに決めました。

1. 高中家の家族が関わり合えるように，A宅の住まい方を考えよう。
   考えた工夫を書き込み，その理由を吹き出しで付け加えよう。

―― 高中家 ――
祖母（母方）
父
母
長男（中2）
次男（小5）

1階平面図

2階平面図

(岡村精二『子どもをダメにしない住まい方』柏樹社, 1991年より)

2. 家族とのかかわりをよくする住まい方の工夫について，自分の言葉でまとめよう。

ワークプリント　153

ワークプリント⑨　第6章6　消費生活・環境の授業をつくる

買い物から考える意思決定

年　　組　　番　名前

1. 買い方のメリット・デメリットは何だろう。

グループ用ワークプリント

	A：ネットオークション	B：ネットフリマ	C：ネット通販	D：直営サイト
メリット				
デメリット				

2. リスクを判定してみよう。

班

A：ネットオークション

項 目	1（よい）	2（まあよい）	3（あまりよくない）	4（よくない）
【安　　全】				
【品　　質】				
【サービス】				
【意思表示】				
【社会貢献】				

コメント：

B：ネットフリマ

項 目	1（よい）	2（まあよい）	3（あまりよくない）	4（よくない）
【安　　全】				
【品　　質】				
【サービス】				
【意思表示】				
【社会貢献】				

コメント：

C：ネット通販

項 目	1（よい）	2（まあよい）	3（あまりよくない）	4（よくない）
【安　　全】				
【品　　質】				
【サービス】				
【意思表示】				
【社会貢献】				

コメント：

D：直営サイト

項 目	1（よい）	2（まあよい）	3（あまりよくない）	4（よくない）
【安　　全】				
【品　　質】				
【サービス】				
【意思表示】				
【社会貢献】				

コメント：

154　資料編

ワークプリント⑩ 　第6章7　環境の授業をつくる

SDGsで生活から社会を変え，地球を守る

年　　組　　番　名前

1. SDGsとは何ですか。

2. 買い物で重視する目標はどれですか。

　　●その理由を考えてみよう。

3. グループで出し合った目標を線でつなげてみよう。

4. 1日の生活のなかでかかわれること・行動にうつせることは何ですか。

5. SDGsはなぜ必要ですか。

6. 振り返り　（1：できなかった　2：あまりできなかった　3：少しできた　4：できた）
　　①17の目標が互いにつながっていることに気づいた。　　　（　1　・　2　・　3　・　4　）
　　②17の目標の関係をわかりやすくまとめた。　　　　　　　（　1　・　2　・　3　・　4　）
　　③自分の生活から課題をみつけ，解決策を考えた。　　　　（　1　・　2　・　3　・　4　）
　　④②や③についてわかりやすく発表した。　　　　　　　　（　1　・　2　・　3　・　4　）
　　⑤SDGsがなぜ必要か説明できた。　　　　　　　　　　　（　1　・　2　・　3　・　4　）

ワークプリント　155

資料①

学習指導案

　　学習指導案を書く際に，どんな場面で書くのかが大切である。大学の授業で架空の学習指導案を書く場合は，対象の子どもたちについて，あまり知らないまま書かなくてはならない。教育実習先では，大学で学んだことを基礎に，目の前の子どもたちの実態に合った授業を展開していかなければならない。すでに小学校・中学校・高等学校教員として働いている方へのアドバイスもある。そこで，学習指導案を書くための注意点を分けてまとめてみた。

　　なお，教育実習で学習指導案を書く場合，実習先の学校の様式にのっとって書く。

●大学ではじめて学習指導案を書く場合

1. 第○学年　○○学習指導案
   - どんな内容の単元(題材)を書くのか考える際，学習指導要領や教科書を参考にするとよい。また，家族・家庭生活，食生活，衣生活，住生活，消費，環境などの分野から絞り込んでいく方法もある。
   - 学年を書く。学年を決めるのは，小学校家庭科では，5年は家庭科を学ぶはじめての学年で，6年は2年目であり，5年生の学習を基盤としている。6年は小学校最高学年でもある。教科書をみて，学年を決めてもいい。中学校・高等学校で実習する場合は，実習先の学校が決まり，担当学年が決まっていたら，その学年・分野で書く。
   - 中学校では「技術・家庭」という科目で，1年2単位・2年2単位・3年1単位で，「家庭分野」はその半分である。
   - 最初に学級名「○年○組」，日時，場所，指導教員，授業者を書くことが多い。指導教員や学校長に押印してもらう場合もある。

2. 単元名
   - 家庭科の場合は「題材」を使うほうが多いが，他教科では「単元」を使っているので，ここでは「単元」とした。
   - 単元(題材)は自由に自分で選んでよいが，教科書を参考にしながら単元(題材)名を考える。教科書の単元(題材)を選んでもよい。
   - 単元(題材)名は内容がわかるようなものがよい。「○○について」などは○○について取り扱っていることはわかるが，どのようなことをめざして取り組んでいるのかが不明なので避けるほうがよい。
   - 単元(題材)名はシンプルで，子どもたちにとってもわかりやすいものがよい。

3. 単元の学習目標
   - 包括的な学習目標として，2～4行程度に簡潔にまとめて書く。

4. 単元について
   - なぜ，その単元(題材)を選んだのか書く。できれば，単元(題材)の目標に結びつきやすい書き方をする。

156　資料編

- 子どもたちの実態について書く際に，最近の調査結果をみたりして書く。つまり，フィクションで書くことになる。

5. 単元の目標
   - なるべくたくさん書いてから絞ってもいいが，1観点だけにならないようにする。
   - できれば，すべての観点が入っているほうがよい。

6. 指導計画
   - 4～6時間で構成するのが望ましい。
   - 実習や実験が入る場合は時間数を考え，前後1時間ずつとるようにしたい。
   - 同じ内容を各グループでやってほしい場合は2時間とる。教師の負担から考えてもどうしても実習・実験が必要な内容にする。
   - 本時がわかるようにする。

7. 本時の指導
   (1) 本時名(小単元名でも可)
   (2) 本時の目標
   - 単元(題材)の目標は上位であり，本時の目標は下位である。以下の図を参考にしてほしい。つまり，2観点くらいでよい。

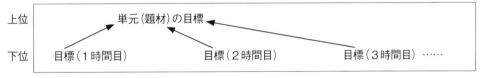

   (3) 本時の展開
   - 表にする。例をあげる。

段階	学習活動	指導上の留意点・評価	資料など
導入 ○分			
展開 ○分			
まとめ ○分			

資料①

- 導入は子どもたちがわくわくするもの，疑問をもつようなものがよい。
- 答えがない発問と答えがある発問を区別する。後者は間違っていたり，子どもたちが自発的に答えを言わない（誰も答えない）場合はどうするのか考えておく必要がある。
- 板書は通常は１時間で１枚だが，黒板を２回に分けて使用するときには２枚になる。
- ＶＴＲや資料を使う場合は必ず実際に使う資料を作成して，一緒に提出する。この資料に関しては，インターネットを使って手に入れたものをそのままプリントアウトするのではなく，出所は明らかにして，一部を示すなどしてほしい。
- 学習の流れがストーリーになっているように作成する。つまり，学習内容が羅列されていないように心がける。
- 学習指導案に示した学習活動には必ず答えが用意されており，できれば指導案のなかに記述する。

（4）本時の評価
- 本時の目標に合わせて評価を決める。
- 知識・技能を目標にする際には，あらかじめ獲得してほしい知識・技能を決めておく。
- 評価は上記のように表のなかに入れなくてもよいが，入れると指導との関係がわかりやすい。

●教育実習の場合

1. 単元(題材)名
- 教育実習では指定される。

2. 単元について
- 担当の先生に教えてもらったり，簡単なアンケートをとってから書いてもいい。アンケートをとったときには考察する。

3. 単元(題材)の目標
- 実習先の児童・生徒の現状をみて考える。

4. 本時の展開
- 実習先の学校のやり方があるので従う。たとえば，学習課題を色線で囲む場合など。
- ノートの書き方も決まっている場合がある。
- 展開を書く際に，評価や資料なども明記する場合が多い。
- 時間配分に気をつける。予定した時間内に終わるか検討する。
- 評価も実習先の表記の仕方に倣う。

●すでに小学校・中学校・高等学校で教えている場合

1. 単元(題材)名
・学校での児童・生徒の現状をみて,単元(題材)を決める。

2. 指導計画
・学校の目標や行事を配慮して年間指導計画を立て,全体のバランスをみて各単元(題材)の指導時間を考える。
・何を教えるのかではなく,何ができるようになるのかを考えて指導計画を立てる。
・実習・実験はやりっぱなしではなく,何を学んだのか発表させ,話し合う時間を設ける。
・課題解決学習になるように工夫する。

3. 本時の展開
・話し合いの際には発表した児童・生徒だけではなく,クラス全員が参加するような手だてを考える。ブレーンストーミングやイメージマップ(42ページ参照)・ロール・プレイング(74ページ参照)に挑戦してみる。
・授業のなかでICTを活用してみる。
・児童・生徒のなかで知識が整理され,次の授業への意欲へとつながることが望ましい。
・家庭や児童・生徒を個別に尊重するために,授業中の発言には気をつける。たとえば,外国籍の児童・生徒や家庭環境が複雑な児童・生徒,LGBT (性的マイノリティ)の児童・生徒がカミングアウトしていない場合もあるので言葉遣いに配慮してほしい。

4. 評価基準
・技能の評価をする際に,「○○ができる・できない」だけではなく,4段階くらいで分けて,なるべく過程を評価する。
・パフォーマンス評価を取り入れてほしい。

資料①

学習指導案のモデル

第○学年家庭科学習指導案

学　　級　○年○組
日　　時　○○○○年○月○日（○）○校時
場　　所　○年○組教室
指導教員　○○　○○　先生
授 業 者　○○　○○

1．単元（題材）名 ……………………………………………………………………………
（教材名…………………………………○○社○年家庭科教科書○〜○ページ）

2．単元（題材）について
……………………………………………………………………………………………
……………………………………………………………………………………………
……………………………………………………………………………………………
……………………………………………………………………………………………
……………………………………………………………………………………………
……………………………………………………………………………………………
……………………………………………………………………………………………
……………………………………………………………………………………………

> 児童・生徒の実態だけでなく，どんな力を育むのかを書く。

3．単元（題材）の（学習）目標
……………………………………………………………………………………………
……………………………………………………………………………………………
……………………………………………………………………………………………
……………………………………………………………………………………………

（指導事項）
…………………………………………………………………………………【　　】
…………………………………………………………………………………【　　】

> 学習指導要領の指導事項の項目記号を【　　】に入れて示す。

（単元の評価規準）
……………………………………………………………………………………………
……………………………………………………………………………………………
……………………………………………………………………………………………
……………………………………………………………………………………………

> 「知識・技能」「思考・判断・表現」「主体的に学習に取り組む態度」について具体的に書く。

160　資料編

4．単元（題材）の指導計画

時	学習活動	指導上の留意点・評価
1		
2		
3		
4		
5		…………………本時
6		

5．本時の指導計画
（上の単元の指導計画に本時がわかるようにする）

(1)本時の（学習）目標

………………………………………………………………………………………
………………………………………………………………………………………
………………………………………………………………………………………
………………………………………………………………………………………
………………………………………………………………………………………

単元の目標は単元の指導計画
の各時間の目標を構成している。

学習指導案　　161

資料①

(2)本時の展開

段階	学習活動	指導上の留意点・評価	資料等
導入			
展開			
まとめ			

(3)本時の評価

………………………………………………………………………
………………………………………………………………………
………………………………………………………………………
………………………………………………………………………
………………………………………………………………………
………………………………………………………………………
………………………………………………………………………

単元の目標と評価は連動していることに気をつける。

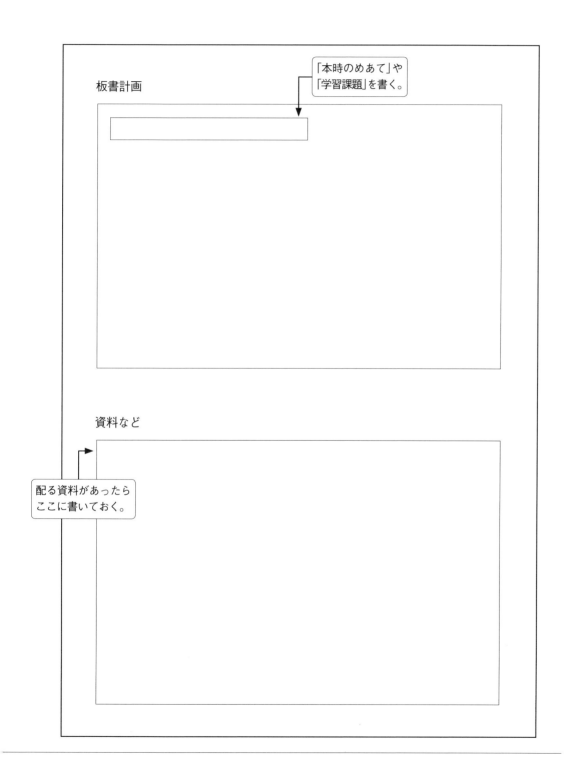

小学校学習指導要領

小学校学習指導要領
第8節　家　庭

第1　目標

　生活の営みに係る見方・考え方を働かせ，衣食住などに関する実践的・体験的な活動を通して，生活をより
よくしようと工夫する資質・能力を次のとおり育成することを目指す。
- (1) 家族や家庭，衣食住，消費や環境などについて，日常生活に必要な基礎的な理解を図るとともに，それ
らに係る技能を身に付けるようにする。
- (2) 日常生活の中から問題を見いだして課題を設定し，様々な解決方法を考え，実践を評価・改善し，考え
たことを表現するなど，課題を解決する力を養う。
- (3) 家庭生活を大切にする心情を育み，家族や地域の人々との関わりを考え，家族の一員として，生活を
よりよくしようと工夫する実践的な態度を養う。

第2　各学年の内容

〔第5学年及び第6学年〕
1　内　容
A　家族・家庭生活
　　次の(1)から(4)までの項目について，課題をもって，家族や地域の人々と協力し，よりよい家庭生活に
向けて考え，工夫する活動を通して，次の事項を身に付けることができるよう指導する。
- (1) 自分の成長と家族・家庭生活
　　ア 自分の成長を自覚し，家庭生活と家族の大切さや家庭生活が家族の協力によって営まれていることに
　　　気付くこと。
- (2) 家庭生活と仕事
　　ア 家庭には，家庭生活を支える仕事があり，互いに協力し分担する必要があることや生活時間の有効な
　　　使い方について理解すること。
　　イ 家庭の仕事の計画を考え，工夫すること。
- (3) 家族や地域の人々との関わり

164　　資料編

ア 次のような知識を身に付けること。

(ア) 家族との触れ合いや団らんの大切さについて理解すること。

(イ) 家庭生活は地域の人々との関わりで成り立っていることが分かり，地域の人々との協力が大切であることを理解すること。

イ 家族や地域の人々とのよりよい関わりについて考え，工夫すること。

(4) 家族・家庭生活についての課題と実践

ア 日常生活の中から問題を見いだして課題を設定し，よりよい生活を考え，計画を立てて実践できること。

B　衣食住の生活

次の(1)から(6)までの項目について，課題をもって，健康・快適・安全で豊かな食生活，衣生活，住生活に向けて考え，工夫する活動を通して，次の事項を身に付けることができるよう指導する。

(1) 食事の役割

ア 食事の役割が分かり，日常の食事の大切さと食事の仕方について理解すること。

イ 楽しく食べるために日常の食事の仕方を考え，工夫すること。

(2) 調理の基礎

ア 次のような知識及び技能を身に付けること。

(ア) 調理に必要な材料の分量や手順が分かり，調理計画について理解すること。

(イ) 調理に必要な用具や食器の安全で衛生的な取扱い及び加熱用調理器具の安全な取扱いについて理解し，適切に使用できること。

(ウ) 材料に応じた洗い方，調理に適した切り方，味の付け方，盛り付け，配膳及び後片付けを理解し，適切にできること。

(エ) 材料に適したゆで方，いため方を理解し，適切にできること。

(オ) 伝統的な日常食である米飯及びみそ汁の調理の仕方を理解し，適切にできること。

イ おいしく食べるために調理計画を考え，調理の仕方を工夫すること。

(3) 栄養を考えた食事

ア 次のような知識を身に付けること。

(ア) 体に必要な栄養素の種類と主な働きについて理解すること。

(イ) 食品の栄養的な特徴が分かり，料理や食品を組み合わせてとる必要があることを理解すること。

(ウ) 献立を構成する要素が分かり，1食分の献立作成の方法について理解すること。

イ 1食分の献立について栄養のバランスを考え，工夫すること。

(4) 衣服の着用と手入れ

ア 次のような知識及び技能を身に付けること。

(ア) 衣服の主な働きが分かり，季節や状況に応じた日常着の快適な着方について理解すること。

(イ) 日常着の手入れが必要であることや，ボタンの付け方及び洗濯の仕方を理解し，適切にできること。

イ 日常着の快適な着方や手入れの仕方を考え，工夫すること。

(5) 生活を豊かにするための布を用いた製作

小学校学習指導要領

ア 次のような知識及び技能を身に付けること。

(ア) 製作に必要な材料や手順が分かり，製作計画について理解すること。

(イ) 手縫いやミシン縫いによる目的に応じた縫い方及び用具の安全な取扱いについて理解し，適切にできること。

イ 生活を豊かにするために布を用いた物の製作計画を考え，製作を工夫すること。

(6) 快適な住まい方

ア 次のような知識及び技能を身に付けること。

(ア) 住まいの主な働きが分かり，季節の変化に合わせた生活の大切さや住まい方について理解すること。

(イ) 住まいの整理・整頓や清掃の仕方を理解し，適切にできること。

イ 季節の変化に合わせた住まい方，整理・整頓や清掃の仕方を考え，快適な住まい方を工夫すること。

C 消費生活・環境

次の(1)及び(2)の項目について，課題をもって，持続可能な社会の構築に向けて身近な消費生活と環境を考え，工夫する活動を通して，次の事項を身に付けることができるよう指導する。

(1) 物や金銭の使い方と買物

ア 次のような知識及び技能を身に付けること。

(ア) 買物の仕組みや消費者の役割が分かり，物や金銭の大切さと計画的な使い方について理解すること。

(イ) 身近な物の選び方，買い方を理解し，購入するために必要な情報の収集・整理が適切にできること。

イ 購入に必要な情報を活用し，身近な物の選び方，買い方を考え，工夫すること。

(2) 環境に配慮した生活

ア 自分の生活と身近な環境との関わりや環境に配慮した物の使い方などについて理解すること。

イ 環境に配慮した生活について物の使い方などを考え，工夫すること。

2 内容の取扱い

(1) 内容の「A家族・家庭生活」については，次のとおり取り扱うこと。

ア (1)のアについては，AからCまでの各内容の学習と関連を図り，日常生活における様々な問題について，家族や地域の人々との協力，健康・快適・安全，持続可能な社会の構築等を視点として考え，解決に向けて工夫することが大切であることに気付かせるようにすること。

イ (2)のイについては，内容の「B衣食住の生活」と関連を図り，衣食住に関わる仕事を具体的に実践できるよう配慮すること。

ウ (3)については，幼児又は低学年の児童や高齢者など異なる世代の人々との関わりについても扱うこと。また，イについては，他教科等における学習との関連を図るよう配慮すること。

(2) 内容の「B衣食住の生活」については，次のとおり取り扱うこと。

ア 日本の伝統的な生活についても扱い，生活文化に気付くことができるよう配慮すること。

イ (2)のアの(エ)については，ゆでる材料として青菜やじゃがいもなどを扱うこと。(オ)については，和食の基本となるだしの役割についても触れること。

ウ (3)のアの(ア)については，五大栄養素と食品の体内での主な働きを中心に扱うこと。(ウ)については，献立を構成する要素として主食，主菜，副菜について扱うこと。

166　資料編

エ 食に関する指導については，家庭科の特質に応じて，食育の充実に資するよう配慮すること。また，第4学年までの食に関する学習との関連を図ること。

オ (5)については，日常生活で使用する物を入れる袋などの製作を扱うこと。

カ (6)のアの(ア)については，主として暑さ・寒さ，通風・換気，採光，及び音を取り上げること。暑さ・寒さについては，(4)のアの(ア)の日常着の快適な着方と関連を図ること。

(3) 内容の「C消費生活・環境」については，次のとおり取り扱うこと。

ア (1)については，内容の「A家族・家庭生活」の(3)，「B衣食住の生活」の(2)，(5)及び(6)で扱う用具や実習材料などの身近な物を取り上げること。

イ (1)のアの(ア)については，売買契約の基礎について触れること。

ウ (2)については，内容の「B衣食住の生活」との関連を図り，実践的に学習できるようにすること。

第3 指導計画の作成と内容の取扱い

1 指導計画の作成に当たっては，次の事項に配慮するものとする。

(1) 題材など内容や時間のまとまりを見通して，その中で育む資質・能力の育成に向けて，児童の主体的・対話的で深い学びの実現を図るようにすること。その際，生活の営みに係る見方・考え方を働かせ，知識を生活体験等と関連付けてより深く理解するとともに，日常生活の中から問題を見いだして様々な解決方法を考え，他者と意見交流し，実践を評価・改善して，新たな課題を見いだす過程を重視した学習の充実を図ること。

(2) 第2の内容の「A家族・家庭生活」から「C消費生活・環境」までの各項目に配当する授業時数及び各項目の履修学年については，児童や学校，地域の実態等に応じて各学校において適切に定めること。その際，「A家族・家庭生活」の(1)のアについては，第4学年までの学習を踏まえ，2学年間の学習の見通しをもたせるために，第5学年の最初に履修させるとともに，「A家族・家庭生活」，「B衣食住の生活」，「C消費生活・環境」の学習と関連させるようにすること。

(3) 第2の内容の「A家族・家庭生活」の(4)については，実践的な活動を家庭や地域などで行うことができるよう配慮し，2学年間で一つ又は二つの課題を設定して履修させること。その際，「A家族・家庭生活」の(2)又は(3)，「B衣食住の生活」，「C消費生活・環境」で学習した内容との関連を図り，課題を設定できるようにすること。

(4) 第2の内容の「B衣食住の生活」の(2)及び(5)については，学習の効果を高めるため，2学年間にわたって取り扱い，平易なものから段階的に学習できるよう計画すること。

(5) 題材の構成に当たっては，児童や学校，地域の実態を的確に捉えるとともに，内容相互の関連を図り，指導の効果を高めるようにすること。その際，他教科等との関連を明確にするとともに，中学校の学習を見据え，系統的に指導ができるようにすること。

小学校学習指導要領　167

(6) 障害のある児童などについては，学習活動を行う場合に生じる困難さに応じた指導内容や指導方法の工夫を計画的，組織的に行うこと。

(7) 第1章総則の第1の2の(2)に示す道徳教育の目標に基づき，道徳科などとの関連を考慮しながら，第3章特別の教科道徳の第2に示す内容について，家庭科の特質に応じて適切な指導をすること。

2　第2の内容の取扱いについては，次の事項に配慮するものとする。

(1) 指導に当たっては，衣食住など生活の中の様々な言葉を実感を伴って理解する学習活動や，自分の生活における課題を解決するために言葉や図表などを用いて生活をよりよくする方法を考えたり，説明したりするなどの学習活動の充実を図ること。

(2) 指導に当たっては，コンピュータや情報通信ネットワークを積極的に活用して，実習等における情報の収集・整理や，実践結果の発表などを行うことができるように工夫すること。

(3) 生活の自立の基礎を培う基礎的・基本的な知識及び技能を習得するために，調理や製作等の手順の根拠について考えたり，実践する喜びを味わったりするなどの実践的・体験的な活動を充実すること。

(4) 学習内容の定着を図り，一人一人の個性を生かし伸ばすよう，児童の特性や生活体験などを把握し，技能の習得状況に応じた少人数指導や教材・教具の工夫など個に応じた指導の充実に努めること。

(5) 家庭や地域との連携を図り，児童が身に付けた知識及び技能などを日常生活に活用できるよう配慮すること。

3　実習の指導に当たっては，次の事項に配慮するものとする。

(1) 施設・設備の安全管理に配慮し，学習環境を整備するとともに，熱源や用具，機械などの取扱いに注意して事故防止の指導を徹底すること。

(2) 服装を整え，衛生に留意して用具の手入れや保管を適切に行うこと。

(3) 調理に用いる食品については，生の魚や肉は扱わないなど，安全・衛生に留意すること。また，食物アレルギーについても配慮すること。

中学校学習指導要領

中学校学習指導要領
第8節　技術・家庭

第1　目標

　生活の営みに係る見方・考え方や技術の見方・考え方を働かせ，生活や技術に関する実践的・体験的な活動を通して，よりよい生活の実現や持続可能な社会の構築に向けて，生活を工夫し創造する資質・能力を次のとおり育成することを目指す。
(1)　生活と技術についての基礎的な理解を図るとともに，それらに係る技能を身に付けるようにする。
(2)　生活や社会の中から問題を見いだして課題を設定し，解決策を構想し，実践を評価・改善し，表現するなど，課題を解決する力を養う。
(3)　よりよい生活の実現や持続可能な社会の構築に向けて，生活を工夫し創造しようとする実践的な態度を養う。

第2　各分野の目標及び内容

〔技術分野〕
（略）

〔家庭分野〕
1　目　標
　生活の営みに係る見方・考え方を働かせ，衣食住などに関する実践的・体験的な活動を通して，よりよい生活の実現に向けて，生活を工夫し創造する資質・能力を次のとおり育成することを目指す。
(1)　家族・家庭の機能について理解を深め，家族・家庭，衣食住，消費や環境などについて，生活の自立に必要な基礎的な理解を図るとともに，それらに係る技能を身に付けるようにする。
(2)　家族・家庭や地域における生活の中から問題を見いだして課題を設定し，解決策を構想し，実践を評価・改善し，考察したことを論理的に表現するなど，これからの生活を展望して課題を解決する力を養う。
(3)　自分と家族，家庭生活と地域との関わりを考え，家族や地域の人々と協働し，よりよい生活の実現に

中学校学習指導要領　　169

中学校学習指導要領

　向けて，生活を工夫し創造しようとする実践的な態度を養う。

2　内　容

A　家族・家庭生活

　次の(1)から(4)までの項目について，課題をもって，家族や地域の人々と協力・協働し，よりよい家庭生活に向けて考え，工夫する活動を通して，次の事項を身に付けることができるよう指導する。

(1)　自分の成長と家族・家庭生活

　　ア　自分の成長と家族や家庭生活との関わりが分かり，家族・家庭の基本的な機能について理解するとともに，家族や地域の人々と協力・協働して家庭生活を営む必要があることに気付くこと。

(2)　幼児の生活と家族

　　ア　次のような知識を身に付けること。

　　　(ｱ)　幼児の発達と生活の特徴が分かり，子供が育つ環境としての家族の役割について理解すること。

　　　(ｲ)　幼児にとっての遊びの意義や幼児との関わり方について理解すること。

　　イ　幼児とのよりよい関わり方について考え，工夫すること。

(3)　家族・家庭や地域との関わり

　　ア　次のような知識を身に付けること。

　　　(ｱ)　家族の互いの立場や役割が分かり，協力することによって家族関係をよりよくできることについて理解すること。

　　　(ｲ)　家庭生活は地域との相互の関わりで成り立っていることが分かり，高齢者など地域の人々と協働する必要があることや介護など高齢者との関わり方について理解すること。

　　イ　家族関係をよりよくする方法及び高齢者など地域の人々と関わり，協働する方法について考え，工夫すること。

(4)　家族・家庭生活についての課題と実践

　　ア　家族，幼児の生活又は地域の生活の中から問題を見いだして課題を設定し，その解決に向けてよりよい生活を考え，計画を立てて実践できること。

B　衣食住の生活

　次の(1)から(7)までの項目について，課題をもって，健康・快適・安全で豊かな食生活，衣生活，住生活に向けて考え，工夫する活動を通して，次の事項を身に付けることができるよう指導する。

(1)　食事の役割と中学生の栄養の特徴

　　ア　次のような知識を身に付けること。

　　　(ｱ)　生活の中で食事が果たす役割について理解すること。

　　　(ｲ)　中学生に必要な栄養の特徴が分かり，健康によい食習慣について理解すること。

　　イ　健康によい食習慣について考え，工夫すること。

(2)　中学生に必要な栄養を満たす食事

　　ア　次のような知識を身に付けること。

　　　(ｱ)　栄養素の種類と働きが分かり，食品の栄養的な特質について理解すること。

　　　(ｲ)　中学生の１日に必要な食品の種類と概量が分かり，１日分の献立作成の方法について理解すること。

170　　資料編

イ 中学生の1日分の献立について考え，工夫すること。

(3) 日常食の調理と地域の食文化

ア 次のような知識及び技能を身に付けること。

(ｱ) 日常生活と関連付け，用途に応じた食品の選択について理解し，適切にできること。

(ｲ) 食品や調理用具等の安全と衛生に留意した管理について理解し，適切にできること。

(ｳ) 材料に適した加熱調理の仕方について理解し，基礎的な日常食の調理が適切にできること。

(ｴ) 地域の食文化について理解し，地域の食材を用いた和食の調理が適切にできること。

イ 日常の1食分の調理について，食品の選択や調理の仕方，調理計画を考え，工夫すること。

(4) 衣服の選択と手入れ

ア 次のような知識及び技能を身に付けること。

(ｱ) 衣服と社会生活との関わりが分かり，目的に応じた着用，個性を生かす着用及び衣服の適切な選択について理解すること。

(ｲ) 衣服の計画的な活用の必要性，衣服の材料や状態に応じた日常着の手入れについて理解し，適切にできること。

イ 衣服の選択，材料や状態に応じた日常着の手入れの仕方を考え，工夫すること。

(5) 生活を豊かにするための布を用いた製作

ア 製作する物に適した材料や縫い方について理解し，用具を安全に取り扱い，製作が適切にできること。

イ 資源や環境に配慮し，生活を豊かにするために布を用いた物の製作計画を考え，製作を工夫すること。

(6) 住居の機能と安全な住まい方

ア 次のような知識を身に付けること。

(ｱ) 家族の生活と住空間との関わりが分かり，住居の基本的な機能について理解すること。

(ｲ) 家庭内の事故の防ぎ方など家族の安全を考えた住空間の整え方について理解すること。

イ 家族の安全を考えた住空間の整え方について考え，工夫すること。

(7) 衣食住の生活についての課題と実践

ア 食生活，衣生活，住生活の中から問題を見いだして課題を設定し，その解決に向けてよりよい生活を考え，計画を立てて実践できること。

C 消費生活・環境

次の(1)から(3)までの項目について，課題をもって，持続可能な社会の構築に向けて考え，工夫する活動を通して，次の事項を身に付けることができるよう指導する。

(1) 金銭の管理と購入

ア 次のような知識及び技能を身に付けること。

(ｱ) 購入方法や支払い方法の特徴が分かり，計画的な金銭管理の必要性について理解すること。

(ｲ) 売買契約の仕組み，消費者被害の背景とその対応について理解し，物資・サービスの選択に必要な情報の収集・整理が適切にできること。

イ 物資・サービスの選択に必要な情報を活用して購入について考え，工夫すること。

(2) 消費者の権利と責任

ア　消費者の基本的な権利と責任，自分や家族の消費生活が環境や社会に及ぼす影響について理解すること。

　　イ　身近な消費生活について，自立した消費者としての責任ある消費行動を考え，工夫すること。

　(3)　消費生活・環境についての課題と実践

　　ア　自分や家族の消費生活の中から問題を見いだして課題を設定し，その解決に向けて環境に配慮した消費生活を考え，計画を立てて実践できること。

3　内容の取扱い

(1)　各内容については，生活の科学的な理解を深めるための実践的・体験的な活動を充実すること。

(2)　内容の「A家族・家庭生活」については，次のとおり取り扱うものとする。

　　ア　(1)のアについては，家族・家庭の基本的な機能がAからCまでの各内容に関わっていることや，家族・家庭や地域における様々な問題について，協力・協働，健康・快適・安全，生活文化の継承，持続可能な社会の構築等を視点として考え，解決に向けて工夫することが大切であることに気付かせるようにすること。

　　イ　(1)，(2)及び(3)については，相互に関連を図り，実習や観察，ロールプレイングなどの学習活動を中心とするよう留意すること。

　　ウ　(2)については，幼稚園，保育所，認定こども園などの幼児の観察や幼児との触れ合いができるよう留意すること。アの(ア)については，幼児期における周囲との基本的な信頼関係や生活習慣の形成の重要性についても扱うこと。

　　エ　(3)のアの(イ)については，高齢者の身体の特徴についても触れること。また，高齢者の介護の基礎に関する体験的な活動ができるよう留意すること。イについては，地域の活動や行事などを取り上げたり，他教科等における学習との関連を図ったりするよう配慮すること。

(3)　内容の「B衣食住の生活」については，次のとおり取り扱うものとする。

　　ア　日本の伝統的な生活についても扱い，生活文化を継承する大切さに気付くことができるよう配慮すること。

　　イ　(1)のアの(ア)については，食事を共にする意義や食文化を継承することについても扱うこと。

　　ウ　(2)のアの(ア)については，水の働きや食物繊維についても触れること。

　　エ　(3)のアの(ア)については，主として調理実習で用いる生鮮食品と加工食品の表示を扱うこと。(ウ)については，煮る，焼く，蒸す等を扱うこと。また，魚，肉，野菜を中心として扱い，基礎的な題材を取り上げること。(エ)については，だしを用いた煮物又は汁物を取り上げること。また，地域の伝統的な行事食や郷土料理を扱うこともできること。

　　オ　食に関する指導については，技術・家庭科の特質に応じて，食育の充実に資するよう配慮すること。

　　カ　(4)のアの(ア)については，日本の伝統的な衣服である和服について触れること。また，和服の基本的な着装を扱うこともできること。さらに，既製服の表示と選択に当たっての留意事項を扱うこと。(イ)については，日常着の手入れは主として洗濯と補修を扱うこと。

　　キ　(5)のアについては，衣服等の再利用の方法についても触れること。

　　ク　(6)のアについては，簡単な図などによる住空間の構想を扱うこと。また，ア及びイについては，内

172　　資料編

容の「A家族・家庭生活」の(2)及び(3)との関連を図ること。さらに，アの(イ)及びイについては，自然災害に備えた住空間の整え方についても扱うこと。

(4) 内容の「C消費生活・環境」については，次のとおり取り扱うものとする。

 ア (1)及び(2)については，内容の「A家族・家庭生活」又は「B衣食住の生活」の学習との関連を図り，実践的に学習できるようにすること。

 イ (1)については，中学生の身近な消費行動と関連を図った物資・サービスや消費者被害を扱うこと。アの(ア)については，クレジットなどの三者間契約についても扱うこと。

第3　指導計画の作成と内容の取扱い

1　指導計画の作成に当たっては，次の事項に配慮するものとする。

(1) 題材など内容や時間のまとまりを見通して，その中で育む資質・能力の育成に向けて，生徒の主体的・対話的で深い学びの実現を図るようにすること。その際，生活の営みに係る見方・考え方や技術の見方・考え方を働かせ，知識を相互に関連付けてより深く理解するとともに，生活や社会の中から問題を見いだして解決策を構想し，実践を評価・改善して，新たな課題の解決に向かう過程を重視した学習の充実を図ること。

(2) 技術分野及び家庭分野の授業時数については，3学年間を見通した全体的な指導計画に基づき，いずれかの分野に偏ることなく配当して履修させること。その際，各学年において，技術分野及び家庭分野のいずれも履修させること。
　家庭分野の内容の「A家族・家庭生活」の(4)，「B衣食住の生活」の(7)及び「C消費生活・環境」の(3)については，これら三項目のうち，一以上を選択し履修させること。その際，他の内容と関連を図り，実践的な活動を家庭や地域などで行うことができるよう配慮すること。

(3) 技術分野の内容の「A材料と加工の技術」から「D情報の技術」まで，及び家庭分野の内容の「A家族・家庭生活」から「C消費生活・環境」までの各項目に配当する授業時数及び各項目の履修学年については，生徒や学校，地域の実態等に応じて，各学校において適切に定めること。その際，家庭分野の内容の「A家族・家庭生活」の(1)については，小学校家庭科の学習を踏まえ，中学校における学習の見通しを立てさせるために，第1学年の最初に履修させること。

(4) 各項目及び各項目に示す事項については，相互に有機的な関連を図り，総合的に展開されるよう適切な題材を設定して計画を作成すること。その際，生徒や学校，地域の実態を的確に捉え，指導の効果を高めるようにすること。また，小学校における学習を踏まえるとともに，高等学校における学習を見据え，他教科等との関連を明確にして系統的・発展的に指導ができるようにすること。さらに，持続可能な開発のための教育を推進する視点から他教科等との連携も図ること。

(5) 障害のある生徒などについては，学習活動を行う場合に生じる困難さに応じた指導内容や指導方法の

中学校学習指導要領　173

中学校学習指導要領

工夫を計画的，組織的に行うこと。

(6) 第1章総則の第1の2の(2)に示す道徳教育の目標に基づき，道徳科などとの関連を考慮しながら，第3章特別の教科道徳の第2に示す内容について，技術・家庭科の特質に応じて適切な指導をすること。

2　第2の内容の取扱いについては，次の事項に配慮するものとする。

(1) 指導に当たっては，衣食住やものづくりなどに関する実習等の結果を整理し考察する学習活動や，生活や社会における課題を解決するために言葉や図表，概念などを用いて考えたり，説明したりするなどの学習活動の充実を図ること。

(2) 指導に当たっては，コンピュータや情報通信ネットワークを積極的に活用して，実習等における情報の収集・整理や，実践結果の発表などを行うことができるように工夫すること。

(3) 基礎的・基本的な知識及び技能を習得し，基本的な概念などの理解を深めるとともに，仕事の楽しさや完成の喜びを体得させるよう，実践的・体験的な活動を充実すること。また，生徒のキャリア発達を踏まえて学習内容と将来の職業の選択や生き方との関わりについても扱うこと。

(4) 資質・能力の育成を図り，一人一人の個性を生かし伸ばすよう，生徒の興味・関心を踏まえた学習課題の設定，技能の習得状況に応じた少人数指導や教材・教具の工夫など個に応じた指導の充実に努めること。

(5) 生徒が，学習した知識及び技能を生活に活用したり，生活や社会の変化に対応したりすることができるよう，生活や社会の中から問題を見いだして課題を設定し解決する学習活動を充実するとともに，家庭や地域社会，企業などとの連携を図るよう配慮すること。

3　実習の指導に当たっては，施設・設備の安全管理に配慮し，学習環境を整備するとともに，火気，用具，材料などの取扱いに注意して事故防止の指導を徹底し，安全と衛生に十分留意するものとする。

その際，技術分野においては，正しい機器の操作や作業環境の整備等について指導するとともに，適切な服装や防護眼鏡・防塵マスクの着用，作業後の手洗いの実施等による安全の確保に努めることとする。

家庭分野においては，幼児や高齢者と関わるなど校外での学習について，事故の防止策及び事故発生時の対応策等を綿密に計画するとともに，相手に対する配慮にも十分留意するものとする。また，調理実習については，食物アレルギーにも配慮するものとする。

174　資料編

高等学校学習指導要領 ●●●●

高等学校学習指導要領
第9節　家　庭

第1款　目標

　生活の営みに係る見方・考え方を働かせ，実践的・体験的な学習活動を通して，様々な人々と協働し，よりよい社会の構築に向けて，男女が協力して主体的に家庭や地域の生活を創造する資質・能力を次のとおり育成することを目指す。
(1) 人間の生涯にわたる発達と生活の営みを総合的に捉え，家族・家庭の意義，家族・家庭と社会との関わりについて理解を深め，家族・家庭，衣食住，消費や環境などについて，生活を主体的に営むために必要な理解を図るとともに，それらに係る技能を身に付けるようにする。
(2) 家庭や地域及び社会における生活の中から問題を見いだして課題を設定し，解決策を構想し，実践を評価・改善し，考察したことを根拠に基づいて論理的に表現するなど，生涯を見通して生活の課題を解決する力を養う。
(3) 様々な人々と協働し，よりよい社会の構築に向けて，地域社会に参画しようとするとともに，自分や家庭，地域の生活を主体的に創造しようとする実践的な態度を養う。

第2款　各科目

第1　家庭基礎

1　目標

　生活の営みに係る見方・考え方を働かせ，実践的・体験的な学習活動を通して，様々な人々と協働し，よりよい社会の構築に向けて，男女が協力して主体的に家庭や地域の生活を創造する資質・能力を次のとおり育成することを目指す。
(1) 人の一生と家族・家庭及び福祉，衣食住，消費生活・環境などについて，生活を主体的に営むために必要な基礎的な理解を図るとともに，それらに係る技能を身に付けるようにする。
(2) 家庭や地域及び社会における生活の中から問題を見いだして課題を設定し，解決策を構想し，実践を評価・改善し，考察したことを根拠に基づいて論理的に表現するなど，生涯を見通して課題を解決する力を養う。

高等学校学習指導要領 ●　●　●　●

(3) 様々な人々と協働し，よりよい社会の構築に向けて，地域社会に参画しようとするとともに，自分や
　　家庭，地域の生活の充実向上を図ろうとする実践的な態度を養う。

2　内容

A　人の一生と家族・家庭及び福祉

　　次の(1)から(5)までの項目について，生涯を見通し主体的に生活するために，家族や地域社会の人々と
協力・協働し，実践的・体験的な学習活動を通して，次の事項を身に付けることができるよう指導する。

(1) 生涯の生活設計

　ア 人の一生について，自己と他者，社会との関わりから様々な生き方があることを理解するとともに，
　　自立した生活を営むために必要な情報の収集・整理を行い，生涯を見通して，生活課題に対応し意思
　　決定をしていくことの重要性について理解を深めること。

　イ 生涯を見通した自己の生活について主体的に考え，ライフスタイルと将来の家庭生活及び職業生活に
　　ついて考察し，生活設計を工夫すること。

(2) 青年期の自立と家族・家庭

　ア 生涯発達の視点で青年期の課題を理解するとともに，家族・家庭の機能と家族関係，家族・家庭生活
　　を取り巻く社会環境の変化や課題，家族・家庭と社会との関わりについて理解を深めること。

　イ 家庭や地域のよりよい生活を創造するために，自己の意思決定に基づき，責任をもって行動すること
　　や，男女が協力して，家族の一員としての役割を果たし家庭を築くことの重要性について考察するこ
　　と。

(3) 子供の生活と保育

　ア 乳幼児期の心身の発達と生活，親の役割と保育，子供を取り巻く社会環境，子育て支援について理解
　　するとともに，乳幼児と適切に関わるための基礎的な技能を身に付けること。

　イ 子供を生み育てることの意義について考えるとともに，子供の健やかな発達のために親や家族及び地
　　域や社会の果たす役割の重要性について考察すること。

(4) 高齢期の生活と福祉

　ア 高齢期の心身の特徴，高齢者を取り巻く社会環境，高齢者の尊厳と自立生活の支援や介護について理
　　解するとともに，生活支援に関する基礎的な技能を身に付けること。

　イ 高齢者の自立生活を支えるために，家族や地域及び社会の果たす役割の重要性について考察すること。

(5) 共生社会と福祉

　ア 生涯を通して家族・家庭の生活を支える福祉や社会的支援について理解すること。

　イ 家庭や地域及び社会の一員としての自覚をもって共に支え合って生活することの重要性について考察
　　すること。

B　衣食住の生活の自立と設計

　　次の(1)から(3)までの項目について，健康・快適・安全な衣食住の生活を主体的に営むために，実践的・
体験的な学習活動を通して，次の事項を身に付けることができるよう指導する。

(1) 食生活と健康

　ア 次のような知識及び技能を身に付けること。

176　資料編

(ｱ) ライフステージに応じた栄養の特徴や食品の栄養的特質，健康や環境に配慮した食生活について理解し，自己や家族の食生活の計画・管理に必要な技能を身に付けること。

(ｲ) おいしさの構成要素や食品の調理上の性質，食品衛生について理解し，目的に応じた調理に必要な技能を身に付けること。

イ 食の安全や食品の調理上の性質，食文化の継承を考慮した献立作成や調理計画，健康や環境に配慮した食生活について考察し，自己や家族の食事を工夫すること。

(2) 衣生活と健康

ア 次のような知識及び技能を身に付けること。

(ｱ) ライフステージや目的に応じた被服の機能と着装について理解し，健康で快適な衣生活に必要な情報の収集・整理ができること。

(ｲ) 被服材料，被服構成及び被服衛生について理解し，被服の計画・管理に必要な技能を身に付けること。

イ 被服の機能性や快適性について考察し，安全で健康や環境に配慮した被服の管理や目的に応じた着装を工夫すること。

(3) 住生活と住環境

ア ライフステージに応じた住生活の特徴，防災などの安全や環境に配慮した住居の機能について理解し，適切な住居の計画・管理に必要な技能を身に付けること。

イ 住居の機能性や快適性，住居と地域社会との関わりについて考察し，防災などの安全や環境に配慮した住生活や住環境を工夫すること。

C　**持続可能な消費生活・環境**

次の(1)から(3)までの項目について，持続可能な社会を構築するために実践的・体験的な学習活動を通して，次の事項を身に付けることができるよう指導する。

(1) 生活における経済の計画

ア 家計の構造や生活における経済と社会との関わり，家計管理について理解すること。

イ 生涯を見通した生活における経済の管理や計画の重要性について，ライフステージや社会保障制度などと関連付けて考察すること。

(2) 消費行動と意思決定

ア 消費者の権利と責任を自覚して行動できるよう消費生活の現状と課題，消費行動における意思決定や契約の重要性，消費者保護の仕組みについて理解するとともに，生活情報を適切に収集・整理できること。

イ 自立した消費者として，生活情報を活用し，適切な意思決定に基づいて行動することや責任ある消費について考察し，工夫すること。

(3) 持続可能なライフスタイルと環境

ア 生活と環境との関わりや持続可能な消費について理解するとともに，持続可能な社会へ参画することの意義について理解すること。

イ 持続可能な社会を目指して主体的に行動できるよう，安全で安心な生活と消費について考察し，ライ

フスタイルを工夫すること。

D　ホームプロジェクトと学校家庭クラブ活動

　生活上の課題を設定し，解決に向けて生活を科学的に探究したり，創造したりすることができるよう次の事項を指導する。

　ア　ホームプロジェクト及び学校家庭クラブ活動の意義と実施方法について理解すること。

　イ　自己の家庭生活や地域の生活と関連付けて生活上の課題を設定し，解決方法を考え，計画を立てて実践すること。

3　内容の取扱い

(1)　内容の取扱いに当たっては，次の事項に配慮するものとする。

　ア　内容のAからCまでについては，生活の科学的な理解を深めるための実践的・体験的な学習活動を充実するとともに，生活の中から問題を見いだしその課題を解決する過程を重視すること。また，現在を起点に将来を見通したり，自己や家族を起点に地域や社会へ視野を広げたりして，生活を時間的・空間的な視点から捉えることができるよう指導を工夫すること。

　イ　内容のAの(1)については，人の一生を生涯発達の視点で捉え，各ライフステージの特徴などと関連を図ることができるよう，この科目の学習の導入として扱うこと。また，AからCまでの内容と関連付けるとともにこの科目のまとめとしても扱うこと。

　ウ　内容のAの(3)及び(4)については，学校や地域の実態等に応じて，学校家庭クラブ活動などとの関連を図り，乳幼児や高齢者との触れ合いや交流などの実践的な活動を取り入れるよう努めること。(5)については，自助，共助及び公助の重要性について理解できるよう指導を工夫すること。

　エ　内容のBについては，実験・実習を中心とした指導を行うこと。なお，(1)については，栄養，食品，調理及び食品衛生との関連を図って扱うようにすること。また，調理実習については食物アレルギーにも配慮すること。

　オ　内容のCの指導に当たっては，A及びBの内容と相互に関連を図ることができるよう工夫すること。

　カ　内容のDの指導に当たっては，AからCまでの学習の発展として実践的な活動を家庭や地域などで行うこと。

(2)　内容の範囲や程度については，次の事項に配慮するものとする。

　ア　内容のAの(2)のアについては，関係法規についても触れること。(3)から(5)までについては，生涯にわたって家族・家庭の生活を支える福祉の基本的な理念に重点を置くこと。(4)については，認知症などにも触れること。アについては，生活支援に関する基礎的な技能を身に付けることができるよう体験的に学習を行うこと。

　イ　内容のBの(1)のア，(2)のア及び(3)のアについては，日本と世界の衣食住に関わる文化についても触れること。その際，日本の伝統的な和食，和服及び和室などを取り上げ，生活文化の継承・創造の重要性に気付くことができるよう留意すること。

　ウ　内容のCの(1)のイについては，将来にわたるリスクを想定して，不測の事態に備えた対応などについても触れること。(2)のアについては，多様な契約やその義務と権利について取り上げるとともに，消費者信用及びそれらをめぐる問題などを扱うこと。(3)については，環境負荷の少ない衣食住の生

活の工夫に重点を置くこと。

第2 家庭総合

1 目標

　生活の営みに係る見方・考え方を働かせ，実践的・体験的な学習活動を通して，様々な人々と協働し，よりよい社会の構築に向けて，男女が協力して主体的に家庭や地域の生活を創造する資質・能力を次のとおり育成することを目指す。

(1) 人の一生と家族・家庭及び福祉，衣食住，消費生活・環境などについて，生活を主体的に営むために必要な科学的な理解を図るとともに，それらに係る技能を体験的・総合的に身に付けるようにする。

(2) 家庭や地域及び社会における生活の中から問題を見いだして課題を設定し，解決策を構想し，実践を評価・改善し，考察したことを科学的な根拠に基づいて論理的に表現するなど，生涯を見通して課題を解決する力を養う。

(3) 様々な人々と協働し，よりよい社会の構築に向けて，地域社会に参画しようとするとともに，生活文化を継承し，自分や家庭，地域の生活の充実向上を図ろうとする実践的な態度を養う。

2 内容

A 人の一生と家族・家庭及び福祉

　次の(1)から(5)までの項目について，生涯を見通し主体的に生活するために，家族や地域社会の人々と協力・協働し，実践的・体験的な学習活動を通して，次の事項を身に付けることができるよう指導する。

(1) 生涯の生活設計

　ア 次のような知識及び技能を身に付けること。

　　(ア) 人の一生について，自己と他者，社会との関わりから様々な生き方があることを理解するとともに，自立した生活を営むために，生涯を見通して，生活課題に対応し意思決定をしていくことの重要性について理解を深めること。

　　(イ) 生活の営みに必要な金銭，生活時間などの生活資源について理解し，情報の収集・整理が適切にできること。

　イ 生涯を見通した自己の生活について主体的に考え，ライフスタイルと将来の家庭生活及び職業生活について考察するとともに，生活資源を活用して生活設計を工夫すること。

(2) 青年期の自立と家族・家庭及び社会

　ア 次のような知識を身に付けること。

　　(ア) 生涯発達の視点から各ライフステージの特徴と課題について理解するとともに，青年期の課題である自立や男女の平等と協力，意思決定の重要性について理解を深めること。

　　(イ) 家族・家庭の機能と家族関係，家族・家庭と法律，家庭生活と福祉などについて理解するとともに，家族・家庭の意義，家族・家庭と社会との関わり，家族・家庭を取り巻く社会環境の変化や課題について理解を深めること。

　イ 家庭や地域のよりよい生活を創造するために，自己の意思決定に基づき，責任をもって行動することや，男女が協力して，家族の一員としての役割を果たし家庭を築くことの重要性について考察すること。

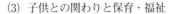

(3) 子供との関わりと保育・福祉

　ア 次のような知識及び技能を身に付けること。

　　(ｱ) 乳幼児期の心身の発達と生活，子供の遊びと文化，親の役割と保育，子育て支援について理解を深め，子供の発達に応じて適切に関わるための技能を身に付けること。

　　(ｲ) 子供を取り巻く社会環境の変化や課題及び子供の福祉について理解を深めること。

　イ 子供を生み育てることの意義や，保育の重要性について考え，子供の健やかな発達を支えるために親や家族及び地域や社会の果たす役割の重要性を考察するとともに，子供との適切な関わり方を工夫すること。

(4) 高齢者との関わりと福祉

　ア 次のような知識及び技能を身に付けること。

　　(ｱ) 高齢期の心身の特徴，高齢者の尊厳と自立生活の支援や介護について理解を深め，高齢者の心身の状況に応じて適切に関わるための生活支援に関する技能を身に付けること。

　　(ｲ) 高齢者を取り巻く社会環境の変化や課題及び高齢者福祉について理解を深めること。

　イ 高齢者の自立生活を支えるために，家族や地域及び社会の果たす役割の重要性について考察し，高齢者の心身の状況に応じた適切な支援の方法や関わり方を工夫すること。

(5) 共生社会と福祉

　ア 次のような知識を身に付けること。

　　(ｱ) 生涯を通して家族・家庭の生活を支える福祉や社会的支援について理解すること。

　　(ｲ) 家庭と地域との関わりについて理解するとともに，高齢者や障害のある人々など様々な人々が共に支え合って生きることの意義について理解を深めること。

　イ 家庭や地域及び社会の一員としての自覚をもって共に支え合って生活することの重要性について考察し，様々な人々との関わり方を工夫すること。

B　衣食住の生活の科学と文化

　次の(1)から(3)までの項目について，健康・快適・安全な衣食住の生活を主体的に営むために，実践的・体験的な学習活動を通して，次の事項を身に付けることができるよう指導する。

(1) 食生活の科学と文化

　ア 次のような知識及び技能を身に付けること。

　　(ｱ) 食生活を取り巻く課題，食の安全と衛生，日本と世界の食文化など，食と人との関わりについて理解すること。

　　(ｲ) ライフステージの特徴や課題に着目し，栄養の特徴，食品の栄養的特質，健康や環境に配慮した食生活について理解するとともに，自己と家族の食生活の計画・管理に必要な技能を身に付けること。

　　(ｳ) おいしさの構成要素や食品の調理上の性質，食品衛生について科学的に理解し，目的に応じた調理に必要な技能を身に付けること。

　イ 主体的に食生活を営むことができるよう健康及び環境に配慮した自己と家族の食事，日本の食文化の継承・創造について考察し，工夫すること。

(2) 衣生活の科学と文化

　ア 次のような知識及び技能を身に付けること。

　　(ｱ) 衣生活を取り巻く課題，日本と世界の衣文化など，被服と人との関わりについて理解を深めること。

　　(ｲ) ライフステージの特徴や課題に着目し，身体特性と被服の機能及び着装について理解するとともに，健康と安全，環境に配慮した自己と家族の衣生活の計画・管理に必要な情報の収集・整理ができること。

　　(ｳ) 被服材料，被服構成，被服製作，被服衛生及び被服管理について科学的に理解し，衣生活の自立に必要な技能を身に付けること。

　イ 主体的に衣生活を営むことができるよう目的や個性に応じた健康で快適，機能的な着装や日本の衣文化の継承・創造について考察し，工夫すること。

(3) 住生活の科学と文化

　ア 次のような知識及び技能を身に付けること。

　　(ｱ) 住生活を取り巻く課題，日本と世界の住文化など，住まいと人との関わりについて理解を深めること。

　　(ｲ) ライフステージの特徴や課題に着目し，住生活の特徴，防災などの安全や環境に配慮した住居の機能について科学的に理解し，住生活の計画・管理に必要な技能を身に付けること。

　　(ｳ) 家族の生活やライフスタイルに応じた持続可能な住居の計画について理解し，快適で安全な住空間を計画するために必要な情報を収集・整理できること。

　イ 主体的に住生活を営むことができるようライフステージと住環境に応じた住居の計画，防災などの安全や環境に配慮した住生活とまちづくり，日本の住文化の継承・創造について考察し，工夫すること。

C　持続可能な消費生活・環境

　次の(1)から(3)までの項目について，持続可能な社会を構築するために実践的・体験的な学習活動を通して，次の事項を身に付けることができるよう指導する。

(1) 生活における経済の計画

　ア 次のような知識及び技能を身に付けること。

　　(ｱ) 家計の構造について理解するとともに生活における経済と社会との関わりについて理解を深めること。

　　(ｲ) 生涯を見通した生活における経済の管理や計画，リスク管理の考え方について理解を深め，情報の収集・整理が適切にできること。

　イ 生涯を見通した生活における経済の管理や計画の重要性について，ライフステージごとの課題や社会保障制度などと関連付けて考察し，工夫すること。

(2) 消費行動と意思決定

　ア 次のような知識及び技能を身に付けること。

　　(ｱ) 消費生活の現状と課題，消費行動における意思決定や責任ある消費の重要性について理解を深めるとともに，生活情報の収集・整理が適切にできること。

　　(ｲ) 消費者の権利と責任を自覚して行動できるよう，消費者問題や消費者の自立と支援などについて

高等学校学習指導要領　181

理解するとともに，契約の重要性や消費者保護の仕組みについて理解を深めること。

イ 自立した消費者として，生活情報を活用し，適切な意思決定に基づいて行動できるよう考察し，責任ある消費について工夫すること。

(3) 持続可能なライフスタイルと環境

ア 生活と環境との関わりや持続可能な消費について理解するとともに，持続可能な社会へ参画することの意義について理解を深めること。

イ 持続可能な社会を目指して主体的に行動できるよう，安全で安心な生活と消費及び生活文化について考察し，ライフスタイルを工夫すること。

D ホームプロジェクトと学校家庭クラブ活動

生活上の課題を設定し，解決に向けて生活を科学的に探究したり，創造したりすることができるよう次の事項を指導する。

ア ホームプロジェクト及び学校家庭クラブ活動の意義と実施方法について理解すること。

イ 自己の家庭生活や地域の生活と関連付けて生活上の課題を設定し，解決方法を考え，計画を立てて実践すること。

3 内容の取扱い

(1) 内容の取扱いに当たっては，次の事項に配慮するものとする。

ア 内容のAからCまでについては，生活の科学的な理解を深めるための実践的・体験的な学習活動を充実するとともに，生活の中から問題を見いだしその課題を解決する過程を重視すること。また，現在を起点に将来を見通したり，自己や家族を起点に地域や社会へ視野を広げたりして，生活を時間的・空間的な視点から捉えることができるように指導を工夫すること。

イ 内容のAの(1)については，人の一生を生涯発達の視点で捉え，各ライフステージの特徴や課題と関連を図ることができるよう，この科目の学習の導入として扱うこと。また，AからCまでの内容と関連付けるとともにこの科目のまとめとしても扱うこと。

ウ 内容のAの(3)については，学校や地域の実態等に応じて，学校家庭クラブ活動などとの関連を図り，幼稚園，保育所及び認定こども園などの乳幼児，近隣の小学校の低学年の児童との触れ合いや交流の機会をもつよう努めること。また，(4)については，学校家庭クラブ活動などとの関連を図り，福祉施設などの見学やボランティア活動への参加をはじめ，身近な高齢者との交流の機会をもつよう努めること。(5)については，自助，共助及び公助の重要性について理解を深めることができるよう指導を工夫すること。

エ 内容のBについては，実験・実習を中心とした指導を行うこと。なお，(1)については，栄養，食品，調理及び食品衛生との関連を図って指導すること。また，調理実習については食物アレルギーにも配慮すること。

オ 内容のCの指導に当たっては，A及びBの内容と相互に関連を図ることができるよう工夫すること。(2)については，消費生活に関する演習を取り入れるなど，理解を深めることができるよう努めること。

カ 内容のDの指導に当たっては，AからCまでの学習の発展として実践的な活動を家庭や地域などで行うこと。

(2) 内容の範囲や程度については，次の事項に配慮するものとする。

ア 内容のAの(3)については，乳幼児期から小学校の低学年までの子供を中心に扱い，子供の発達を支える親の役割や子育てを支援する環境に重点を置くこと。また，アの(イ)については，子供の福祉の基本的な理念に重点を置くこと。(4)のアの(ア)については，食事，着脱衣，移動など高齢者の心身の状況に応じて工夫ができるよう実習を扱うこと。(イ)については，高齢者福祉の基本的な理念に重点を置くとともに，例えば，認知症などの事例を取り上げるなど具体的な支援方法についても扱うこと。

イ 内容のBの(1)のアの(ア)，(2)のアの(ア)及び(3)のアの(ア)については，和食，和服及び和室などを取り上げ，日本の伝統的な衣食住に関わる生活文化やその継承・創造を扱うこと。(2)のアの(ウ)については，衣服を中心とした縫製技術が学習できる題材を扱うこと。

ウ 内容のCの(1)のアの(ア)については，キャッシュレス社会が家計に与える利便性と問題点を扱うこと。(イ)については，将来にわたるリスクを想定して，不測の事態に備えた対応などについて具体的な事例にも触れること。(2)のアの(イ)については，多様な契約やその義務と権利を取り上げるとともに消費者信用及びそれらをめぐる問題などを扱うこと。(3)については，生活と環境との関わりを具体的に理解させることに重点を置くこと。

第3款　各科目にわたる指導計画の作成と内容の取扱い

1 指導計画の作成に当たっては，次の事項に配慮するものとする。

(1) 単元など内容や時間のまとまりを見通して，その中で育む資質・能力の育成に向けて，生徒の主体的・対話的で深い学びの実現を図るようにすること。その際，生活の営みに係る見方・考え方を働かせ，知識を相互に関連付けてより深く理解するとともに，家庭や地域及び社会における生活の中から問題を見いだして解決策を構想し，実践を評価・改善して，新たな課題の解決に向かう過程を重視した学習の充実を図ること。

(2) 「家庭基礎」及び「家庭総合」の各科目に配当する総授業時数のうち，原則として10分の5以上を実験・実習に配当すること。

(3) 「家庭基礎」は，原則として，同一年次で履修させること。

(4) 「家庭総合」を複数の年次にわたって分割して履修させる場合には，原則として連続する2か年において履修させること。

(5) 地域や関係機関等との連携・交流を通じた実践的な学習活動を取り入れるとともに，外部人材を活用するなどの工夫に努めること。

(6) 障害のある生徒などについては，学習活動を行う場合に生じる困難さに応じた指導内容や指導方法の工夫を計画的，組織的に行うこと。

(7) 中学校技術・家庭科を踏まえた系統的な指導に留意すること。また，高等学校公民科，数学科，理科

高等学校学習指導要領 ● ● ● ●

及び保健体育科などとの関連を図り，家庭科の目標に即した調和のとれた指導が行われるよう留意すること。

2　内容の取扱いに当たっては，次の事項に配慮するものとする。

(1) 生徒が自分の生活に結び付けて学習できるよう，問題を見いだし課題を設定し解決する学習を充実すること。

(2) 子供や高齢者など様々な人々と触れ合い，他者と関わる力を高める活動，衣食住などの生活における様々な事象を言葉や概念などを用いて考察する活動，判断が必要な場面を設けて理由や根拠を論述したり適切な解決方法を探究したりする活動などを充実すること。

(3) 食に関する指導については，家庭科の特質を生かして，食育の充実を図ること。

(4) 各科目の指導に当たっては，コンピュータや情報通信ネットワークなどの活用を図り，学習の効果を高めるようにすること。

3　実験・実習を行うに当たっては，関連する法規等に従い，施設・設備の安全管理に配慮し，学習環境を整備するとともに，火気，用具，材料などの取扱いに注意して事故防止の指導を徹底し，安全と衛生に十分留意するものとする。

索 引

■ 数字・英語

3R　125
ESD　33
ICT　41，126
PDCAサイクル　29
SDGs　33，139

■ あ行

アクティブ・ラーニング　32，37
安全管理　26
意見交換　75，85，120
意思決定　13
　　　──能力　139
衣食住の生活　51，56，71
衣服　68，125
いま・ここで　16
意味ある経験　95
イメージマップ　42，159
インクルーシブ教育　24
エキスパート　104，105
エシカル・ファッション　125，127

■ か行

解決方法　13，34，43
外国につながる子どもたち　64，65
買い物の仕組み　61
格差　111
学習課題　11
学習支援者　25
学習指導案　68，76，156
学習指導要領　50，76，97，99
学習目標　156
学習用教材　25

賢い消費者　60
家族　110
家族・家庭生活　51，52，110
課題解決学習　15，34，41，43，52
課題解決能力　100
家庭科の学びの本質　30
家庭基礎　98
家庭総合　98
家庭内事故　129
環境配慮　74
観察　39
観点別学習状況の評価　88
疑似体験　114
基準　159
技能　14，36，66，95
機能性繊維　126
虐待　117
キャッシュレス　133
教育課程　99
教育実習　103，158
教科書　99
教材　25
教材・教具　83
教材開発力　20
教材研究　103，105
教材づくり　37
教師　20，99，83
記録　39
工夫　97，129
グローバル　9
グローバル化　64
掲示板　84
講義法　40
公共　108
高齢者施設　115
五感　95

五大栄養素　39, 56
子どもの生活　19
根源的な「問い」　32
コンピテンシー　30

■ さ行

ジェンダー　17
仕事　53, 68
自己の生活管理　13
自己評価能力　102
事故防止　26
自然災害　129
持続可能　9, 137
　　　──な開発　33
　　　──な社会　9, 94
　　　──な社会の構築　60
持続可能性　125
実習・実験　40, 42
実践的・体験的な活動　25
シティズンシップ教育　108
指導計画　157
社会参加　13
社会の変化　19
授業構成力　20
授業における即興的判断力　20
主体的・対話的で深い学び　10, 53
主体的な消費者　60
主体的な学び　46
消費者　60
　　　──教育　60
　　　──教育の推進に関する法律　133
　　　──市民　133
　　　──市民社会　61, 133
　　　──の役割　61
消費生活・環境　51, 60, 133

食中毒　27
食品群　105
食文化　121
食物アレルギー　27
調べ学習　34, 40, 107
自立　8, 116
　　　──活動の時間　24
　　　──と共生のバランス　114
新任期の教師　103
生活課題　52
生活技能　95
生活習慣　38
生活体験　38
生活の営みに係る見方・考え方　11
生活場面　114
生活文化　8
性自認　17
性的指向　17
セクシュアル・マイノリティ　17
設備　84
洗剤　72
洗たく実験　73
専門的力量　20
総合する学び　31
創造　97

■ た行

体系化　50
題材　156
ダイヤモンドランキング　42
対話的な学び　46
多様な視点　16
探究活動　11
単元の指導計画　44, 46, 47
男女共学家庭科　8

知識　16, 36
調理科学的視点　121
調理技能　95
調理実習　42, 47, 68
調理性　105
机間指導　84
デイサービス　115
ディベート　42, 96
デザイナー　104, 105
手指洗浄　27
動線　130
特別養護老人ホーム　115
図書コーナー　84
取り扱い絵表示　68, 72

■ な行

肉の調理上の性質　124
肉の特徴　124
肉の部位　124
年間指導計画　44, 159

■ は行

発問　21, 82, 92
話し合い　40, 107
パフォーマンス課題　99, 102
パフォーマンス評価　89, 101
バリアフリー　130
パリ協定　139
板書　84
ハンバーグ　121
評価　158
　　　——規準　90, 102
　　　——計画　90
　　　——方法　90

貧困　110
フェアトレード　137
深い学び　46
不完全燃焼　26
プライバシー　57
ブレーンストーミング　42
保育施設　120
保育体験学習　120
防災　130
　　　——教育　18
ホームプロジェクト　32
本質的な問い　99

■ ま行

学ぶ意欲　11
マルトリートメント　117
見えにくい現実　96
目標　13, 50, 158
　　　——に準拠した評価　89

■ や・ら・わ行

四隅アンケート　96
ライフステージ　126
理解　36
リスク　134
倫理的消費　134
ルーブリック　101, 102
レシピ　34
ロール・プレイング　85
　　　——の活動　53
ワークプリント　83, 107
和服　126

執筆者一覧
（執筆順）

伊藤　葉子　千葉大学教授

編集，第1章扉・1，第3章扉・1・2・4，第4章1，第5章2，重要ポイント⑥・⑦，Q&A 2・7，学習指導案
専門は家庭科教育学と保育教育学です。研究としては，グローバルな視点からの「持続可能な社会」を構築するための教育（家庭科）や日本の保育のグローバルな発信を進めています。

河村　美穂　埼玉大学教授

編集（第5章，第6章），第5章扉・1・3・4，第6章3，重要ポイント⑤・⑧・⑨，Q&A 3
家庭科は生活に関わる事象を対象に学びます。子どもたちと家庭科を学ぶために，まず先生方に毎日の生活を振り返り，生活を創り出す喜びを知っていただければと思います。

勝田　映子　元帝京大学教授，学習院大学非常勤講師

第1章2，第2章3，第3章7，第4章扉，ワークプリント③（文中の実践には当時の所属を記載）
専門は小学校の家庭科教育です。児童期の衣食住に関わる生活的自立性の発達について追究しています。家庭科は，まさに「生きる力」を育てる教科です。「家庭科大好き人」を増やす授業が目標です。

日景　弥生　学校法人柴田学園常任理事，弘前大学名誉教授

第1章3・4，第2章2・5，Q&A 4
専門は家庭科教育学です。現在は，次世代の生活者育成とその支援者育成の視点から研究を行っています。

望月　一枝　日本女子大学客員研究員

第1章5，第2章扉・1・6，Q&A 6
秋田では学力向上委員としてすべての授業と家庭科のつながりを探求してきました。社会と子どもをつなぐ家庭科シティズンシップ教育を談話分析や教師の立ち位置という視点で研究しています。

石川　周子　中京大学非常勤講師

第6章1，重要ポイント①，ワークプリント④
夫婦関係，親子関係，子どもの社会化等について，ジェンダーの視点を入れながら実証的な研究を中心に行っています。

岡田みゆき　西南学院大学教授

第3章5，第4章2・3，Q&A 1，重要ポイント②
専門は家庭科教育学です。これまで「家族・家庭生活」の領域の研究を主に行ってきましたが，最近は，インクルーシブ教育の実践研究も進めています。

西原　直枝　日本女子大学准教授

第2章4，第3章6，第6章4，重要ポイント④，ワークプリント②・⑦
専門は，家庭科教育学，被服衛生学，建築環境学です。家庭科教育を通じ，持続可能な社会の構築に少しでも貢献したいと考えています。

荒井きよみ　東京都立戸山高等学校教諭

第6章7，重要ポイント③，ワークプリント⑩
解き明かしたいのは，サステナブルな生活を創発する生活認識プロセスです。高校生の主体的な学びの開発と実践を研究テーマにしています。

古重　奈央　千葉大学教育学部附属小学校教諭
　　　　　　第3章3，第4章4，Q&A5

家庭科の住生活分野において，「片づけ」や「他者」をキーワードに研究を進めています。子どもたちが多様な本音を表出できる授業をめざしています。

大橋　裕子　北海道別海町立中西別小学校教諭
　　　　　　第3章5，ワークプリント①

家庭科の学習を通して，子どもたちが自ら生活をよりよくしようと工夫する実践的な態度を育む授業開発について研究しています。

横瀬友紀子　元筑波大学附属坂戸高等学校教諭
　　　　　　第5章1（文中の実践には当時の所属を記載）

家庭科に関する学校設定科目をよく担当してきました。どうしてこの題材を取り上げるのか，なぜ，これを学んでほしいと思っているのかという私自身の題材や授業に対する思いを伝えるように心がけています。

吉川はる奈　埼玉大学教授
　　　　　　第6章2，ワークプリント⑤

研究テーマは保育と発達です。子どもが生活の場でみせる発達はおもしろい！それを可視化することで若者世代が保育をもっと身近に，もっと自分に引き付け考えるきっかけになればと思っています。

望月　朋子　静岡県富士市立吉原北中学校教諭
　　　　　　第6章3，ワークプリント⑥（文中の実践には当時の所属を記載）

一人ひとりの生徒が，授業での学びを自分の生活に結びつけることが可能となる題材選定を心がけています。班活動等で相互に考えを聴き合うこと，身近な方たちと関わって学び合うことを大切にしています。

小清水貴子　静岡大学教授
　　　　　　第6章扉・5

専門は家庭科教育です。家庭科の学びは人生を豊かにしてくれます。教師をめざす学生や先生方と，子どもたちが楽しんで学びを広げ，深められる授業を追究していきたいです。

知久　真弓　静岡県藤枝市立藤枝中学校教諭
　　　　　　第6章5，ワークプリント⑧（文中の実践には当時の所属を記載）

「ひと」「もの」「こと」をつなぎ，生徒が問題を解決する力をつけ，学んだことを生かしたいと思うような学びをめざして研修しています。

財津　庸子　大分大学教授
　　　　　　第6章6，Q&A8
家庭科における消費者教育を専門分野としており，近年は消費者市民育成をめざして「倫理的消費」の1つでもあるフェアトレードの教材化等の実践的研究を行っています。

深谷　友里　大分県立大分工業高等学校教諭
　　　　　　第6章6，ワークプリント⑨
卒業後の「自立」を目標に，家庭科なりのものの見方・考え方を磨く指導を心がけています。現在は，高校生の生活実態に即した課題の設定（授業づくり）をしようと挑戦中です。

編著者紹介

伊藤葉子（いとう　ようこ）

千葉大学教授，お茶の水女子大学大学院家政学研究科児童学専攻修了，博士（学術），2012年日本家庭科教育学会賞受賞，2013年度東京大学大学院教育学研究科研究員，ロンドン大学IOE，Visiting Professorial Fellow，2015-16年度日本家庭科教育学会長
著書『中・高校生の親準備性の発達と保育体験学習』（風間書房），"Japanese preschoolers rule the classroom through play"，*International Perspectives on Children's Play*，（共著，McGraw-Hill Education），"Socio-Historical Factors and Early Childhood Education in the Japanese Cultural Context"，*Handbook of International Perspectives on Early Childhood Education*（共著，Routledge）他

新版　授業力ＵＰ　家庭科の授業

2018年10月20日　　第1刷発行
2025年 4 月15日　　第5刷発行

編著者／伊藤葉子
発行者／河野晋三
発行所／株式会社　日本標準
　　　　〒350-1221　埼玉県日高市下大谷沢91-5
　　　　電話　04-2935-4671
　　　　FAX　050-3737-8750
　　　　URL　https : //www.nipponhyojun.co.jp/

編集協力／株式会社　コッフェル
カバーイラスト／安田みつえ
本文イラスト／林　幸
印刷・製本／株式会社　リーブルテック

ISBN978-4-8208-0646-2 C3037

＊乱丁・落丁の場合はお取り替えいたします。
＊定価はカバーに表示しています。